ELOGIOS

«Andrés y Kelly son un faro de luz que guía en medio de una cultura donde el miedo, malas experiencias, desesperanza y valores rotos han enterrado el diseño del matrimonio. Sin duda, este libro es un deseo ardiente que proviene del corazón de Dios, con herramientas prácticas para todos los que anhelan tener un matrimonio pleno y para toda la vida. Si tienes este libro en tus manos, estás en la dirección correcta y algo extraordinario está por suceder».

—PASQUALE DI NUZZO (actor de *Soy Luna*) y
GIOVANNA REYNAUD (actriz de *Disney XC Jungle Nest*)

«En tiempos de batalla se deben poner en el frente a los mejores soldados, los mejores guerreros, los más fuertes, los más comprometidos, ¡los que son capaces de dar todo lo que tienen por los demás! La institución que más está en riesgo hoy es el matrimonio. Por eso, necesitamos quienes nos den dirección, nos pongan el ejemplo, y nos guíen con su enseñanza y cobertura. Gracias, Andrés y Kelly, por compartir todo esto en *Solo quiero que sepas*, que nos da todas las herramientas para juntos llegar a la meta».

—ADOLFO y **JANETTE RÍOS** (exfutbolista)

«Siempre me ha impresionado como Andrés y Kelly se aman. Quizá ellos ni sabían esto, pero me inspiran mucho. Desde muy jóvenes han aceptado el reto de servir a los demás y lo hacen con una intensidad y constancia increíble. Sin embargo, eso no les ha robado el disfrutarse el uno al otro y el priorizar su relación y familia por encima de lo demás. Quiero seguir su ejemplo porque es contagioso e importante para encaminar a que nuestros matrimonios sean fuertes y estables. Estoy seguro de que este libro nos ayudará a todos».

—DANILO MONTERO (pastor principal de la Iglesia Lakewood)

«Somos una pareja que trabaja a diario por mantener nuestro amor encendido, buscamos la manera de inspirarnos y los recursos que nos ayuden en el gran desafío que se ha convertido, el mantener y honrar el regalo que Dios dio al hombre y la mujer llamado matrimonio. Sin duda alguna, sé que este valioso tesoro que nos entregan Kelly y Andrés es uno de esos recursos, que Dios mismo inspiró a través del paso de los años de trabajo de una pareja que personalmente hemos seguido de cerca, y con la cual nos hemos identificado e inspirado para servir a Dios como familia. Nunca es tarde para trabajar en tu relación matrimonial. Cuando inviertes en Dios y en tu matrimonio, vivirás cosas increíbles; así que prepárate para este tremendo libro que por seguro será una joya en tu vida».

—**ALEX** y **NATALIA CAMPOS** (cantante y compositor)

«Si solo tienes la disposición a hacer tu vida con alguien que piense, quiera y disfrute como tú, no leas este libro de Andrés y Kelly y llena tu casa de espejos para que no dejes de mirarte jamás. Tristemente existen personas que rehúyen del amor porque esperan relaciones incuestionables. El amor parece estar llegando a la categoría de *souvenir*. Es un laboratorio de pruebas. Si no me das lo que quiero, me voy. Un mundo donde todos se están acostumbrando a tirar lo roto y no a componerlo. En estos tiempos de guerra y odio, páginas como estas basadas en las enseñanzas de Cristo son nuestra trinchera. Tenemos que llegar al amor con la idea de que siempre habrá diferencias que tolerar. Un matrimonio que canta en armonía, pero no siempre al unísono. Una pareja puede sentir lo mismo, pero no por ello se tiene que pensar con uniformidad castrense. Un matrimonio que busque enfocarse en afinar esfuerzos conjuntos y así tener un equipo eficaz. Una relación afianzada en la Palabra de Dios, para resolver las dificultades y aprender cómo encontrarnos en las distancias».

ANYHA y **DANIEL HABIF** (conferencista y autor de *Inquebrantables* y *Las trampas del miedo*)

ANDRÉS & KELLY SPYKER

Solo Quiero Que Sepas

LO QUE HEMOS APRENDIDO Y DESCUBIERTO
ACERCA DE LAS RELACIONES AMOROSAS

 Vida

La misión de Editorial Vida es ser la compañía líder en satisfacer las necesidades de las personas con recursos cuyo contenido glorifique al Señor Jesucristo y promueva principios bíblicos.

SOLO QUIERO QUE SEPAS
Edición en español publicada por
Editorial Vida – 2023
Nashville, Tennessee

© 2023 Andrés Spyker y Kelly Spyker®

Este título también está disponible en formato electrónico.

Edición de contenido: José «Pepe» Mendoza
Edición de estilo y diseño: *Interpret the Spirit*

ISBN: 978-0-82977-227-2
eBook: 978-0-82977-228-9
Audio: 978-0-82977-229-6

CATEGORÍA: Familia y relaciones / Matrimonio y Relaciones duraderas

La información sobre la clasificación de la Biblioteca del Congreso está disponible previa solicitud.

IMPRESO EN ESTADOS UNIDOS DE AMÉRICA
PRINTED IN THE UNITED STATES OF AMERICA

23 24 25 26 27 LBC 5 4 3 2 1

Contenido

Dedicatoria

«Camina con sabios y te harás sabio». (Proverbios 13:20, NTV)

A nuestros padres Juan y Marla Spyker, y Roberto y Paty Evans; y a nuestros pastores Pablo y Gloria Johansson.

Hemos caminado con ustedes todos estos años y así hemos aprendido de su sabiduría. Gracias por mostrarnos lo que significa el verdadero amor. Gracias por enseñarnos que sí es posible ser fieles y felices en el matrimonio. Gracias porque constantemente han puesto a Cristo Jesús al centro de sus vidas.

A nuestros hijos Jared, Lucas y Sofía. Gracias por enseñarnos a ser padres y por amarnos incondicionalmente. Nos consideramos las personas más bendecidas por tener el honor de crecer y hacer la vida junto con ustedes. Sabemos que irán mucho más lejos que nosotros en todos los sentidos y darán a sus hijos un mejor ejemplo del que nosotros les hemos podido dar. Que Dios bendiga nuestras generaciones hasta la eternidad.

A nuestra familia espiritual Más Vida. Gracias por su paciencia y por darnos el espacio necesario para priorizar nuestro matrimonio y familia. Todo matrimonio exitoso necesita un equipo que le respalde, y ustedes han sido el mejor equipo. Gracias por permitirnos aprender a ser líderes, pastores, amigos, comunicadores, maestros, y mejores hijos de Dios a su lado. Les amamos.

A nuestro Señor Jesucristo. Gracias por hacer mucho más abundantemente de lo que hemos podido entender, pedir o imaginar. Gracias por reconciliarnos con Dios nuestro Padre y enseñarnos lo que significa dar la vida por nuestros amigos, empezando por nuestro matrimonio. Todo lo que somos y tenemos te lo debemos a ti.

Prefacio

El matrimonio es como un choque frontal de dos trenes a toda velocidad. Por eso les animamos a tener paciencia y estar dispuestos a aprender cómo formar una nueva cultura familiar.

Esas fueron las palabras de ánimo que un amigo y mentor mucho mayor nos dijo a Kelly y a mí antes de casarnos. Hemos comprobado en estos veintitrés años de casados que, efectivamente, así es el matrimonio: una colisión de dos mundos. Hemos descubierto que ese choque frontal puede convertirse en una hermosa fusión de dos vidas para crear una sola mucho mejor, pero también puede producir algo trágico y demoledor. El secreto del éxito no radica en tener personalidades o pensamientos similares, los mismos gustos y estilos, haber crecido en familias perfectas, ni en muchas cosas que comúnmente se piensa sobre las parejas exitosas.

En este libro, Kelly y yo te vamos a contar nuestra historia, luchas, logros, fracasos y éxitos. Seremos lo más sinceros y abiertos posibles porque queremos darte esperanza de que realmente cualquier pareja que quiere una buena relación la puede lograr si siguen los principios que compartiremos en este libro y, también, si están dispuestos a tener un verdadero cambio de corazón.

Nuestra historia empieza con los antecedentes de nuestro noviazgo porque también queremos animar a parejas o solteros que están considerando una relación seria. Quizás estén pensando en casarse en unos meses, o eres un soltero(a) que tiene dudas y no sabe si creer o no en el matrimonio, pero tienes deseos de aprender. Esta sección del noviazgo también puede ayudar a padres de adolescentes que quieren aprender sobre cómo guiar a sus hijos en la etapa del noviazgo. Si estás casado y prefieres saltarte los primeros capítulos y comenzar en la sección de matrimonio, adelante, aunque te advertimos que hay partes de nuestra historia que es muy posible que no quieras perderte.

Los temas que abordamos van desde la elección de una pareja, noviazgo, compromiso y ceremonia matrimonial, el matrimonio como choque de culturas y los valores no negociables, cómo crear acuerdos que permiten la convivencia en una pareja, la sexualidad, las finanzas, la crianza de los hijos y la resolución de conflictos. Finalmente, exponemos las razones por las que hemos decidido seguir juntos aún en los peores momentos y cómo hemos descubierto la felicidad verdadera en el matrimonio.

Este libro surge como consecuencia de nuestra propia experiencia, pero también de nuestro trabajo como consejeros y pastores. Nuestra labor de muchos años nos ha llevado a conocer las historias de parejas muy sanas y felices, pero también de parejas que han estado sufriendo por mucho tiempo. Siempre hemos querido escribir un libro donde contemos todo, incluso aspectos muy personales, porque creemos que la honestidad es necesaria para ayudar a muchos matrimonios a salir de la ignorancia, reflexionar, cambiar de rumbo y vivir en la abundancia.

Es nuestro deseo y oración que este libro sea un instrumento de bendición, reflexión y ayuda para muchos.

Andrés y Kelly Spyker
Morelia, México
2023

CAPÍTULO UNO

Cómo elegir bien

«El amor es una decisión». Este fue el primer consejo que escuché sobre el noviazgo y matrimonio durante una reunión de adolescentes en la iglesia de mis papás. El maestro nos explicaba que el amor no es una emoción y que el verdadero amor es una decisión constante. Creo que en ese momento lo interpreté como que ahora iba a buscar a la persona que decida amar. Lo veía como ir a una tienda de dulces y elegir el dulce que más me gustaba. Ahora me tocaba ver todas las opciones disponibles y elegir una sola opción para el resto de mi vida. ¡¿El resto de mi vida!?

Pero ¿qué pasa si escojo mal? ¿Qué pasa si se me acaba el amor? ¿Qué pasa si descubro que no somos compatibles? No sabía cómo elegir. Solo sabía que era una decisión y la más importante según me decían. Esto me causó mucha ansiedad que se incrementó cuando escuché otra enseñanza en donde nos explicaban que Dios tenía una pareja para cada uno. Eso significaba que teníamos que asegurarnos de elegir a esa «alma gemela», la persona que Dios tenía y quería para nosotros. Recuerdo que nos hablaban de muchos casos de personas que arruinaron sus vidas debido a su equivocación. Nos dijeron que podíamos destruir el propósito de Dios para nuestra vida si elegíamos una pareja equivocada. ¡Imagínate el estrés para un adolescente de trece años al escuchar esto! Ni siquiera había tenido mi primera novia y ya estaba preocupado por arruinar mi vida con la pareja equivocada.

No era suficiente toda la confusión que me generaba la elección de una pareja, además yo tenía serios complejos de inseguridad e imagen personal. Sufría de acné y a diario pasaba por el tormento de exprimirme uno o varios granos. Sudaba tanto en las manos y en las axilas que tenía que usar doble camiseta o chamarra[1] para esconder las enormes manchas de sudor alrededor de mis axilas. Todavía recuerdo con cierta vergüenza como intentaba no levantar mi mano completamente por temor a que las chicas del salón vieran el sudor en mi camisa. Pasé varios años visitando una dermatóloga que me trataba la sudoración y el acné, pero fue un proceso muy largo del que no vi cambios hasta casi los veintidós años. Por si fuera poco, tenía muchas pecas y la piel muy roja para mi gusto. No era de esos güeros[2] clásicos de la televisión que gozaban de una piel perfecta. Me estaba olvidando que a los nueve años me caí de la bicicleta y me rompí los dos dientes frontales superiores. Usaba unas resinas provisionales que se me quebraban a cada rato, por lo que cada vez que sonreía trataba de bajar mi labio superior para esconder mis dientes disparejos y descoloridos. Imagina la sonrisa de un anciano, pero en un adolescente. ¡Era todo un soltero codiciado!

Traté de cubrir mis inseguridades con una actitud muy competitiva. Tenía que ganar en todo. Jugaba mucho básquetbol y hacía lo imposible para ganar. Mi actitud no era la mejor porque gritaba majaderías, me enojaba mucho si iba perdiendo y echaba pleito a mis amigos. Yo buscaba impresionar a mis amigas, pero ahora entiendo que causaba exactamente lo opuesto. En una ocasión durante un receso, se nos ocurrió poner unas llantas en la cancha de baloncesto para brincar sobre ellas y poder clavar la pelota en la canasta. Todos estábamos haciendo nuestro mejor esfuerzo para impresionar a las chicas. Había una compañera que me gustaba y yo quería impresionarla (omitiré su nombre por temor a avergonzarla o quizá nunca supo que me gustaba). En mi siguiente turno brinqué, clavé la pelota (espectacularmente) y luego me quise agarrar del aro como los profesionales en la NBA. En ese tiempo Shaquille O'Neal se colgaba del aro y rompía los tableros. Traté de sostenerme del aro y todo iba bien, pero el ímpetu de mi salto hizo que mis piernas siguieran de frente y no pude sostenerme más. Caí de espalda en el concreto en frente de todos

---

[1] Casaca o chaqueta.

[2] Una persona rubia o muy blanca en México.

mis compañeros y compañeras, pero lo más importante es que caí delante de la chica que me gustaba. Me paré lo más rápido que pude y traté de actuar como si todo estuviera bien. Luego fui a sentarme a la banca mientras sufría en silencio. Nunca le dije a mi mamá lo de mi caída y hasta la fecha tengo problemas de espalda producto de mi deseo de querer impresionar a una niña. Es muy probable que muchos de nosotros tenemos algún tipo de problema por haber querido impresionar a alguien en algún momento de nuestras vidas.

Cuando aprendí a manejar y mi papá me compró un Volkswagen sedán[3] en 1993, mi meta era demostrar que yo era el mejor conductor. El primer día llevé a mi hermana a la tienda de la esquina y de regreso a la casa tuve mi primer accidente. Creo que tuve casi quince accidentes en ese «vocho» porque manejaba siempre al límite. Me acuerdo que aprendí a usar el freno de mano para estacionarme. Iba rápido y cuando estaba llegando al estacionamiento volteaba el volante y jalaba el freno de mano para que el carro girara rápidamente al ángulo que quería para estacionarlo. ¡Todo un piloto de fórmula uno! Estaba seguro de que eso me daría alguna ventaja competitiva para impresionar a alguna mujer. Ya sé, son ideas de un adolescente, pero son las que más trabajo cuestan cambiar. ¿No?

Es muy seguro que se estén preguntando cómo elegí a Kelly. Pronto llegaremos a eso. Pero primero quisiera que conozcas esta parte de la historia. Lo que pasa es que todos tenemos algún tipo de trasfondo, cultura familiar u obstáculos personales que entorpecen en nosotros la capacidad para elegir pareja. Aunque, como ya mencioné, tenía muchos otros obstáculos, uno de los más grandes era la idea del «yugo desigual». Si vienes de un contexto de fe católica o cristiana podrás entender mejor lo que digo. Si no es tu caso, entonces igual te lo explico.

Uno de los mensajes favoritos de los líderes de jóvenes de las iglesias en mi época juvenil se basaba en la enseñanza del apóstol Pablo: «No os unáis en yugo desigual» (2 Co 6:14, RVR1960). ¿Qué significa eso? ¿Qué es un yugo? ¿Qué es desigual? Creo que hoy es una marca de ropa. Todos lo entendíamos como la prohibición para no casarse con alguien que no va a tu misma iglesia. Pero ¿qué pasaba si me gustaba alguien que no iba a mi iglesia? ¿El estándar era que asistiera a la iglesia para poder decidir con quien salir y casarme? Todo era muy difícil y bastante confuso. Con

---

[3] Vocho en México y escarabajo en distintos países.

razón la mayoría opta por dejarse guiar por lo que la vida nos acerca y lo que nuestras emociones nos dictan. Claro que eso parece mucho más sencillo y sensato si has crecido con enseñanzas confusas de papás, maestros y líderes. Pero no nos quedemos allí porque sí existe una mejor opción.

Si ya estás casado, es posible que estés entretenido con la historia, pero es seguro que estés pensando, *Andrés, ya escogí, ¿ahora que hago?* Bueno, pronto hablo contigo, pero primero quiero pedirte paciencia para hablar con los solteros y casi casados que también están leyendo este libro. La idea es poder ayudar a todos durante el peregrinaje de una relación amorosa. Creo que los casados pueden beneficiarse mucho al conocer y aprender estos principios de elegir bien, así como los solteros pueden aprender de los principios del matrimonio. Ese fue el propósito que nos llevó a escribir un libro donde hablemos de toda nuestra historia con Kelly. ¿Cómo llegué a elegir a Kelly? Te lo voy a contar desde el inicio.

Tenía dieciséis años cuando descubrí a una joven que me gustaba. Por eso le pedí a su prima, quien era una amiga de la iglesia, que me ayudara hablándole bien de mí. Así como lo oyen, muy al estilo de una película noventera. Durante el proceso me di cuenta de que mi amiga me gustaba más que su prima y le pedí que fuera mi novia. Ella era panderista[4] y yo el baterista de la iglesia. Lo bueno es que me dijo que sí. Mi mamá lo tomó muy bien, pero mi papá no estaba para nada feliz. Me dijo: «Te respeto, pero no te bendigo». Creo que duramos casi dos años. La verdad es que ella era una niña muy inteligente y con un gran corazón. Yo la quise mucho a ella y a su familia, pero, al final, creo que los dos nos dimos cuenta de que no éramos el uno para el otro. Así terminó la relación.

Ya tenía dieciocho años cuando terminamos y la ruptura me puso muy triste. Mis papás me comentaron en esos días que Kelly Evans nos había invitado a toda la familia a su fiesta de quince años. Mi primera reacción fue de no querer ir. Gracias, pero no, les dije. Yo conocía a Kelly y a su familia de toda la vida. Sus papás y mis papás trabajaban juntos como misioneros en la costa de Michoacán, en Lázaro Cárdenas y los pueblos de alrededor. Ellos se mudaron a Uruapan y nosotros a Morelia, aunque a veces coincidíamos en cumpleaños familiares y en eventos de la iglesia.

---

[4] Lo entiendes si fuiste cristiano en los años 90; si no, pues, no me alcanzan las páginas del libro para explicarlo. Solo imagina una coreografía en vivo de música hebrea con panderos en la plataforma de una iglesia.

Cuando éramos niños, mi hermana Melissa y yo solíamos quedarnos en la casa de los Evans y jugábamos juntos. Podría decir que éramos como primos, nos sentíamos como familia y ella era para mí como una niña. Y no tenía ganas de ir a una fiesta de quince años de una niña.

Cambié de opinión porque uno de mis mejores amigos, cuya novia era amiga de Kelly, también iba a ir. La verdad es que me convenció que fuera. La celebración fue en Uruapan, Michoacán en junio, al inicio del verano y las vacaciones escolares. El lugar era la iglesia donde pastoreaban los papás de Kelly. Se trataba de una iglesia pequeña, cálida y todavía en construcción. El techo era un toldo de tela. Recuerdo muy bien cuando la música empezó y entraron primero las damas y luego entró Kelly. Esa iglesia en construcción se convirtió en catedral. No sé si fue la música, el ángulo de la luz del sol o su sonrisa, que era suficiente para alegrar a toda una congregación, pero ¡guau! Me quedé sin aliento. No era la Kelly que yo recordaba de niña. Era una belleza. Un sueño hecho realidad. Todo lo que siempre había imaginado. Al mismo tiempo, era una imposibilidad. Yo era un relajo y ella era la más santa. Además, me enteré de que ella tenía un «amigo especial». No le permitían tener novio hasta después de los dieciocho años, pero sí podía tener un «amigo especial» del que ella estaba enamorada. Ese mismo día llegué hasta el cielo y luego caí en picada a la mortalidad. Ella era lo máximo, pero nunca podría ser para mí.

Luego de ese verano se inició el semestre escolar. Mis amigos y amigas me presionaron a salir con una niña de la preparatoria[5] que más o menos me gustaba. Como Kelly era una imposibilidad, me resigné y le pedí que fuera mi novia. Lo hice más por presión social y tristeza que por convicción. También era una niña muy buena y de una gran familia. Pero solo duramos dos semanas de novios. La culpa fue solo mía. No me siento orgulloso de haber jugado con el corazón de alguien.

Toqué fondo desde el punto de vista espiritual el mes que terminé con esa jovencita. Era septiembre de 1995. Al fin había logrado un buen nivel de aceptación y popularidad con mis amigos. Me invitaban a las fiestas, estaba en un círculo *cool* de la escuela. Sin embargo, recuerdo claramente que en una de esas fiestas en un antro,[6] mientras bailaba y tomaba con algunos amigos muy queridos, después de bailar algunas de mis canciones

---

[5] *High School* o secundaria en otros países.

[6] Discoteca.

favoritas, me senté en un escalón mientras tomaba un tequila sunrise y, de pronto, sentí un profundo vacío, como que mi vida estaba hueca y me faltara algo. Me sentía alegre en la superficie, pero en el fondo sentía una profunda tristeza. Fue muy raro porque había conseguido con la aceptación de mis amigos algo que siempre quise. Pero no me sentía satisfecho. Me acuerdo de que hice una corta oración en medio de mis pensamientos y el sonido de la canción «Y.M.C.A.»:

«Dios,
si esto es todo lo que hay,
no lo quiero,
quiero más».

Tuve una experiencia realmente sobrenatural unos días después. ¡Dios mismo me visitó! Sé que puede parecer imposible, que solo estoy exagerando y puede que sea verdad, pero lo único que sé es que mi vida cambió totalmente de un día para otro. El día anterior le mentía a mis padres y ese día les confesé todas mis fechorías. El día anterior era adicto al tabaco, pero al día siguiente ya no tenía esa adicción. El día anterior era esclavo de la pornografía, pero al día siguiente ya no la quería ver. El día anterior no tenía propósito, pero al día siguiente me sentía lleno de propósito, sueños y alegría. Yo creo que tuve una experiencia de conversión, tal como muchos la llaman. Nací de nuevo cuando tenía dieciocho años. Entiendo que ese nuevo nacimiento es el resultado de entregar mi vida a Jesucristo, el Hijo de Dios. Como que Dios abrió mis ojos para ver a Jesús, ese hombre que vivió hace dos mil años y que dijo ser el Hijo de Dios. Hizo muchos milagros, murió en la cruz, cargó consigo los pecados de toda la humanidad de todos los siglos y pagó el precio de ese pecado con su misma muerte, pero al tercer día resucitó, ascendió al cielo y se sentó a la derecha del trono de Dios Padre. Jesucristo mismo prometió que regresaría a la tierra como Rey Supremo. Ese día toda esa historia se volvió verdad para mí. Pude ver como mi pecado estuvo sobre él en la cruz y como me perdonó por mentirle a mis padres, por tratar de ser alguien que no era, por tratar de impresionar a mis amigos y por valorar mi vida conforme a la opinión de los demás. Él me perdonó y experimenté el nuevo nacimiento a un nuevo Andrés. Era el mismo, pero nuevo.

Si te consideras ateo o perteneces a otra religión puedo entender que para ti lo que acabo de contar solo es una experiencia personal y no necesariamente la verdad. Mi intención no es tratar de convencerte, solo quería compartirte mi experiencia. No puedo hablarte de los principios para el matrimonio sin contarte mi experiencia de nacer de nuevo por la fe en Jesucristo. Creo firmemente que todos necesitamos de una motivación más grande que nosotros mismos para perseverar en esos principios matrimoniales y practicarlos. Mi motivación la encontré en la fe en Jesucristo. Sería bueno que evalúes cuál es tu motivación para vivir, para amar, para casarte, para tener un matrimonio exitoso. Si esa motivación no es suficientemente grande, es muy posible que no llegues a tener las fuerzas necesarias para lograr lo que anhelas en tu relación.

Es importante aclarar que algunos piensan que una experiencia de conversión como la mía, en donde las prioridades y perspectiva de la vida cambian radicalmente y para bien, debería hacernos sabios o expertos en tomar mejores decisiones, específicamente en nuestras decisiones amorosas. Pero he aprendido que una cosa es fe y otra sabiduría. Reconozco que hay personas con fe que no han aprendido sabiduría. En realidad, la vida de fe es como una escuela en la que Dios nos está enseñando a ser sabios y a amar realmente. Pero no siempre somos buenos alumnos. La fe es el fundamento y la sabiduría es la forma en que construimos. Una vida bella y una relación bella requiere ser construida sobre buenos fundamentos y sabiduría. Al principio tenía un buen fundamento de fe, pero me faltaba mucha sabiduría.

Recuerdo un día, cuando apenas había comenzado a buscar y servir a Dios, en que estaba tocando la batería durante el tiempo de adoración en la iglesia. Estábamos tocando «El poderoso de Israel». Imagina la canción en ritmo *chun-ta*, con ritmo de canción y danza judía. Mientras tocaba la batería vi entrar a una chica en la iglesia. En ese momento como que escuché una frase que decía: «Te vas a casar con ella». Nos presentamos al final de la reunión y resultó que era amiga de una familia que trabajaba con mi papá. No perdí el tiempo y le pregunté si podíamos salir. Fuimos a un café y durante esa primera cita le dije: «Dios me dijo que me iba a casar contigo». Ella respondió: «Dios me dijo lo mismo también a mí». No pues ¿qué más confirmación queríamos? Empezamos una relación de noviazgo allí mismo y sin siquiera conocernos, sin ser amigos o conocer a las familias. No sabíamos nada el uno del otro. Solo teníamos esta idea de que Dios nos había hablado y estábamos decididos a casarnos algún día.

Ella era de otra región de México y por la distancia hablábamos de vez en cuando por teléfono. Pero poco a poco me empecé a dar cuenta de que no era lo que yo realmente buscaba. No sentía que había química en nuestras conversaciones. Una vez vino con unos amigos a Morelia y me fue a buscar para pasar tiempo juntos. La verdad es que yo no tenía ganas de estar con ella. Sentía que me había equivocado, pero tenía el conflicto con el supuesto mensaje de Dios. Así que decidí seguir con la relación a distancia. Mi actitud era como si pensara: «Bueno, si Dios me habló, pues vamos a seguir y quizá un día nos entendamos bien». Ella me pedía ir a visitarla y yo buscaba excusas para no hacerlo. Yo sabía que no era algo sano, pero me sentía comprometido. Yo pensaba que había escuchado a Dios.

Mi relación con Dios iba bien, estaba cursando mi último semestre de bachillerato, pero estaba muy confundido sobre mi noviazgo. En ese tiempo, un amigo de mi infancia, que era amigo en común con la familia de Kelly, iba a estar unos días en Uruapan y me llamó para que lo visite. Fui con el deseo de verlo y quizá también anhelando ver a Kelly. Durante ese viaje me enteré que Kelly ya no tenía su «amigo especial». Yo estaba destrozado emocionalmente porque era novio de una gran chica y pensaba que Dios me había dicho que me casaría con ella, pero ahora estaba en frente de Kelly y no podía dejar de admirarla y soñar despierto.

Hablé con mi papá y le conté mi dilema. Me dijo de manera muy sencilla que aprender a escuchar a Dios es algo que nos lleva toda la vida. También me dijo que, a veces, cuando creemos que es Dios, los que realmente están hablando son nuestras emociones, preferencias, temores, hormonas y hasta nuestras obsesiones. Me dijo:

«Si no sientes que la chica con la que andas es para ti, termina esa relación y deja tu futuro en manos de Dios. Si realmente es de Dios, él va a guiarte de regreso a ella. Si él quiere que andes con Kelly, te va a ayudar a que suceda».

Eso fue lo que hice. Terminé la relación y me puse a pensar acerca de lo que realmente quería en una pareja. Durante ese tiempo conocí la importancia de tener una serie de filtros correctos para elegir una esposa.

Hoy entiendo que no era la voz de Dios la que escuché tocando la batería, sino mis emociones y mi deseo de resolver el asunto de tener pareja. Utilicé lenguaje espiritual para justificar mi atracción. Sí creo que Dios nos habla, lo hace principalmente de tres maneras: en primer lugar a través de las Escrituras, en segundo lugar, a través de su Espíritu, y en tercer lugar, a través de personas maduras que conocen y aman a Dios. Cuando aprendemos a reconocer la voz y la voluntad de Dios, es común confundirse, como me pasó a mí. He aprendido que, cuando creo que Dios me está hablando, siempre debo asegurarme de que esté de acuerdo con las Escrituras y con las personas maduras que me rodean y que conocen la voz de Dios. Decidí aprender de mis padres y mentores cómo elegir pareja.

Tuve conversaciones con mis papás y con Pablo Johansson, nuestro pastor de la familia. Fueron esas conversaciones las que me llevaron a conocer la sabiduría para tener buenos filtros o criterios. La sabiduría se aprende siguiendo el consejo de otros más sabios que tú, aunque al principio no los entiendes por completo. También uno aprende cuando ignora el consejo sabio y vive las consecuencias de sus malas decisiones, para luego darse cuenta de que ellos tenían la razón. En mi caso, decidí seguir el consejo, aunque no lo entendía por completo al principio. A lo largo de los años he repetido con frecuencia: ¡Gracias a Dios que hice caso a esos consejos! Siendo papás. Líderes. Construyendo la vida juntos. Estos consejos que recibí me han ayudado a desarrollar el potencial que Dios puso dentro de mí. En el siguiente capítulo voy a compartirte los filtros que me llevaron a elegir a Kelly. Estoy seguro de que si sigues estos consejos tendrás mayor probabilidad de elegir a una gran pareja.

Aunque tuve varios «amigos especiales», Andrés es mi primer y único novio.

Me costó mucho tiempo tomar una decisión con respecto al futuro de mi relación con él. La razón no era Andrés, sino yo. Te explicaré a continuación la razón para mi dilema.

Siempre he sido una mujer reservada y cautelosa, que lucha con el temor a equivocarse en las cosas grandes y pequeñas de la vida. Vivo sumamente alerta a mi entorno y siempre estoy contemplando todos los escenarios posibles, los pros y los contras de cada uno. Eso hace que con frecuencia me complique mucho al momento de tomar decisiones.

Gracias a Dios pude, finalmente, abrirle mi corazón a Andrés (les explicaré más adelante sobre esto) y él ha sido el amor de mi vida y mi esposo por más de veintitrés años. Él es para mí el hombre más maravilloso sobre el planeta Tierra y no tengo palabras suficientes para describir cuánto lo amo.

Pude observar de cerca muchos de sus procesos personales y su peregrinaje con Dios mientras crecíamos juntos. Lo conocí antes y después de su conversión. Supe de sus triunfos y de sus luchas, como también de algunos de sus accidentes en el Volkswagen. También conocí a todas, excepto una, de sus novias. Aunque valoraba su amistad y sentía un profundo aprecio por él y por su familia, solo era un amigo para mí. Lo sentía como parte de mi familia, como un «primo» o un «hermano mayor». Nunca me imaginé que pensara que yo era bonita o que le gustaba y que soñaba con un futuro conmigo. De hecho, cuando me enteré de sus sentimientos porque mi mamá me lo dijo, decirte que me sorprendí sería poco. ¿Mi amigo, primo, hermano mayor quería tener una relación conmigo? ¿En serio? ¡Yo! ¿Cómo? No creía que yo era «su tipo» de mujer. La verdad es que tampoco creía que él era «mi tipo» de hombre. El día en que mi mamá me dijo eso de Andrés y por varios años más no sentí que me atrajera de forma romántica. Pensaba que era guapo, pero no podía contemplar siquiera ese posible escenario. Es más, no sentía ni la más mínima inclinación como para darle una oportunidad amorosa y *no quería* verlo con otros ojos.

Yo quería dedicar mi vida a la música. Quería ser una cantante cristiana famosa (sí, dije «famosa»). Por lo tanto, pensaba que quería y *necesitaba* casarme con un musico latino, como lo era mi «amigo especial», y así cumplir ese sueño o lo que yo había creído que era la voluntad de Dios para mi vida… y no con Andrés, un futuro pastor e hijo de misioneros.

Ahora entiendo que se trataba de un filtro incorrecto para elegir al amor de mi vida y doy gracias a Dios por haber redimido mi error, por haberme abierto los ojos y permitir que me casara con Andrés.

CAPÍTULO DOS

Solo quiero que sepas

Estoy casi seguro de que muchos compraron el libro solo por este capítulo que responde a la pregunta: ¿Cómo conquistaste a Kelly? Pues aquí les cuento la historia.

Una vez que terminé mi relación con la chica en la que pensé que Dios me había hablado para casarme, decidí enfocarme en Kelly. Ella tenía todo lo que siempre había querido y lo que mis padres y mentores me habían enseñado a buscar en una pareja. En el próximo capítulo, compartiremos esos mismos consejos para elegir a tu pareja. Como les comenté, cuando vi a Kelly en sus quince años, me ilusioné mucho, pero cuando me di cuenta de que tenía un «amigo especial», perdí toda esperanza. Pensé que no era el tipo de hombre que ella buscaba. Pero mis padres me dijeron que orara y que confiara en Dios. Que si era de Dios, él abriría un camino. ¡Y así fue! Al poco tiempo, nos enteramos de que esa «amistad especial» había terminado. Estaba seguro de que sería sencillo conquistarla, pero no podía estar más equivocado.

No perdí el tiempo y de inmediato la invité a tomar un café. Por supuesto, le pedí permiso a su papá primero, porque así me enseñó mi papá. Apenas tenía diecinueve años. Manejé hasta Uruapan y la llevé a un café. Como todo un caballero, le abrí la puerta del carro y pagué la cuenta. Le dije que me gustaba. Ella me miró muy seria y me dijo: «Gracias, pero… **Solo quiero que sepas** que entre tú y yo nunca habrá nada más que amistad».

No dejé que esas palabras me desanimaran. Traté de decirle que solo quería conocerla más y que mis intenciones eran que fuéramos amigos. Procuré llamarla y mantener el contacto, pero eso solo duró unos meses.

Me fui a estudiar a Lima, New York en el verano de 1996. Un pueblo tan al norte que casi es Canadá. En Lima, hay más vacas que seres humanos y un solo semáforo en todo el pueblo. Antes de irme me despedí de Kelly, le dije que iba a escribirle y seguir en contacto con ella. Kelly no me dijo nada más que: «Adiós, que te vaya bien». Sus papás fueron más cálidos que ella en su despedida. Ellos sí tenían discernimiento y revelación de Dios.

En *Elim Bible Institute* enfrenté un shock cultural terrible. No entendía el inglés de nivel universitario y ese fue un reto grande que tuve que enfrentar. Además, no entendía la cultura ni el humor de los norteamericanos, lo que me dificultó encontrar amigos. Tuve que trabajar limpiando los baños del edificio de dormitorios masculinos para pagar mis estudios. Todo fue un cambio. Me refugié en mis amigos mexicanos, incluso una amiga fue mi novia, pero solo por un par de días. Los dos sabíamos que no iba para ningún lado, pero creo que todo sucedió porque extrañábamos nuestra casa. El decano de hombres habló muy seriamente conmigo y me dijo que para encontrar pareja en el tiempo de Dios necesitaba enfocarme en mi relación con Dios primero y que por política de la escuela, no podía tener novia durante mi primer año de estudios.

Pues así lo hice, pero en mi interior siempre quise que fuera Kelly. Por eso cumplí mi promesa de escribirle. Como no tenía computadora, le escribía cartas, decenas de cartas. Creo que Kelly las tiene todas guardadas hasta el día de hoy. Anexaremos algunas para que lean al Andrés de solo diecinueve a veinte años. En mis cartas le contaba de mi frustración con la cultura norteamericana, del frío terrible, de cómo otra persona, que también se llamaba Andrew, era tan raro que decidí que todos me debían llamar Andrés, en español, aunque les costara trabajo pronunciarlo.

Ella casi nunca me contestaba. Creo que quizá me enviaba una carta por cada veinte que le escribía. Esa Navidad, al final del primer semestre, vine a visitar a mi familia a Morelia. Traté de ver a Kelly, pero no se dio la oportunidad. Aun así, no perdí la fe. Durante mi segundo semestre seguí escribiéndole. Le contaba desde mi llamado a lavar baños hasta las aventuras diarias de un pobre estudiante de instituto bíblico. Ahora pienso que no le causaban ninguna gracia.

Pero yo mantuve la fe. Era el verano de 1997 y había terminado mi segundo semestre. En ese tiempo se celebró un evento en la Ciudad de México llamado Adoradores al que Kelly siempre asistía. El papá de Kelly, Roberto, organizó un congreso de líderes solo unos días después en Morelia. ¡Obviamente Dios me estaba llamando a asistir a esos dos congresos! Yo reconocí que Dios me estaba llamando a asistir a esos dos congresos. El primer congreso en Ciudad de México era multitudinario, quizá había unas diez mil personas. Compré un boleto a última hora y me tocó sentarme muy arriba y muy lejos de la plataforma. Desde tan lejos podía ver a Kelly en primera fila. La podía reconocer muy bien porque conocía como aplaudía y levantaba las manos en la adoración. Yo podía distinguirla entre diez mil, igual que la sulamita a Salomón.[1]

En uno de los recesos traté de acercarme a ella, pero fue imposible. Ella estaba sirviendo como voluntaria. Antes de tener monitores de referencia que indicaban el tiempo a los conferencistas, una persona levantaba carteles con números para indicarle al conferencista los minutos que le restaban. Ese era el trabajo de Kelly en esa conferencia, contarle los minutos a los conferencistas. Ese rol tan prestigiado le permitía estar en camerinos, un lugar al que a mí no me dejaban entrar. Pero me encontré a una amiga en común en uno de los pasillos y le dije que quería ver a Kelly. Me dijo que se estaban quedando en la misma habitación. Aproveché la información para mandarle un arreglo enorme de rosas blancas (para mantenerlo en nivel amistad) a su habitación. Esa noche tuve que regresarme a Morelia porque yo me había apuntado como voluntario para el congreso de líderes que organizó su papá.

Al día siguiente su papá me dijo: «Oye Andrés, Kelly va a llegar al aeropuerto y no tengo quien vaya por ella». Le dije de inmediato: «Heme aquí, envíame a mí». Estaba seguro de que esta oportunidad estaba siendo orquestada por Dios y por fin mi fe sería recompensada. Así que fui a recogerla. El aeropuerto queda a media hora de Morelia y no podía contener mi emoción de poder tener el tiempo para platicar con Kelly. Estaba seguro de que me daría las gracias por las rosas, pero mientras íbamos de vuelta, pasaba el tiempo y no me decía nada de las rosas. Por fin le pregunté si le habían llegado las rosas. Por un momento tuve temor de que su amiga se las hubiera quedado. Kelly me respondió fríamente: «Ah sí, gracias, sí me llegaron. **Solo quiero que sepas** que entre tú y yo

---

[1] Es una referencia al libro de Cantar de los Cantares 5:10.

nunca habrá nada excepto amistad». Le contesté: «Claro. Para eso fui a Ciudad de México en un viaje rápido. Te envié rosas a tu cuarto solo para que supieras que quiero que seamos amigos. Seguiré siendo tu amigo y te seguiré escribiendo cartas, aunque no me respondas».

Durante el evento de líderes decidí que mi misión era servir a sus papás. No debes olvidar la importancia de invertir en los suegros. Al final del evento recibí unas noticias maravillosas. La familia de Kelly se mudaría a Morelia ese verano a dirigir el instituto bíblico de la iglesia que mis papás lideraban. Kelly estaría más cerca que nunca. De inmediato me ofrecí para ayudar con los trabajos de mudanza.

El día llegó y yo estaba listo para ayudar con la mudanza. Aproveché la oportunidad para mostrar mi valentía y fortaleza. Cargaba las cosas pesadas frente a Kelly para que conociera mi capacidad y vocación de servicio. También buscaba hacer más cercana mi amistad con su hermano y su familia. Sus papás me invitaban a comer pizza los domingos después de la iglesia durante ese verano en Morelia. Siempre tenía espacio en mi agenda para ellos. Preguntaba constantemente a su hermano si había planes para ir al cine con «todos» y, por supuesto, siempre me autoinvitaba a cualquier evento que hubiera en donde sabía que iba a estar Kelly. Las cosas parecían ir más o menos bien. Yo estaba lleno de fe y esperanza, pero tuve que regresar al instituto bíblico en el otoño de 1997.

Los alumnos hacen un internado de dos meses al inicio del semestre en NYSUM,[2] una escuela de ministerio urbano fundada por Pablo Johansson, en la ciudad de Nueva York. Traté de explorar la ciudad usando el metro, conociendo lugares con amigos, tomando el ferry a la Estatua de la Libertad y, claro, comprando postales para enviarle a Kelly y hacerle saber que la tenía muy presente. Pero no recibía ninguna respuesta.

Postal de Andrés del 22 de septiembre de 1997:

Querida Kelly:
¡Ey! ¿Cómo estás? Encontré esta postal y pensé que te gustaría. Hoy tuve una larga caminata por Fifth Avenue y subí al Empire State

---

[2] New York School of Urban Ministry.

Building. Durante el día estaba deseando que estuvieras aquí conmigo. Sé que la hubiera pasado mucho mejor a tu lado. Te he extrañado mucho (especialmente hoy) y estoy pensando en ti todo el tiempo.

Nos vemos,
Andrés Spyker.

Cuando regresamos a Lima, Nueva York, a finales de octubre, ¿con quién crees que me tocó ser compañero de cuarto? ¡Con su hermano Jonathan! No tenía la menor duda de que Dios me estaba ayudando. No solo eso, sino que ocurrió otro milagro. Alguien me regaló una computadora. Ahora podía enviarle *emails* a Kelly. Todavía no existían las video llamadas o audio llamadas por internet, ni tampoco teníamos celulares o teléfonos inteligentes. No podíamos mandar textos y era carísimo llamar por teléfono convencional. Por lo tanto, el correo electrónico era la máxima tecnología. Nos conectábamos a internet por medio de una llamada y la computadora hacía unos ruidos impresionantes mientras se conectaba. Si tenías suerte podías tener unos minutos de internet suficientemente rápidos para enviar un email. Pues yo escribía emails muy largos, pero ni con todo y tecnología lograba que Kelly me contestara. A veces respondía unas tres líneas: «Hola. Gracias por escribir. Qué bueno que sigues vivo. Bye».

— *Kelly*

Pero en un par de ocasiones sí le llamé y sí le escribí. Aquí está la evidencia a través de un extracto de una carta que me envió Andrés el 17 de octubre de 1997:

… Quiero darte las gracias por hablarme el jueves pasado. Esa mañana lo primero que hice fue pedirle a Dios que me hablara porque no me quedaba nada de dinero y te he estado extrañando tanto que tenía muchas ganas de hablar contigo. Por alguna razón todo el día sentí que me ibas a llamar y como a las 10:45 p. m. bajé a esperar tu llamada y cuando sonó el teléfono a las once, sabía que eras tú. Después de hablar contigo *todos* sabían que me habías hablado porque estaba casi, casi gritando de felicidad y cuando les conté lo que había pasado no me querían creer. Recibí otra carta tuya el martes, así que últimamente he sido muy bendecido...

Al mismo tiempo, su hermano me confesó que alguien en Morelia estaba buscando mucho a Kelly y ella parecía estar interesada en él. No quiero juzgar, pero Kelly parecía no tener buen gusto. No me creerían si les contara con quien quería estar Kelly. Pero bueno, yo me mantenía firme y no perdía la fe. Seguía orando, escribiendo cartas y confiando en Dios.

Ese semestre perdí mi beca de trabajo en la escuela y mis papás no podían ayudarme económicamente. Eso me llevó a conseguir un trabajo en una fábrica de piezas especializadas de autos y aviones. Allí se fabricaban cosas como bisagras, remaches, agarraderas y materiales especializados. Yo trabajaba en el área de almacén. Uno de mis compañeros de trabajo era músico de fin de semana en una banda de *jazz* y mi otra compañera de trabajo 2 a 6 de la tarde. Ella nos compartía un arroz maravilloso que llevaba para el almuerzo. Mi trabajo era después de la escuela, todos los días de 4 a 8 de la noche. Lo malo es que todavía no me alcanzaba para pagar los estudios. Así que conseguí trabajo en un restaurante los fines de semana. Trabajaba toda la noche del viernes y la noche del sábado de 8 p. m. a 6 a. m. Era un restaurante que abría las veinticuatro horas, por lo que recibíamos a todos los borrachos y personas que llegaban tarde de algún lado. Las propinas no eran tan buenas, pero todavía no podía completar mi presupuesto. Eso me llevó a tomar la decisión de no visitar a mi familia durante el tiempo de Navidad y conseguí un tercer trabajo en una juguetería durante las mañanas. Mi vida laboral era juguetería en las mañanas, fábrica en las tardes y restaurante los fines de semana. Estaría lejos de mi familia en Navidad y como mi cumpleaños es el 23 de diciembre, también sería mi primer cumpleaños lejos de mi familia.

Mi cumpleaños lo pasé solo y trabajando todo el día. Todos ya estaban dormidos cuando llegué tarde esa noche a la casa donde me estaba quedando. Me llamaron mis papás para felicitarme y para mi sorpresa también me llamaron los papás de Kelly. Jonathan les dijo que estaba solo y quisieron llamarme. Por eso ya les he dicho que vale la pena conquistar también a los suegros. Ellos me saludaron primero, luego me pasaron a Jonathan para saludarme, después me pasaron a Katy (la hermana menor de Kelly), quien también me felicitó. Luego hubo una pausa incómoda, me imagino que le estaban haciendo señas a Kelly para que saludara y seguro que ella contestaba con señas que no quería, pero por fin saludó. «Hola Andrés». Mi corazón dio un brinco. «Feliz cumpleaños». «Muchas gracias. Gracias por llamar y acordarte de mí», le contesté. Platicamos un par de minutos, le dije que la extrañaba, le conté lo difícil que era para mí este tiempo solo, esperando algo de compasión de su parte. Pero aún en mi cumpleaños, Kelly sintió la necesidad de recordarme una vez más algo importante: «Solo quiero que sepas que entre tú y yo nunca podrá haber nada más que amistad». Le contesté de inmediato: «Muchas gracias por tus buenos deseos de cumpleaños. Claro, seguimos siendo amigos». Así pasé mi cumpleaños y Navidad ese año. La pasé solo, trabajando, rechazado y, porque no decirlo, algo deprimido.

Carta de Andrés de diciembre de 1997:

Quería pedirte perdón por no haber escrito o llamado durante las últimas semanas, pero me dio la impresión (por nuestras últimas conversaciones) que probablemente los dos necesitamos un *break* y un tiempo para nosotros mismos con Dios y que realmente no hay prisa para tener nada más que una amistad. No sé cómo te sientes, pero quiero que sepas que soy un amigo que quiere conocerte mejor y que mi motivación es solamente tu amistad. Porque sé que la voluntad de Dios es número uno en tu lista y también en la mía. Estoy completamente comprometido a tomar solo los pasos que Dios me permita tomar, y ese paso solo involucra una relación de amistad y nada más. Pude percibir que te estabas sintiendo presionada para entrar en una relación y yo también. Pero quiero que sepas que la única presión de la que me gustaría ser culpable de poner sobre alguien más es la de hacer la voluntad de Dios (y sé que caminas en ella). Sé que necesito llamarte para platicar más acerca de esta situación, pero por el momento solamente me gustaría decirte que aprecio mucho tu amistad y a ti; es algo que nunca quiero perder y en ninguna manera quiero hacerte sentir que tiene que suceder algo más que ser amigos. El resultado de nuestras vidas está en manos de Dios y por ahora creo que lo mejor que es que tú y yo sigamos creciendo en nuestra relación, con el entendimiento de que solo deseamos ser amigos y que la única presión que tenemos sobre nosotros es de hacer la voluntad de Dios y rendirlo todo a él.

Te prometo que te llamaré en los próximos días para que podamos platicar más acerca de esto. Por ahora quiero decir adiós, pero antes decirte que te envié un regalo de Navidad con Melissa. Espero que te guste. Por favor no lo sientas como "presión", solo es un regalo de parte de un amigo al que le importas.

Bueno, hasta la vista y espero recibir más e-mails ¡eh!
Dios te bendiga,

Andrés S.

En el instituto bíblico teníamos una semana de oración cada enero. En lugar de las clases tenemos sesiones de oración en la mañana y al mediodía. Hay un tiempo de alabanza, enseñanza y luego cada uno debe pasar tiempo personal de oración y meditación. La oración es una práctica cristiana por medio de la cual hablamos con Dios y lo escuchamos. Podría sonar raro decir que uno puede escuchar a Dios, pero es uno de los regalos que recibimos por la fe. Los cristianos creemos que podemos escuchar a Dios a través de la lectura de la Biblia, un pensamiento o convicción que el Espíritu Santo pone en nuestro corazón, la enseñanza de maestros de la Biblia, personas a nuestro alrededor, un consejo, experiencias, paz (sí, adelante) o falta de paz (no, hacia allá no), etc. Una regla básica para saber si fue Dios quien te habló es preguntar si eso que estás recibiendo está de acuerdo con los principios que aprendemos en la Biblia y también si alguien con liderazgo y sabiduría en tu vida confirma que puede ser Dios quien te está hablando.

El primer día de oración le pedí a Dios que me hablara en cuanto a mi futuro con Kelly. Le pregunté si debía seguir insistiendo con ella o si ya no debía insistir y dejar las cosas por la paz. Tuve una impresión muy clara en mi corazón y mente que debía de soltar a Kelly. Soltarla totalmente. Que ya ni siquiera debía orar por ella. No debía buscarla, ni llamarla y tampoco enviarle cartas o emails. Nada. Estaba devastado y lloré por un buen rato. Lo comenté después con alguien en el liderazgo y me dijo: «Me parece que sí es Dios». Lloré más, pero de alguna forma también me sentí libre de una obsesión. Pude reconocer que mi atracción y amor que sentía hacia Kelly se había convertido en obsesión o, dicho de otra manera, se había convertido en idolatría.

Crees que algo o alguien es tu única vía posible para ser feliz cuando estás obsesionado. Sería realmente feliz si tuviera ese trabajo, esa cantidad de seguidores, esos amigos o esa mujer. Por eso digo que es una forma de idolatría. Estás cayendo en idolatría cuando crees que algo o alguien, aparte de Dios, puede ser tu fuente de alegría y gozo. Es cierto que hay cosas, momentos y personas que nos provocan felicidad, pero es diferente al gozo. El gozo es un sentido de satisfacción interna, se trata de un contentamiento que no depende de circunstancias, personas o cosas. Podría decir que se trata de una alegría que no caduca. Por eso solo Dios es la única fuente de gozo verdadero. Entonces, cuando nos obsesionamos con algo o alguien fuera de Dios y empezamos a hacer todo lo posible por obtenerlo, forzamos algunas cosas y nos amargaremos si no lo obtenemos. Lo peor es que si lo obtenemos y nos damos cuenta de que no está llenando toda la expectativa de felicidad que buscamos, entonces nos desilusionamos porque pusimos el peso de nuestra felicidad sobre algo o alguien que no es capaz de brindarlo. Vivimos desilusionados y menospreciamos a nuestra pareja porque no nos da el gozo que buscamos.

Observo a demasiadas personas desilusionadas con su pareja. Sufren en silencio. Tienen remordimiento por sentirse así y porque no les pueden hacer felices tal como pensaron que serían. Esa desilusión se va convirtiendo en menosprecio hacia la otra persona que se expresa con enojo, impaciencia, crítica e irritabilidad. Solo hay dos cosas que podemos hacer con un ídolo: adorarlo mientras creemos que nos puede hacer feliz o destruirlo cuando nos damos cuenta de que no nos puede hacer feliz. Lamentablemente, eso es lo que muchos hacen. Destruyen a su pareja con su actitud porque por dentro saben que ella o él nunca le hará feliz.

Dios me salvó de mi idolatría hacia Kelly ese día de oración. Me salvó de tener una relación destructiva con Kelly. Aunque no parecía así en el momento. Por el contrario, se sintió como un castigo cuando Dios me pidió soltar a Kelly. Lo sentí como si fuera una injusticia y como si muriera por dentro. En ese momento no sabía que Dios me estaba salvando de mi obsesión.

Al día siguiente me sentía libre de seguir con el propósito de Dios para mi vida sin estar distraído o preocupado por cómo sucederían las cosas con Kelly. Bueno, hice lo que todo joven libre de una relación o de una posible relación haría: empecé a preguntarle a Dios: «¿Y ahora con quien quieres que intente un noviazgo?». Mientras adorábamos durante el segundo día de la semana de oración, de pronto abrí un ojo para ver si Dios me mostraba quién sería mi posible futura esposa. Digo, ya que estábamos en la oración había que aprovechar el momento para las preguntas importantes. Después de que uno de los maestros compartió unos pensamientos de la Biblia, nos indicaron que cada uno debía tener un tiempo personal de oración. Tengo que confesar que con frecuencia me quedaba dormido en esos tiempos de oración. Me arrodillaba en el piso o me recargaba en mi silla y de alguna forma terminaba acostado en la alfombra. Después de un tiempo me despertaba algo desorientado, pero trataba de disimular, como si estuviera en profunda conversación con Dios. Ese segundo día, en uno de mis momentos despierto, tuve otra impresión muy fuerte: «No solo te estoy pidiendo que sueltes a Kelly, quiero pedirte que sueltes toda idea de casarte algún día. ¿Estarías dispuesto a entregarme el sueño de casarte y tener hijos?».

Eso fue algo que nunca esperé oír de Dios. Inmediatamente respondí con un «No. ¡Claro que no! Nunca». Tenía argumentos muy convincentes que manifesté en ese mismo instante: «La Biblia dice que no es bueno que el hombre esté solo y nos enseña a multiplicarnos, a tener hijos. De ninguna manera pienso rendir mi sueño de casarme. Es más, dudo que sea Dios quien me está hablando». Traté de sacar la conversación de mi mente e ignorarla por completo. Si es Dios, entonces él tendrá que ser muy claro e insistente. Durante el tercer día de la semana de oración, de nuevo sentí una fuerte voz en mi interior (la denomino una «impresión»), pidiéndome soltar el sueño de casarme y entregarle esa área de mi vida a Dios. Nuevamente respondí de inmediato: «No, ¡claro que no! Nunca». Otra vez lo hice a un lado y decidí ignorarlo.

Al día siguiente, el cuarto día, arrodillado y recostado sobre la misma silla de esa capilla universitaria, volví a escuchar las mismas palabras: «Suelta tu sueño de casarte. ¿Estarías dispuesto a nunca casarte y tener hijos para servirme?». Una vez más y con la misma prontitud de los días anteriores dije: «No, ¡claro que no! ¡Nunca!». Lo volví a ignorar. Ese día en la tarde fui al trabajo. Cayó nieve durante la tarde y cuando salí del trabajo todo estaba lleno de nieve. En general odiaba el frío y la nieve, pero había días en que me gustaba mucho la vista de la nieve, era algo mágico. Ese día era hermoso. Manejé de regreso al dormitorio mientras cantaba algunas canciones de adoración que escuchaba en mi estéreo de casetes (gugléalo). La pasé increíble. Yo feliz porque pensé que se le había olvidado a Dios lo que me pidió o quizá no había sido Dios. Caminando hacia mi dormitorio tomé el primer paso hacia las escaleras traseras del edificio. Estaban cubiertas de nieve que empezaba a derretirse por la sal que le ponen por seguridad. En cuanto mi pie tocó el primer escalón, escuché dentro de mí: «¿Sí o no Andrés? ¿Estarías dispuesto a nunca casarte y tener hijos para servirme?». Empecé a llorar y no pude subir otro escalón más. Supe que era Dios y le dije: «No entiendo y la verdad se me hace injusto. Te he entregado todo de mi vida y esto se me hace extremo, pero te amo y confío en ti. Te entrego mi futuro, mis sueños de casarme y de tener hijos. Voy a servirte siempre».

Si soltar a Kelly se sintió como morir, esta renuncia se sintió como morir cien veces. Me sentía destrozado. Estaba literalmente de luto y sufriendo una pérdida profunda. He aprendido que morir a un sueño que todavía no es tangible puede ser tan devastador como perder otras cosas que ya tenías en tu vida. Me dormí llorando esa noche. A la mañana siguiente resucité. Era como si todo un peso emocional y de expectativas que venía cargando por años se había caído de mis hombros. Me sentía tan ligero, libre y muy alegre. Estaba experimentando lo que Jesús dijo: «Si alguno quiere seguirme, niéguese a sí mismo, tome su cruz cada día, y sígame» (Lc 9:23, RVC). Pero no esperaba que ese fuera el camino para recibir la promesa de Jesús: «Yo he venido para que tengan vida, y la tengan en abundancia» (Jn 10:10). Eso es exactamente lo que me pasó. Me negué a mí mismo para seguir a Cristo y ahora tenía una abundancia de paz, gozo y una libertad que no había conocido antes.

Ya no tenía que preocuparme si Kelly me quería o no. Ya no tenía que impresionar a ninguna chica a mi alrededor. Ya no tenía que presionar, manipular o hacer las cosas en mis fuerzas. Me sentía libre de la opinión de las personas. Por primera vez en mi vida no me importaba cómo me veían las chicas. Creo que hasta me metí el dedo en la nariz en público durante esa temporada. Obviamente que no, estoy exagerando. Sin embargo, no me preocupaba tanto por mi apariencia y estaba disfrutando de mi recién encontrada libertad. Era como un niño con un juguete nuevo. Experimenté tres de los mejores meses de mi vida en esa temporada. Salía a caminar seguido para meditar, orar, cantar y platicar con Dios. Leía la Biblia con más sensibilidad, como si mi nivel de comprensión estuviera a otro nivel. Tenía un hambre y sed de Dios, de aprender y de crecer espiritualmente. Puedo decir que fue en esos meses que desarrollé una amistad genuina con Dios, la cual ha sido la base de todo lo que he podido lograr o, más bien, de lo que él ha logrado a través de mí.

Habían pasado algunos meses desde la semana de oración. Era abril y solo faltaba un mes para terminar el semestre. Ya no estaba nevando y por fin había sol después de las 5 p. m. Estaba experimentando un gran momento. Estaba ocupado estudiando, trabajando en la fábrica y el restaurante. Estaba haciendo amigos, era libre y estaba conociendo a Dios. Pensaba que seguramente iba a ser como el apóstol Pablo, que nunca se casó y pudo viajar por el mundo predicando sin distracciones. Creo que fue durante la primera semana de abril cuando después de regresar del trabajo estaba haciendo tarea junto con mis compañeros de habitación. Cuando de pronto escucho un grito en el pasillo: «¡Andrés te llaman por teléfono, dice que se llama Kelly!». *¡¿Qué?!* Volteé a mirar a Jonathan su hermano y solo me hizo un gesto como de incertidumbre. Salí corriendo del cuarto a contestar el teléfono del pasillo (recuerda, no tenía celular y era común que hubiera un teléfono fijo para todo el piso). Saludé con un «¿Hola?». «¡Hola! Qué gusto saludarte y escucharte. ¿Cómo has estado?», preguntó Kelly con una voz muy diferente a todas las que había escuchado en las múltiples conversaciones que habíamos tenido en los años anteriores. Balbuceé respondiendo: «Eh, ah, uh, sí, bien, gracias». Mientras contestaba pensaba: *¿Qué pasó? ¿Por qué tan buena onda? ¿Por qué me está llamando?* Ella siguió con su tono distendido: «He extrañado tus cartas y tus emails. Como no he escuchado de ti, pues quería saber cómo estás». Así continuó un rato la conversación con temas superficiales de escuela, trabajo y cosas similares. La diferencia radicó en que hablé con ella sin tratar de ganarla, sino libremente, como amigos. No pensé ninguna otra cosa. Luego me preguntó: «¿Vas a poder venir este verano a Morelia? Me gustaría verte. Te extraño». ¡Se me fue el corazón al pie izquierdo! No podía creer lo que estaba escuchando. Kelly quiere verme, quiere estar conmigo. ¿Qué está pasando? Estaba perplejo. «Kelly, solo quiero que sepas que entre tú y yo nunca va a existir nada, excepto amistad». Bueno, lo pensé, pero no se lo dije. Aunque hubiera sido genial contestarle así. Pero no soy un hombre vengativo. Lo que realmente le contesté fue: «Todavía no sé si pueda ir en el verano, pero gracias por llamar. Me ha dado mucho gusto escucharte y platicar. Estamos en contacto. Adiós».

Me fui corriendo a mi cama, me tapé la cabeza con una almohada y empecé a llorar y quejarme con Dios: «Cuando yo quería estar con Kelly, ella no quería y tú no hiciste nada. Ahora que tú no quieres que me case, ella sí quiere estar conmigo y yo no sé lo que quiero». Estaba tan confundido y triste. Ahora que mis sueños sí eran posibles, Dios me había pedido dejarlos atrás. Después de que me calmé y me callé, escuché otra vez la voz en mi interior, la misma de la semana de oración y la misma que aprendí a escuchar durante estos meses. Esto fue lo que escuché en mi interior:

«Andrés, yo tenía que saber que me amabas más a mí que a Kelly y tus sueños. Ahora que sé que me amas y no me retienes nada, ahora te puedo entregar a Kelly. Antes era tu obsesión casarte y ahora es mi regalo para ti».

Qué difícil es pelear por algo que Dios no te ha dado. Quizá sea la persona ideal, pero no es el tiempo de Dios. La prioridad de Dios no es que te quedes con la chica de tus sueños o que te cases y tengas hijos. Es posible que quiera eso para ti, pero no es su prioridad para tu vida. La prioridad de Dios para tu vida es que él sea el centro y que él sea tu máximo amor. Dios es tan bueno y, a la vez, tan celoso de nuestro amor, que no permite que tengamos ídolos u obsesiones. Es bueno que aprendamos a soltar, morir a nuestros sueños y entregárselos. Me podría atrever a decir que si un sueño es de Dios y te pide morir a ese sueño, entonces en el tiempo correcto, Dios podría resucitarlo. Si no es un sueño de Dios, lo mejor sería soltarlo para que él pueda darte sueños mejores. Al final de cuentas, la bondad de Dios es mejor que todos tus sueños y obsesiones. Esa noche después de hablar con Kelly y de que Dios me dijera «Yo te la entrego», llegué a la conclusión de que:

NADA ES REALMENTE TUYO HASTA QUE DIOS TE LO DA.

Entonces, para terminar este capítulo de conquista o de búsqueda de tu pareja, te quisiera dejar estos principios:

Persevera en la dirección correcta. Si realmente crees que has encontrado a la persona ideal y tienes paz en tu corazón y el apoyo de personas maduras que respaldan tu decisión, entonces persevera. Veo demasiados hombres que lo intentan una sola vez y como les dicen que no, entonces por orgullo o por pereza cambian de canal y buscan en otra parte. ¡Persevera y ora! Busca una amistad genuina. NO ACOSES. NO SEAS IMPRUDENTE. NO SEAS RARO. NO MANIPULES. NO LE DIGAS: «DIOS ME DIJO». Pero sí persevera con sabiduría. Hay algo especial en perseverar, invertir, y que nos cueste. Vas a perseverar si realmente estás convencido.

Prioriza tus relaciones. Asegúrate de que Dios sea la relación número uno en tu vida. Dios no quiere ser parte de tu vida, él quiere ser el primero en tu vida. Si tu relación con Dios es lo más importante para ti, si amas a Dios más que a cualquier otra cosa o persona, vas a tomar decisiones sabias. Eso significa que durante el proceso de amistad, de búsqueda de pareja y de noviazgo siempre manifiestes una mayor lealtad a Dios que a tus sueños. Si estás perseverando y Dios te muestra de alguna manera que él quiere que sueltes a esa persona o algún sueño, hazlo. Confía en él. Su bondad es lo único que te puede dar gozo. No te aferres a personas o cosas.

Permite que Dios sea Dios. Si yo me hubiera aferrado a mi orgullo, no hubiera considerado la idea de ser novio de Kelly. Ella me había rechazado y me sentía herido. Pero la humildad es perdonar y saber que todos pasan por un proceso. Eso está bien. La humildad también es dejar que Dios sea Dios. No se trata de que Dios cambie de opinión, sino de que a veces nosotros no sabemos escucharlo y creemos que, si Dios dijo algo de una manera, entonces así fue y así tiene que ser y no consideramos que Dios sigue hablando, que tiene un propósito para pedirnos cosas y que puede decidir regresarnos lo que nos pidió. Así fue con Abraham e Isaac (Gn 22). Dios le pidió a Abraham que sacrificara a su hijo Isaac en un monte. Cuando Abraham estaba a punto de atravesarlo con su daga sobre el altar en el monte, Dios le vuelve a hablar y le dice: «No pongas tu mano sobre el muchacho […] Ahora sé que temes a Dios, porque ni siquiera te has negado a darme a tu único hijo […] de cierto te bendeciré grandemente» (Gn 22:12, 17). Si Abraham hubiera cerrado sus oídos, si hubiera dicho: «Pero tú dijiste», se habría equivocado y la historia sería drásticamente diferente. Si yo hubiera cerrado mis oídos a Dios, mi historia y la de Kelly no existiría. Sé humilde y perdona. Deja que Dios sea Dios y sigue escuchando. Deja que él lidere tu vida, no tus expectativas, ni tu rechazo y tampoco tu orgullo. Él te dará una vida abundante.

¡Ya se puso buena la historia! Sí, ya sé que la mayoría está pensando que fui muy dura y grosera con Andrés. La verdad es que sí lo fui y no debí serlo. Gracias a Dios y a Andrés por perdonarme. Pero en mi defensa quisiera compartir un poco de mi lado y la razón o razones detrás de mi famoso dicho «Solo quiero que sepas…».

Yo tenía un sueño muy grande desde los once años. Soñaba con ser artista o cantante cristiana. Soñaba con ser famosa, viajar por el mundo y llenar estadios con mis conciertos. Para que suene un poco más espiritual, soñaba con «dirigir la alabanza». Es la verdad. Me encanta cantar y he dirigido la alabanza desde los trece años, comenzando en la iglesia de mi papá y hasta el día de hoy, en más lugares y ocasiones de las que puedo contar. ¡Dios ha sido tan bueno!

Andrés mencionó a un tal «Loki» o amigo especial que yo tenía y que asistió a mi celebración de quince años (una fiesta mexicana tradicional). Honestamente, esa persona era mucho mayor que yo y bastante famoso. Ahora que lo pienso, creo que, al ser tan jovencita, me sentía halagada de que me tomara en cuenta y me enviara regalos de diferentes partes del mundo. La verdad es que creí que lo amaba. Como suele pasarle a muchas mujeres de todas las edades cuando les atrae un hombre, yo también imaginé mi vida a su lado, aun antes de concretar una relación formal con él. Lo cierto es que nunca llegó a ser una relación formal de noviazgo, pero sí obviamente de «amigos especiales» por casi tres años. Esa relación siempre fue con la bendición y cuidado de mis padres y era de larga distancia. Solo nos veíamos un par de veces al año, pero como anhelaba ser artista y él era un músico conocido, yo me veía el resto de la vida con él … cumpliendo lo que creía que era mi máximo sueño.

Él me invitó a verlo en un concierto en el que participaría. Viajamos con toda mi familia para acompañarlo. Iba extremadamente feliz y estaba muy emocionada por la oportunidad de verlo. Pero duró muy poco mi alegría del encuentro porque de inmediato me invitó a sentarme a su lado en una banca en un lugar público. Me miró a los ojos y me dijo: «Kelly, no te amo, nunca te he amado y nunca te voy a amar». Así, tal cual, al grano y hasta con mala onda. En ese momento sentí como que mi corazón se rompía en mil pedazos. ¡No podía ser! Había pasado años de mi vida soñando con él y de cumplir mi sueño a su lado. Ahora no iba a suceder … ¡Nunca!

Solo para que entiendas un poco más lo entregada que estaba a esta relación y a mi visión artística; yo me había postulado y me habían aceptado para estudiar en la universidad donde él trabajaba y vivía. Por lo tanto, este rompimiento no solo significaba que estaba terminando mi relación sentimental, sino que ahora también estaban cambiando drásticamente todos mis planes. Todo mi mundo se derrumbó. Entonces, en medio de este quebranto y este proceso tan doloroso y confuso que estaba viviendo, Andrés entró al escenario.

Él estaba tan feliz de que ya no estaba el «amigo especial» y vivía suplicándome (casi a diario) que saliera con él. Mientras tanto, yo estaba tristísima de perder a mi «amigo especial» y suplicándole a Dios que pudiera recapacitar y se diera cuenta de la joya que estaba dejando. ¿Sabes? Pauso ahora para decirles algo importante a algunos que quizá están lidiando con un corazón roto y claman a Dios para que esa persona regrese a su vida, recapacite y vuelva. Considera que Dios sí sabe lo que es mejor para ti porque conoce perfectamente nuestro futuro. A veces puede permitir cierto dolor en el presente para ahorrarte un dolor mucho mayor en el futuro. Dios te ama como nadie más podrá amarte jamás. Permíteme desafiarte a pensar en que quizá un día, como yo, le vas a dar *tantas* gracias a Dios por no haber contestado ciertas oraciones, porque él sabía los maravillosos propósitos que tenía para ti en el futuro. Él no podía permitir que nada ni nadie los destruyera. El aparente silencio de Dios es con frecuencia nuestra protección. Tal vez ahora mismo es difícil de comprender, pero Dios está trabajando a tu favor. No te imaginas cuantas veces le he dado gracias a Dios por no regresarme al «amigo especial» y por darme a Andrés. No me quiero imaginar ni un instante sin él. No sé qué sería de mí sin la protección de Dios. Ahora puedo entender que ese episodio doloroso realmente me preparó para un futuro glorioso al lado del hombre más maravilloso que Dios tenía para mí: Andrés.

Ahora ya tienen un poco más del contexto de donde me encontraba yo en medio de toda la historia que Andrés les acaba de contar. Entonces, volviendo un poco a la parte de la historia en donde Andrés me estaba «buscando» y yo no le correspondía. Como ya te dije, el rompimiento de esa relación con mi amigo especial fue muy difícil para mí y creo que me afectó mucho más de lo que me daba cuenta. Dejé que me causara dolor y confusión que distorsionaron lo que realmente quería en la vida. Yo anhelaba a un hombre que amara a Dios y me amara con todo el corazón. Punto. Ese hombre no tenía que ser famoso ni músico para que yo pudiera ser feliz, útil en manos de Dios o cumplir mi llamado. Al verlo de esa manera, comencé a «notar» y a darle más oportunidades a Andrés. Pero fue un proceso largo de varios años.

Recuerdo que cuando él estaba en el instituto bíblico, en una ocasión llamó a mi casa y tuvo una pequeña conversación con mi hermana. Le preguntó a Katy: «¿Qué porcentaje de probabilidad crees que tengo de quedarme con Kelly? ¿30 %?». Mi hermana, quien es muy franca, le dijo sin compasión: «No… yo creo que NADA o bueno quizá un 10 %». Pobrecito Andrés. Pero esa era la verdad en ese momento. Yo seguía de luto por mi amigo especial y también estaba conociendo a un par de candidatos más. Realmente no estaba interesada en Andrés y se lo decía en cada oportunidad.

Sin embargo, algo que siempre me impactó de él es que, aunque lo rechazaba una y otra y otra vez diciéndole: «Solo quiero que sepas que entre tú y yo nunca va a haber nada más que amistad», él siempre me miraba a los ojos, me sonreía tiernamente y me contestaba: «Está bien». Luego caminábamos al coche, me abría la puerta y mientras íbamos en camino conversábamos de algún tema de amistad. Andrés siempre siguió siendo mi amigo, siempre amable, caballeroso y mostrándose como un amigo genuino hacia mí. Nunca me ignoró ni me trató de forma grosera, aunque en ocasiones lo merecía. Me seguía llamando cada vez que podía, enviaba postales y seguía escribiendo cartas y correos electrónicos… aunque yo los ignoraba. Eso llamó enormemente mi atención. Jamás un hombre me había tratado así. Nunca había conocido a un hombre tan persistente, decidido y tan bueno conmigo. Tampoco había visto una mirada tan enamorada de un hombre como su mirada cada vez que me veía.

Pero llegó un momento cuando me dejó de llamar y escribir. Él ya contó cómo Dios le pidió que me soltara y dejara de buscarme. Al principio se me hizo extraño que dejara de llegar la correspondencia acostumbrada. Habían sido años de comunicación constante de su parte hacia mí. Por un ligero instante pensé: *Qué bueno que por fin entendiera.* Casi enseguida me llené de tristeza y temor al pensar: *Por fin creyó que nunca voy a querer nada con él y ya se rindió… Dios mío ¿qué he hecho? ¡Nooooooo!* Tengo que ser muy sincera y reconocer que me espanté mucho, y el hecho de que lo extrañaba me confundía. Hasta ese momento yo pensaba que no lo quería de esa forma.

Una noche estaba llorando nuevamente. Mi mamá entró a mi habitación, se sentó al lado de mi cama y comenzó a platicar conmigo. Mi mamá es un personaje clave en esta gran historia de amor. Ella me hizo una pregunta muy sencilla, pero muy fuerte: «Kelly, si Andrés regresa este verano de la universidad y ya tiene novia, ¿cómo te vas a sentir? ¿Vas a estar bien con eso? ¿Estarás bien al imaginar tu vida sin que él forme parte de ella?». La reacción a su pregunta fue literalmente como si un velo se quitara de mis ojos. Sí, suena cursi o religioso, pero es verdad. Le contesté: «¡No! ¡No quiero que tenga otra novia! No estoy bien con eso… no me imagino mi vida sin él. ¡Yo lo quiero para mí!». Fue como si de una manera simple y sencilla en ese instante me diera cuenta cuánto lo amaba, que siempre lo había amado y que Andrés era el amor de mi vida. Recuerdo que le dije todo eso a mi mamá en ese momento.

Salté de la cama, me limpié las lágrimas, mi mamá salió del cuarto (obvio) y, como si fuera la protagonista de una película, tomé el teléfono para llamar a Andrés. Quería decirle que me había dado cuenta que estaba enamorada de él durante todos estos años; quería pedirle que por favor me perdonara y me diera otra oportunidad. Las llamadas jamás entraban a su dormitorio, pero esa noche parece que hubo una intervención divina y pudimos comunicarnos y conversar. Le expresé lo que había en mi corazón y mis sentimientos mientras lloraba. Gracias a Dios que movió el corazón de Andrés y me dio otra oportunidad. Desde esa noche, nunca más he cuestionado mi amor por Andrés. Solo me he enamorado más y más de él.

A los pocos meses volvió a México y salimos a cenar. En esa cena romántica, a luz de las velas, en el centro de Morelia, Michoacán, me pidió que fuera su novia. Recuerdo que le mostré una gran sonrisa y le dije: «Sí». Su respuesta, además de una inmensa sonrisa fue: «¿Estás segura de que sabes lo que me estás diciendo?». Respondí a su pregunta nuevamente con un confiado: «Sí». Esto fue el 18 de mayo de 1998. Nos casamos y nos dijimos «sí» para siempre el 21 de agosto de 1999. Solo aprovecho esta oportunidad para decir una vez más: «Andrés, te amo con todo mi corazón. Gracias por insistir en amarme».

CAPÍTULO TRES

Un alma gemela o una persona idónea

Yo no creo que exista un alma gemela para cada persona. Por lo menos no cómo la idea de que solo hay una persona destinada por Dios para que pasemos el resto de la vida juntos. Por el contrario, si tenemos los filtros adecuados, estoy seguro de que podríamos llegar a encontrar a algunas personas que cumplan con el criterio de lo que buscamos. Lo que quiero decir es que hay «personas idóneas», pero no «almas gemelas». Podemos elegir con libertad a una persona idónea para casarnos. Es dentro del matrimonio donde ocurre precisamente el milagro de convertirnos en una sola carne, llegando a ser el uno para el otro como un alma gemela. Kelly es la única persona para mí y puedo reconocerla como mi alma gemela. Pero no me casé con ella porque encontré mi media naranja o mi alma gemela, sino porque la elegí sobre la base de ciertos criterios. Ya casados hemos decidido ser y hemos aprendido a ser una sola carne.

Es posible que no llames «alma gemela» a esa persona con la que estás pensando formar una familia. Quizá estás esperando a que Dios te diga en sueños, visiones y apariciones con quien debes casarte. A lo mejor estás esperando esa experiencia casi mística de «amor a primera vista» o podrías pensar en otra cosa muy diferente. El punto es que todos tenemos una idea preconcebida de cómo nos enamoraremos o con quien deberíamos casarnos. Lo que quiero decirte es que vas a tener que dejar esa idea que quizás has atesorado por tanto tiempo a un lado y aprender a desarrollar un criterio sabio para elegir bien.

Sé que algunos sí han escuchado realmente a Dios hablarles con respecto a la persona con quien debían casarse. Otros pueden haberse enamorado a primera vista y el resultado ha sido un gran matrimonio. Sin embargo, me atrevo a sugerir que, además de lo anterior y sin que quizá lo supieras, se cumplieron una serie de estándares que han propiciado una relación compatible y duradera. Me gusta llamarles «filtros» a esa serie de estándares, consejos o criterios para la elección de una pareja.

No estoy hablando de un filtro como los que usamos para nuestras fotos en Instagram. Esos solo sirven para aparentar vernos mejor de lo que realmente somos. Más que filtros son realmente máscaras. Todos tendemos a usar máscaras en una relación por diferentes razones y son muy dañinas para el futuro de una pareja. Pero luego hablaremos de eso. Los filtros a los que me refiero son más como un colador. Usas un colador cuando haces agua de sandía y licúas la sandía con todo y semillas. Ese colador solo permite pasar el líquido y partículas muy pequeñas, pero se quedan fuera las semillas. Los filtros para elegir pareja permiten pasar solo ciertas opciones y dejan fuera otras.

De seguro has escuchado a alguien preguntarse: «¿Por qué siempre elijo mal?». La respuesta es porque no tienen los filtros correctos. No es que seas una mala persona, que simplemente tienes mala suerte, que Dios no quiera que seas feliz o que no merezcas ser feliz. El problema es que careces de filtros sabios. Estos filtros no son nuevos, han existido por miles de años. Nuestra lista incluye diez filtros que se han ido sumando con la experiencia y el pasar de los años. No los he ordenado por prioridad o importancia porque todos son importantes. Mi consejo es que los uses todos y no solo unos cuantos. Siempre tendemos a usar los que nos convienen o nos resultan más fáciles. Por eso te insisto en que puedas considerar todos los filtros.

1. ATRACCIÓN

Yo me sentí muy atraído por Kelly cuando la vi en su fiesta de quince años. Fue como si se hubiera prendido un gran reflector sobre ella, como cuando canta la actriz principal en un teatro. No podía quitar mis ojos de ella. Me sentí tan profundamente atraído que no puedo negar que también sentí mariposas en el estómago. Durante los días y semanas siguientes no podía dejar de pensar en ella. Tenía esa foto mental fija en mi mente. Aún hoy, tantos años después, esa foto sigue igual de fresca en mi memoria.

Algunos se equivocan al pensar que, si dejamos que Dios nos ayude a elegir pareja, entonces nos dará a alguien por quien no vamos a sentir ninguna atracción. Eso es una gran mentira. Cuando Abraham le pide a su siervo ir a buscar esposa para su hijo Isaac, el siervo regresa con Rebeca. Isaac nunca había visto antes a Rebeca, pero la amó en cuanto la vio.[3] Dios no va a darte alguien por quien no puedas sentir un amor y atracción sinceros.

Hay tres tipos de atracción que son importantes considerar: Atracción física, mental-emocional y de carácter.

Atracción física

Todos tenemos un concepto distinto de lo que consideramos atractivo. No creo que yo sea atractivo, pero Kelly dice que soy muy atractivo. A veces hemos conocido a alguna mujer y Kelly me ha dicho «ella es guapa», pero yo no le he visto nada de guapa (bueno, aunque pensara que sí, le diría «nada que ver» porque esa es la única respuesta correcta). Solemos desarrollar nuestro concepto de persona atractiva producto de las ideas de nuestros amigos o del estereotipo social y cultural de la belleza. Pero si eres honesto contigo mismo te darás cuenta de que eres atraído a cierto tipo de belleza. Como dicen por allí: «La belleza está en los ojos de quien mira». Para lo que algunos es belleza, para otros es fealdad. La belleza está en los ojos de quien mira.

Algunos me han dicho que tenían una lista de ciertas características físicas que buscaban en una futura pareja, pero que ahora se encuentran atraídos a alguien con características muy diferentes a las de su lista. La atracción física casi nunca pide permiso. Muy pocas veces es el resultado de llenar las casillas de una lista descriptiva de la cara y cuerpo ideal que tienes en mente. Pero quiero aclarar que no hay nada malo en hacer una lista, aunque yo nunca la hice. Sin embargo, sé de algunos que tienen

---

[3] Puedes leer la historia en Génesis 24.

listas interminables. Para algunos hombres: alta, piel caramelo, ojos cafés claro, pelo castaño, cintura delgada, cadera ancha, dientes perfectos, orejas pequeñas, nariz mediana, labios carnosos. Quizá para las mujeres puede ser: hombros anchos, sin acné, quijada masculina, muy alto, buena posición económica y mucho más. Bueno, cada quien tiene sus listas.

Lo que quiero enfatizar es que sí debes sentir atracción física y, al mismo tiempo, debes estar abierto a que esa persona no va a llenar todas las casillas de tu lista mental. A veces tienes que tirar la lista a la basura para darte permiso de sentir atracción por una persona realmente valiosa. A veces encontrarás a alguien que cumple con todas las características que tenías de atractivo y otras veces no será el caso, pero lo que sí debes sentir es atracción física por esa persona. Otra manera de decirlo es como me decía mi mamá: «Debes sentir "química" por la otra persona». Hay algo que sucede cuando se encuentran y se toman de la mano. ¡Hay química! Me decía mi mamá que cuando eran novios con mi papá era obvio que había química en los besos. Mi mamá me comentó que mi papá no era el prototipo de hombre con los que ella había salido de adolescente, pero que tenía esa atracción, esa «química» con él.

Yo no tenía una lista, pero había sentido atracción por diferentes tipos de mujeres. Sin embargo, con Kelly era como un imán gigante que me hacía sentir mucha más atracción de lo normal. No sabía si entraba en mi lista o no, pero ella era mejor que cualquier lista. Me atrae mucho, tenemos química. Yo me siento muy atraído hacia ella desde que éramos novios y hasta ahora.

Algunos casados suelen argumentar que ya no sienten atracción física o que hasta se sienten más atraídos por otras personas. No está mal apreciar la belleza en otras personas y no dejamos de ser humanos cuando nos casamos, pero una vez casado debes desarrollar el arte y hábito de ser atraído a tu cónyuge. Explicaré esto más adelante.

Quisiera hacer un último comentario que también está relacionado con algo que me enseñó mi mamá. Ella me dijo: «No olvides que el cuerpo cambia con los años». A veces alguien decide casarse y basa su decisión en gran medida por el atractivo físico, pero el cuerpo va cambiando con el paso de los años, el estrés de la vida y el convertirse en padres. Por eso necesitamos ver todas las formas de atracción y no solo quedarnos con la atracción física.

Aunque por mucho tiempo no sentía atracción física hacia Andrés, ni tampoco deseos de tener una relación sentimental con él, sí tengo que admitir que siempre pensé que es un hombre sumamente atractivo por su voz, estatura, complexión, ojos azules, el color tan único de su barba, sus cejas pobladas, el color rubio que tenía su cabello y ahora la forma perfecta de su cabeza (¡me encanta!).

Tengo que ser muy honesta y reconocer que desde antes y hoy más que nunca me encanta el físico de mi esposo. Aunque lo físico no es la parte más importante del ser humano y cambiará con el paso del tiempo, sí creo firmemente que debe causarte cierta fascinación la apariencia de la persona con quien eliges casarte. Debes llegar a admirarlo y mirarlo con ojos de amor en cada etapa de la vida. Tengo la convicción de que el matrimonio es un compromiso para toda la vida y por eso te recomiendo que elijas a alguien a quien te agrade mirar porque lo estarás viendo todos los días por el resto de tu vida.

Atracción mental y emocional

Cuando hablamos de atracción mental y emocional estamos hablando de la personalidad y la manera de pensar y sentir de una persona. En otras palabras, se trata de su personalidad junto con su inteligencia racional y emocional. Recomiendo por completo que una pareja se haga pruebas de personalidad, pero no como una manera de aprobar o desaprobar a una persona, sino para conocer al tipo de persona con la que estás desarrollando una relación y buscar mejorar las probabilidades de que funcione la relación.

Quizá te encuentres con cosas de la personalidad de la otra persona que de plano no podrás tolerar y eso es justo. Sin embargo, estoy hablando más allá de problemas de personalidad. Me estoy refiriendo a su inteligencia racional y emocional. Ninguna personalidad es finalmente buena o mala, pero sí puede ser diferente. Pero la inteligencia racional y emocional es sumamente importante porque ellas dictan cómo la persona va a vivir y cómo mostrará su personalidad.

Estamos hablando de averiguar si sabe conversar y escuchar, si tiene o no un buen sentido del humor y cuál tipo de humor manifiesta. Es poder descubrir la perspectiva que tiene sobre algunos temas cotidianos y filosóficos, si es sofisticado o sencillo, maduro o inmaduro, si puede sostener una conversación sobre diferentes temas, si le gusta debatir o prefiere llevar el juego en paz, su reacción a los cambios de planes, su gusto por la aventura o si prefiere la seguridad, si le gusta leer o las películas. Ninguno de estos aspectos de la personalidad descalifica por completo a alguien, aunque algunos sí deben considerarse como básicos como la inmadurez, pero, en general, solo son maneras de ser y preferencias. Pero es bueno e importante hacer estas preguntas.

Algo que siempre me ha atraído mucho de Kelly es su madurez, que tiene un buen sentido del humor, le gusta reír, ama a Dios, es muy práctica, se adapta con rapidez, me ama incondicionalmente, no se enoja con facilidad, no guarda rencores, no es enojona, no es criticona, piensa claramente sobre temas importantes en la vida y podemos conversar de distintos temas, aunque no de todo porque hay temas que me gustan y no le gustan a ella. Podríamos hacernos las preguntas como las siguientes:

¿Es alguien que me gusta cómo piensa y siente?	¿Siento que sabe cómo amar?
¿Es alguien con quien me gusta pasar tiempo tanto intelectual como emocional?	¿Me hace sentir amada(o)?
¿Me hace reír?	¿Es estable en sus emociones?
¿Me hace reflexionar?	¿Podemos resolver nuestros conflictos?
¿Me ayuda a descansar?	¿Es alguien que llena o drena mi energía mental y emocional?
¿Me inspira a crecer?	¿Sabe hablar y escuchar o solo quiere discutir y ser el centro de atención?
¿Me anima y me reta en mi manera de pensar y sentir?	¿Me gusta que sea el centro de atención?
¿Me gusta la manera en que vive la vida?	¿Es alguien que no sabe resolver conflictos?
¿Me gusta su perspectiva de la vida?	¿Es alguien que vive estresado y tenso de todo?
	¿Es estable o inestable en su estado de ánimo?

Creo que ya sabes por donde va este análisis. Si una persona es muy atractiva físicamente, pero no te atrae su manera de pensar y sentir ni su personalidad, entonces lo más seguro es que no es para ti.

Pienso que la atracción mental y emocional tiene el poder de embelle-cer y fortalecer toda relación sentimental. También creo que este tipo de atracción es esencial, sumamente importante y no puede faltar. Debemos tener en claro que no vamos a vivir solo con el cuerpo de esa persona por el resto de nuestras vidas. Ese cuerpo cambiará y ¡viviremos con la personalidad *dentro* de ese cuerpo! Andrés y yo tenemos personalidades bastante distintas, pero nos divertimos mucho y compartimos un gran deseo de honrar a Dios, honrarnos mutuamente y a las demás personas en nuestras vidas.

Atracción de carácter

El carácter y la personalidad suelen confundirse y son difíciles de dife-renciar. Pero son diferentes. Por ejemplo, hay cosas de la personalidad de Kelly que no me gustan tanto. A ella no le gustan las aventuras extremas como las montañas rusas, acampar en una playa virgen y dar la vuelta al mundo en motocicleta, pero su carácter me atrae por completo.

Algunos dicen que alguien tiene «carácter fuerte» para referirse a al-guien obstinado, enojón o difícil de tratar. En realidad, esa descripción con esa frase no es correcta. El carácter es quién eres cuando nadie te ve, son los pilares de tu persona, es decir, tu propia esencia. Sin embargo, nuestro carácter no es inconmovible.

En Gálatas se nos explica cómo es el carácter de Dios y podremos de-sarrollar el mismo tipo de carácter si permitimos que su Espíritu trabaje en nosotros. Pablo lo describe así:

«En cambio, el fruto del Espíritu es amor, alegría, paz, paciencia, amabilidad, bondad, fidelidad, humildad y dominio propio. No hay ley que condene estas cosas». (Gálatas 5:22-23)

Eso es el carácter y lo podemos aterrizar al ponerlo en modo de pre-guntas como en el siguiente cuadro:

¿Sabe amar?	¿Es generoso con su comunidad de fe?
¿Es alegre y de buen humor?	¿Es fiel y leal?
¿Vive en paz con Dios, otras personas y él mismo?	¿Es humilde?
¿Es paciente?	¿Tiene dominio propio?
¿Qué tan amable es con su mamá y con su familia?	¿Tiene alguna adicción?
¿Qué tan bondadoso y generoso es con personas necesitadas?	¿Sabe decir «no»?
	¿Es disciplinado?
	¿Puede mantener una rutina, un trabajo, un hábito?

Si tienes preguntas sobre qué es el verdadero amor, así lo explica Pablo en su carta a los corintios:

> «El amor es paciente, es bondadoso. El amor no es envidioso ni jactancioso ni orgulloso. No se comporta con rudeza, no es egoísta, no se enoja fácilmente, no guarda rencor. El amor no se deleita en la maldad, sino que se regocija con la verdad. Todo lo disculpa, todo lo cree, todo lo espera, todo lo soporta». (1 Corintios 13:4-7)

Podría señalar un orden de prioridades: el carácter es más importante que la personalidad y la personalidad es más importante que el físico. Lo más sano es que una persona te atraiga en estas tres áreas porque hará mucho más sólida la relación y las probabilidades de éxito serán mucho mayores. Entonces, el primer filtro es el de atracción: ¿Te sientes atraído a esa persona? Pero debemos voltear esa pregunta a uno mismo si realmente queremos encontrar una buena pareja.

Hazte las siguientes preguntas:

¿Soy alguien que se puede considerar atractivo?

¿Estoy trabajando en mi imagen personal?

¿Estoy madurando en mi personalidad, inteligencia y emociones?

¿Tengo un carácter cada vez más íntegro y parecido al de Dios?

— Kelly —

Siempre he admirado la integridad de carácter de Andrés y su entrega a Dios. Creo que el verdadero carácter se revela cuando nadie está mirando.

Valoro mucho que aun cuando nadie lo ve, él busca hacer lo correcto y honrar a Dios. Nunca da lo mínimo de sí mismo, sino que constantemente decide «dar el kilómetro extra» (Mt 5:41).

Cuando éramos solo amigos le repetía: «Solo quiero que sepas que entre tú y yo nunca va a existir nada más que amistad», él seguía siendo mi amigo y se mantenía tan amable como siempre. Me seguía sonriendo, hablándome bien, abriéndome la puerta del coche, escribiéndome cartas, llamándome por teléfono (cuando tenía el dinero), halagándome, animándome en lo que emprendía y orando por mí. Su actitud me impactó mucho y fue lo que terminó conquistando mi corazón. Nunca había visto este tipo de buen carácter en un pretendiente.

Todo lo anterior no significa que Andrés sea perfecto, pues nadie lo es, pero sí es genuino y nunca se rinde en su búsqueda por honrar a Dios, a mí y a nuestra familia. Su carácter siempre me ha llenado de mucha gratitud, confianza y fe durante todos estos años de ser su esposa. Sé que una relación se mantendrá en pie venga lo venga porque hay un buen fundamento.

2. AMISTAD

En todas las películas que vemos desde niños, aún en las películas animadas, el romance casi nunca tiene que ver con amistad. Cenicienta no tuvo una amistad, sino solo una noche de bailes y miradas con el príncipe. La Bella Durmiente no tuvo una amistad, solo un beso mágico de amor a primera vista que la despertó de su sueño eterno. Vemos muy pocos ejemplos de amistad en un romance y por eso muchos están esperando ese tipo de momentos mágicos o románticos como los de las películas, en lugar de buscar desarrollar amistades genuinas.

El lenguaje griego habla de tres tipos de amor:

Eros: romántico, sensual y sexual.
Phileo: amistad, hermandad y comunidad.
Ágape: incondicional, profundo y sacrificial.

Todo matrimonio necesita de estos tres tipos de amor. Por supuesto, la meta es un amor *ágape*, pero el fundamento para un amor *ágape* no es *eros*. Este último se puede tener entre dos desconocidos y puede ser de tan corta duración como unos meses o unas pocas horas. Nunca encontraremos amor *ágape* a menos que se desarrolle el amor *phileo*. Por eso creo que habrá más posibilidades de éxito en una relación cuando existe un fundamento fuerte de amistad.

Una de las cosas que más nos ha ayudado para tener una relación exitosa es invertir en nuestra amistad. A fin de cuentas, lo último que queda en el matrimonio cuando uno envejece es una amistad que se alimenta de un amor genuino. Como ya les hemos contado, Kelly y yo sí nos conocíamos desde pequeños y sí teníamos un cierto grado de amistad, pero no éramos muy amigos. Nos faltaba desarrollar más nuestra amistad, pero sí teníamos las bases de una amistad y hemos aprendido a crecer en esa misma amistad.

No estoy diciendo que solo podemos encontrar novio/novia dentro de nuestro círculo de amigos. Muchas veces encontraremos nuestra pareja fuera de nuestro círculo de amistad. Sin embargo, valdría la pena desarrollar la amistad antes de dar el paso para empezar una relación romántica. Si no hay buena química como amigos, es probable que el romance produzca una cierta química que no será suficiente para una relación duradera y satisfactoria. Aquí les entrego otro grupo de preguntas importantes para responder y reflexionar:

¿Son buenos amigos?
¿Tienen química de amigos o es solo romántica?
¿Cómo se llevan con los amigos mutuos?
¿Te ves siendo amigos por el resto de sus vidas?

¡Me divierto mucho con Andrés! Es mi amigo incondicional y mi compañero de aventuras de toda la vida. Ambos hemos sido intencionales en desarrollar nuestra amistad porque nos amamos y basados en nuestra experiencia puedo decir con propiedad que cuando somos mejores amigos, entonces, por consecuencia, somos mejores esposos. Nuestro romance crece de manera proporcional al crecimiento de nuestra amistad. Cuando miro mi vida y mis mejores momentos puedo reconocer que siempre han sido a su lado y él ha permanecido a mi lado durante mis peores momentos. Andrés me conoce mejor que nadie y aun así sigue amándome y brindándome la mejor amistad. Yo creo que él es un ejemplo vivo del amigo descrito en Proverbios:

> «El amigo siempre es amigo,
> y en los tiempos difíciles
> es más que un hermano».
> (17:17, TLA)

---

3. PAZ INTERIOR

Una de las cosas que me daba seguridad para elegir a Kelly es que tenía un sentimiento de paz personal interior muy fuerte. Alguien me preguntó qué era lo que me hacía estar tan seguro de Kelly. Le respondí que más allá de todas las cosas que me gustaban, ella me producía una profunda paz que Dios había puesto en mi corazón.

«La casa y el dinero se heredan de los padres, pero la esposa inteligente es un don del SEÑOR». (Proverbios 19:14)

Encontrar un buen cónyuge es herencia de Dios. Así como nuestros padres quieren vernos prosperar, Dios también nos quiere ver bien casados. Es un regalo que él nos quiere dar y para recibirlo tenemos que aprender a seguir las instrucciones de Dios.

Pregúntale a Dios si la persona que estás considerando para empezar un noviazgo o con quien estás pensando para un posible matrimonio, si él o ella es un regalo de Dios. Él responderá y una de las maneras más importantes en que lo hará es produciendo paz en el corazón. Esa paz interior es más que un sentir o un razonamiento. Se trata de una convicción, un descanso interno en el que puedes percibir que vas por el camino correcto. Es una seguridad sobrenatural que te hace enfrentar cualquier reto. Podría decir que se trata de una voz interna, intangible, pero no por eso deja de ser real.

Es muy posible que te puedas estar preguntando: «¿Qué pasa si sentimos que hemos escuchado a Dios y llegamos a estar convencidos de que es la persona adecuada, pero igual nos equivocamos?». Yo les he contado que llegué a pensar que había escuchado a Dios. Lo que me pasó es que a veces confundimos la paz interior con simple adrenalina o una mera fantasía con respecto al futuro. Solemos buscar convencernos a nosotros mismos de que es Dios y no nuestros anhelos o temores. Pero la paz que Dios entrega puede y debe ser confirmada por otras personas en tu vida que te conocen bien y te aman.

4. CONFIRMACIÓN DE PADRES O PERSONAS SABIAS QUE TE AMAN

Kelly le pidió permiso a su papá para tener una amistad con el «amigo especial» de su adolescencia y así se pudieran conocer más. Ella no tenía permiso de tener novio hasta cumplir los dieciocho años. Su papá le dijo: «Sí pueden ser "amigos especiales", pero te digo desde ahora que no es para ti». Ella supo que esa relación no tenía futuro porque su papá la ama y además podría decirse que gozaba de un sexto sentido paterno. Mis papás son diferentes. Cuando yo tenía novias me decían algo como esto: «Es buena chica», «No avances rápido», «Busca conocer más muchachas». Lo que quiero decir es que no me hablaban tan claro como el papá de Kelly, pero entrelíneas me daban a entender que no estaban convencidos. Sin embargo, cuando les hablé de Kelly, los dos dijeron: «Ella es tu mejor opción, es increíble, hemos orado por alguien así para ti».

No conozco el estilo de comunicación de tus padres. Quizás sea directo como mis suegros o indirecto como mis padres, pero una de nuestras responsabilidades como hijos es aprender a escuchar el consejo de nuestros padres en su propio estilo. Cada uno es diferente y honrar a nuestros padres tiene muchas aplicaciones. Sin duda, una de ellas es saber escucharlos y tomar en serio sus consejos.

«... Si honras a tu padre y a tu madre, "te irá bien y tendrás una larga vida en la tierra"» (Efesios 6:3, NTV).

En la gran mayoría de los casos, los padres siempre son la mejor confirmación que podemos tener para esa paz o falta de paz cuando estamos considerando elegir nuestra pareja. Nuestros padres nos conocen mejor que nadie. Ellos también tienen una experiencia en la vida que les permite identificar y reconocer a las personas de una manera más madura. Por lo tanto, definitivamente ellos saben quién es la persona que más nos conviene.

Tenemos que reconocer que podemos carecer de la presencia de padres presentes en nuestras vidas. Por eso necesitamos consultar a otras personas sabias que también nos conocen y nos aman. Me ha tocado conocer a padres que, aunque su hijo(a) está con alguien maravilloso, ellos simplemente no lo quieren aceptar por prejuicios, celos o porque no se quieren quedar solos. También pueden existir padres con valores mundanos que obligan a sus hijos a casarse con alguien porque tiene dinero o es de sociedad. Yo siempre acostumbré a pedir consejo a mis papás y a otras personas que yo considero como mentores que están bien involucrados en mi vida. Sus consejos oportunos me han permitido discernir si la paz que siento es de Dios o no.

5. BAJO MANTENIMIENTO

Cuando estaba platicando con Pablo Johansson, mi mentor y pastor, me dio este consejo sobre formalizar mi relación con Kelly: «Que ella sea de bajo mantenimiento». Luego me explicó que una persona de bajo mantenimiento es alguien que está feliz cuando hay dinero para una gran cena o cuando solo se puede cenar una tortilla y frijoles. Alguien que no necesita que le levanten el ánimo constantemente o que le regalen cosas con frecuencia para estar feliz. Me contó de algunos de sus amigos que se habían casado con alguien de alto mantenimiento. Usó la palabra en inglés «needy» que podría traducirse como «necesitado», aunque va más allá. Se trata de alguien que necesita atención constante, que siente celos de la otra persona, que siempre está quejándose por algo o alguien, una persona que vive comparándose con otras familias para presionar a la pareja. Esta actitud de permanente desdicha e insatisfacción se encuentra tanto en hombres como mujeres.

Me acuerdo cuando invité a Kelly a caminar conmigo por un lugar llamado «La Michoacana», en donde vendían paletas de hielo y helados. Me aceptó con gusto y caminamos muy felices a comer las paletas y nos divertimos y reímos mucho. Para ella era muy especial salir a comer paletas o a un buen restaurante o café. Eso me gustó mucho de ella. Kelly disfruta hasta hoy de los pequeños detalles de la vida y encuentra la manera de permanecer alegre bajo cualquier circunstancia.

Yo soy el que ha tenido que aprender a ser de bajo mantenimiento, pero en el área emocional. Solía preguntarle a Kelly: «¿Cómo crees que prediqué?». «¿Crees que me veía bien hoy?». Siempre estaba buscando un halago o que me digan: «¡Eres increíble!». También me era difícil disfrutar una cena en un restaurante o cualquier otra experiencia si no resultaba como yo la esperaba. En lugar de disfrutar a Kelly, mi familia y la experiencia, me quejaba de las cosas que no me gustaron. Debemos reconocer que una actitud así es desgastante para la pareja y para uno mismo. Gracias a Dios por su gracia y por el ejemplo de Kelly que me han ayudado a cambiar mi actitud. Sería bueno que te preguntes:

¿Soy una persona de bajo o alto mantenimiento?
¿Es de bajo mantenimiento la persona que consideras para un futuro matrimonio?

6. PUEDES SER TÚ MISMO

Mi mamá me dijo en una oportunidad que le gustaba verme con Kelly porque podía ser yo mismo cuando estaba con ella. Kelly realmente me permite ser yo mismo. Le gusta mi sentido del humor, mi apariencia, mi manera de ser y la verdad es que yo nunca he sentido la presión de tener que impresionarla. Ella también me dijo que desde novios siempre le gustó que pudiera ser ella misma conmigo y que no tenía que aparentar algo que en realidad no era. A Kelly le gustaba experimentar con las modas. En un tiempo usó overoles flojos y chanclas a todos lados. En otra ocasión se cortó el cabello muy corto. Pasaba por períodos donde sobresalían los colores muy brillantes y otras veces prefería los colores muy serios. Lo importante es que ella sentía que podía vestir lo que le gustaba, reírse como se reía y ser ella misma conmigo. Una actitud de este tipo trae mucho descanso a una pareja porque sabes que eres amado tal y como eres y no tienes que impresionar a nadie.

Uno de los consejos más importantes que me dio uno de mis mentores fue que para que el matrimonio funcionara era importante que, durante la etapa del noviazgo, uno de los dos debía quitarse la máscara y ser real con la otra persona. Esto era importante en el noviazgo porque las máscaras se caerán de forma total, involuntaria y definitiva en el matrimonio. Si uno siempre ha usado y se ha acostumbrado a tener una máscara, entonces podría resultar catastrófico cuando se caen en el matrimonio.

No estamos hablando de que debas de conformarte y ser perezoso en mejorar tu persona. Más bien, creemos que cuando eres aceptado, entonces también serás motivado a desarrollar la mejor versión de ti mismo. No tengo que impresionar a Kelly, pero quiero ser mejor para ella. Quiero seguir siendo romántico y mantenerme en buen estado físico para ella. También quiero mejorar mi trato hacia ella y no conformarme con lo bueno, sino buscar lo excelente. Lo que quiero decir es que el ser tú mismo con alguien no es una excusa para la mediocridad y menos para una mala forma de vivir. Ser tú mismo es poder ser transparente, libre para expresar tu punto de vista y manifestar tu personalidad sin temor a ser juzgado o rechazado.

Creo que sentir descanso en tu alma y en tus emociones es el resultado o la evidencia de estar en una relación sana. Yo realmente descanso cuando estoy con Andrés. Soy quien soy y sé que me ama y por eso no tengo temor, reservas ni apariencias. Siempre me he sentido así con él desde que éramos amigos, luego de novios y ahora como esposos durante tantos años. No hay regalo ni alegría más grande que poder ser tú mismo con la persona que amas y descansar en el hecho de que todos los días eres aceptado y valorado incondicionalmente, así como eres por la otra persona. Descansas en el amor y no te desgastas tratando de ganarlo cuando estás en una relación sana.

7. COMPATIBILIDAD DE VIDA

Conozco parejas exitosas donde el hombre es mayor y otras donde la mujer es mayor. En algunos casos, el hombre gana más dinero que la mujer y en otros casos es todo lo contrario. También he visto parejas exitosas que son de diferentes países, culturas o clases sociales. También he visto parejas exitosas a pesar de las aparentes diferencias físicas, tal como el hecho de que la mujer sea más alta que el hombre. Lo cierto es que podemos conocer de casos de éxito o fracaso con la presencia o la carencia de estas características. La clave que no puede perderse de vista es la compatibilidad correcta.

Algunos están buscando compatibilidad física, cultural, financiera, de edad y de muchos otros factores. No creo que esté mal buscar esos tipos de compatibilidad, cada persona tiene sus propias prioridades, pero creo que hay una más importante que está por encima de ese tipo de compatibilidades: la compatibilidad de vida. Esta compatibilidad está compuesta de tres factores sumamente importantes: fe, valores y proyecto de vida. Hay un versículo que se usa mucho en las iglesias cristianas para hablar de noviazgo:

«No estén unidos en yugo desigual con los incrédulos, pues ¿qué asociación tienen la justicia y la iniquidad? ¿O qué comunión la luz con las tinieblas?». (2 Corintios 6:14, NBLA)

He escuchado tantas explicaciones diferentes del concepto de «yugo desigual», pero quisiera presentarles el contexto histórico y cultural correcto. En la antigüedad, se usaban yuntas de bueyes o yuntas de asnos cuando se araba la tierra para la siembra. Una yunta es conocida también como «yugo», una pieza de madera que permitía unir el esfuerzo de dos animales que terminaban tirando o jalando juntos de un arado con el que se prepara la tierra. Era importante que la capacidad de los animales fuera similar para que el arado fuera en línea recta y se pudiera maximizar la siembra y posteriormente la cosecha.

La falta de planeación, desorden o de conocimiento hacía que algunos agricultores unieran en el mismo yugo a un buey con un asno. Este «yugo desigual» generaba muchos problemas. El buey mantiene un ritmo y una fortaleza diferente a la de un asno. El buey tiene que voltear la cabeza para evitar el mal aliento del asno. Esto hace que el buey tome una dirección diferente a la requerida. El asno es más lento y pequeño y por eso le causa dolores de espalda tanto al buey como al asno. Lo que quiero enfatizar es que puede ser posible que se haga el trabajo, pero vas a causar mucho daño a los animales con la realización de un esfuerzo incómodo e innecesario y hasta es posible que limites la siembra y que reduzcas los años de vida de los animales.

Creo que el cuadro se explica solo. Hay tres factores sumamente importantes que Pablo menciona en este pasaje con respecto a la compatibilidad de vida:

Fe

Compatibilidad de fe significa que nuestras creencias básicas sobre Dios tienen el mismo fundamento. No significa que seamos de la misma iglesia o tengamos todas las doctrinas idénticas. Lo que quiero decir es que nuestras creencias básicas sobre Dios y nuestras prácticas de fe son similares. Por ejemplo, podemos hacernos las siguientes preguntas:

¿Creemos los dos en un Dios creador?
¿Creemos los dos en Jesucristo como Hijo de Dios y nuestro Salvador y Señor?
¿Creemos los dos en que amar a Dios por encima de todo es lo más importante?
¿Creemos los dos en que la Biblia es la Palabra de Dios?
¿Creemos los dos que es importante practicar nuestra fe dentro de una comunidad de fe, de una iglesia?

Esas son creencias básicas de la fe. No es tanto hablar de una religión sino de fe. Puede que tengan otra fe diferente a la cristiana, pero yo hablo desde el contexto de la fe cristiana. Es mucho más sencillo tener un matrimonio exitoso si tenemos compatibilidad de fe.

Valores

Me estoy refiriendo a la compatibilidad de valores fundamentales. Todos tenemos un concepto de justicia, pero la forma en que la entendemos puede ser diferente en cada persona. ¿Qué es justo? ¿Qué es correcto o incorrecto? El trabajo y el éxito profesional es para algunos más importante que la familia y el éxito matrimonial. Allí es donde radica su valor y por eso sacrificar la familia por el trabajo es justo y hasta necesario. Por el contrario, una familia unida es más importante que el éxito profesional para otros que tienen valores distintos. Sacrificar el avance profesional por la familia será visto como justo y hasta necesario.

Si eliges a una pareja cuyos valores son diferentes a los tuyos, esa realidad valórica producirá decisiones y acciones que siempre estarán chocando por las diferencias de visiones con respecto a lo que es justo o injusto. La realidad valórica no puede desestimarse porque forma parte central y fundacional de nuestra humanidad. Será muy difícil caminar juntos cuando dos personas tienen valores diferentes. Es como el mal aliento del asno para el buey. Para otro asno no es nada, pero para el buey es algo que le causa malestar, le hace alejarse y caminar chueco. No estoy poniendo un valor sobre otro, aunque sí creo que hay valores fundamentales, pero el definirlos no es motivo para este libro y voy a dejar que cada uno defina eso por sí mismo. Más bien, lo que sí quiero dejar en claro es que debes tener claros tus valores y conocer los valores de tu pareja, para ver si existe compatibilidad valórica. No te olvides la pregunta que hizo el profeta Amós:

«¿Pueden dos caminar juntos sin antes ponerse de acuerdo?». (Amós 3:3)

Aquí te dejo algunas preguntas asociadas al tema valórico práctico para tu propia reflexión personal:

¿Cuáles son los valores a la hora de administrar el dinero?
¿Cuáles son los valores en la administración de tiempo?
¿Cuáles son los valores familiares?
¿Cuáles son los valores de trabajo y descanso?

Proyecto de vida

¿Cuál es nuestro propósito y cómo vamos a vivir? Este factor de compatibilidad de vida tiene muchas aplicaciones, especialmente para personas de la fe cristiana. Usamos la palabra «llamado» para referirnos a un propósito especial que Dios nos ha dado. ¿Han hablado de esos proyectos? ¿Cuál es el tipo de historia que vamos a contar con nuestras vidas? Cuando la gente nos observa, ¿qué luz verán? Es muy importante definir las partes generales de un proyecto de vida, aunque es imposible saber todo lo que va a suceder mañana. Hay tantas vueltas, imprevistos, sorpresas y maravillas que suceden en la vida, pero un proyecto de vida tiene que ver principalmente con propósito y familia. Para eso debemos responder preguntas como las siguientes:

¿Cuál es tu propósito?
¿Ese propósito personal es compatible con el propósito de tu pareja?
¿Qué tipo de familia quieres tener?
¿Ese ideal de familia es compatible con la familia que quiere tu pareja?

Puede haber alguien que quiere ser misionero en un país lejano y su pareja quiere quedarse en su ciudad para siempre. Uno de los dos tiene que cambiar su postura o quizá ese matrimonio no va a durar mucho tiempo. Pero si es más que una postura o gusto, si se trata de un propósito, entonces lo podrás reprimir un rato, pero después estarás frustrado al no poder alcanzar tu propósito. Por eso es importante que seas honesto contigo mismo y descubras con sinceridad si son compatibles en propósito y familia. Quizá uno quiere una familia tradicional con roles tradicionales, donde el hombre provee y lidera y la mujer se queda en casa y se sujeta el liderazgo del hombre. Puede ser que el otro quiera una familia con valores tradicionales, pero con una expresión más actual, donde los dos trabajan y tanto el liderazgo como las labores del hogar son compartidos. De nuevo, no estoy tratando de decir cuál es el mejor modelo de familia, solo estoy hablando de la importancia de la compatibilidad de vida. Estoy convencido de que, si estamos de acuerdo con estas cosas tan básicas y profundas en nuestra identidad y deseos, entonces tendremos más probabilidades de tener una relación mutuamente gratificante y exitosa.

8. SALUD FINANCIERA Y... ALGO MÁS

Tengo dos historias que contarte. **La primera historia tiene que ver con la salud financiera.** Un amigo mayor me contó hace unos años una historia que nunca olvidaré. Me dijo que cuando su hija se iba a casar, se dio cuenta de que su novio no administraba bien el dinero. Él le decía a su hija que ese hombre no le convenía porque no tenía buena ética de trabajo y de las finanzas. Pero su hija insistió y decidió casarse con ese hombre a pesar de la advertencia paterna. Esa pareja siempre tuvo problemas de dinero durante el matrimonio. La hija se dio cuenta de que el que ahora era su esposo tenía una deuda financiera bastante grande. Ella siempre se veía obligada a ayudarlo para que salieran adelante económicamente. Él intentó varios negocios que nunca funcionaron y siempre terminaba echándole la culpa a alguien más.

Hubo un momento en que estaban en un apuro económico y necesitaban cinco mil dólares. La hija de mi amigo le insistió a su padre para que los apoyara. Mi amigo no quería hacerlo, pero después de orar decidió que lo ayudaría. Sin embargo, lo haría de una forma muy creativa. Compró un libro para su yerno y puso todo el dinero en billetes de cien dólares entre cada página del libro. Un día llamó a su yerno y le dijo: «Quiero regalarte algo». Mi amigo cuando lo vio le dijo: «Quiero que leas este libro porque allí encontrarás toda la ayuda que necesitas».

La pareja terminó divorciándose poco tiempo después. Un día la hija le preguntó: ¿Por qué no lo ayudaste económicamente cuando te lo pedí en aquella ocasión? El padre le comentó lo del libro. La hija le confesó que cuando su exesposo regresó de esa conversación estaba tan enojado por el libro que lo tiró a la basura… ¡Con todo y el dinero! ¡Nunca siquiera abrió el libro! Estaba tan enojado que tiró sin darse cuenta el dinero que necesitaba.

Mi amigo me dijo que ahora les recomienda a todos los jóvenes que quieren casarse, hombres y mujeres, que pidan un historial crediticio a su pareja y que conozcan su presupuesto. Les recomienda que averigüen si acostumbran o no a diezmar en su iglesia local, si acostumbran a dar o no a causas sociales o si están endeudados y cuán grande es su pasivo. Es importante conocer si tienen una buena reputación y una ética de trabajo excelente. En pocas palabras, que sepan si son buenos para trabajar y para administrar el dinero.

Un mal manejo del dinero podría ser solo por falta de conocimiento y eso se puede revertir de forma sencilla a través del aprendizaje. Otras veces tiene que ver con la personalidad y se requiere humildad para aceptar la necesidad de ayuda para cambiar. Pero a veces es producto de una identidad equivocada que se manifiesta en el manejo del dinero. Eso requerirá de un proceso disciplinado de reaprendizaje de identidad y manejo financiero.

Un cristiano debe saber que el manejo del dinero es un reflejo del corazón. La Biblia nos enseña tres principios básicos sobre el dinero:

a. **Generosidad.** Honrar a Dios con nuestros diezmos y ofrendas. Ayudar al pobre y necesitado. Ser generoso en cada oportunidad.

b. **Administración.** No gastar más de lo que ganamos. Organizar nuestras prioridades y presupuestos. Tener planeación financiera. Evitar las deudas.

c. **Ahorro.** Limitarnos en el presente para poder cubrir planes futuros. Prepararnos para dejar una herencia a nuestros hijos.

Un pastor amigo dice que cuando su hija estaba en la edad en que los jóvenes venían a pedir permiso para invitarla a salir, la primera pregunta que les hacía era: «¿Diezmas fielmente en tu iglesia?». Si respondían de forma afirmativa, entonces les decía que iba a buscar el registro de sus donaciones. Si respondían que no lo hacían, entonces les decía que no podían salir con su hija. La razón que les daba era la siguiente: «Si le robas a Dios te va a ir mal en la vida y yo quiero que mi hija se case con alguien que ama a Dios y que, con el favor de Dios, va a prosperar». Quizá tienes otras convicciones al respecto, pero te puedo decir con mucha convicción que, si honran a Dios y manejan bien el dinero, entonces van a tener muchos menos problemas. La razón número uno de divorcio es por problemas de dinero hoy en día. Creo que es sabio pensar en gozar de salud financiera cuando pensamos en matrimonio.

La segunda historia es sobre la salud emocional. Tuve como maestro a un misionero experimentado en una clase de misiones del instituto bíblico. En ese momento estaba dedicado a viajar continuamente a diferentes países a capacitar a líderes de otras iglesias. Siempre que viajaba aprovechaba para invitar a un alumno de la clase de misiones y así darle esa experiencia cultural. Nos dijo que prefería llevarse a un alumno maduro en lugar de un alumno espiritual porque el maduro tenía estabilidad emocional para enfrentar sorpresas en el camino, cambios de planes y para servir en todo lo necesario. Pero los que se consideraban espirituales usualmente se quejaban de cualquier cosa y no querían servir en cosas comunes porque querían estar en las cosas «espirituales».

El matrimonio es también un viaje que dura toda la vida. Es muy importante que seamos maduros y emocionalmente saludables para enfrentar las sorpresas, cambios de planes y aprendamos a servir en lo que se necesite en cada etapa. Una persona emocionalmente estable sabe resolver conflictos, llegar a acuerdos, superar dificultades y continuar con el propósito del viaje. Si tú o tu pareja no son maduros o emocionalmente estables, les recomiendo que tomen tiempo para terapia o para madurar antes de dar el próximo paso.

Quizá te estás preguntando: «¿Qué tiene que ver la salud emocional con la salud financiera?». Tiene todo que ver. Por lo general, alguien que es emocionalmente saludable también es saludable en sus finanzas. Claro que hay excepciones. Conozco personas que son buenas para manejar sus finanzas, pero emocionalmente son muy inmaduras. Lo ideal es ser alguien con salud financiera y emocional. El punto es que si tienes madurez emocional, puedes aprender a manejar tus finanzas adecuadamente, pero si te rehúsas a madurar, lo más seguro es que siempre tendrás problemas con tu salud financiera. No creo que esté preguntar: «¿Tienes un presupuesto?», «¿Tienes deudas?", «¿Tienes una cultura del ahorro?», «¿Cómo practicas la generosidad?» y «Si tuvieras cinco mil dólares extra, ¿cómo los usarías?».

Oigo cada vez con más frecuencia historias donde los papás de la novia piden una carta de no-antecedentes penales, historial crediticio, pruebas de sangre y más. Como tengo una hija que algún día quizá querrá casarse, ya estoy pensando en todo lo que debo pedir. Bueno, creo que se puede exagerar, pero en estos tiempos quizá sea sabio tener todo este tipo de información. No quisiera dejar la idea de que necesariamente un mal historial significará no casarse, pero sí ayuda a saber con quién te estás casando y que tomes una decisión con los ojos abiertos y con sabiduría.

9. TRANSPARENCIA

Nunca se me va a olvidar la historia que mi mamá siempre me contaba de cuando mi papá le propuso matrimonio. Ella siempre fue transparente con mi papá desde cuando eran amigos y novios antes de casarse.

También fue muy transparente con nosotros cuando nos contaba su historia. Ella nos contó que era una hippie que se drogaba desde los dieciséis años. Incluso tuvo un embarazo no deseado y sus papás la obligaron a abortar. A pesar de toda esa historia, ella nunca se la ocultó a mi papá cuando eran amigos y novios. Cuando mi papá le propuso matrimonio, ella le contestó: «Juan, sí quiero casarme contigo, pero tú sabes que yo no soy virgen y tú sí lo eres. No quisiera darte algo menos de lo que mereces». Mi papá le contestó: «Marla, tú y yo creemos en Cristo. Eso significa que hemos sido perdonados y lavados con la sangre de Jesucristo y somos nuevas criaturas. En lo que a mí respecta, tú eres una virgen ante los ojos de Dios y también ante mis ojos».

¡Qué maravillosa historia! Me conmueve cada vez que la recuerdo. Mi mamá nunca le ocultó su historia a mi papá y él la amó con todo y su historia. Mi mamá nunca nos ocultó su historia y la hemos querido con todo y su historia. Lo cierto es que no podemos evitar llegar al matrimonio con algo de historia. Lo que hace que una relación prospere es la transparencia, no una historia perfecta. Si eres transparente con tu historia y si encuentras a alguien que te ama con todo y tu historia, entonces has ganado algo más valioso que todos los tesoros en el mundo. En otras palabras, estamos hablando de ¡amor incondicional!

La transparencia es necesaria durante todo el matrimonio porque vas a cometer errores o pensar tonterías. Pero si eres transparente con tus debilidades y eres parte de una relación donde se valora la transparencia y se ama con todo y debilidades, tu futuro matrimonio va a llegar a alturas sin límites.

10. QUIERO QUE SEA LA MADRE O EL PADRE DE MIS HIJOS

Mi mamá siempre le decía a mi hermana Melissa con respecto a los chicos que le gustaban: «Fíjate cómo trata a su mamá. Si trata bien a su mamá te va a tratar bien a ti». Yo apliqué ese consejo materno cuando observaba a Kelly y su familia. Ella siempre les preguntaba a sus papás si necesitaban algo y nunca se atrasaba de la hora de llegada que su papá le pedía. Siempre hablaba bien de su mamá, papá y hermanos. Nunca le faltaba iniciativa cuando se trataba de ayudar aun cuando no se lo pedían. Yo quería una familia así.

No todos provenimos de una familia como la de Kelly; sin embargo, la realidad es que la persona con la que te cases será la madre o el padre de tus hijos. ¿Puedes ver en ella o en él las cualidades que deseas para tus hijos? Los hijos son el reflejo de sus padres: tal como es tu pareja, así serán tus hijos.

¿Cómo habla de sus padres y hermanos?
¿Cómo se tratan sus padres y hermanos entre ellos?
¿Deseo que mis hijos sean como mi novio o novia?

El mejor regalo que podemos ofrecer a este mundo son hijos que amen a Dios y a las personas. Cuando pasaba tiempo con la familia de Kelly, podía observar que se trataban con respeto, amabilidad y siempre buen humor. Su fe y amor por Dios resultaban evidentes. Esta es una de las principales razones por las que elegí a Kelly: es la mejor madre que pude hallar para mis futuros hijos.

Podría concluir afirmando que mi deseo es que estos filtros o criterios sean un espejo personal para ti, más que un examen para la otra persona. Lo más importante es que te preguntes cómo estás viviendo tú estos criterios. Será mucho más fácil tratar de aplicarlos a alguien más, pero, en realidad, aunque sea más difícil es mejor aplicarlos primero a nosotros mismos. Estas cosas se volverán parte de nuestra cultura y esencia personal si trabajamos con diligencia en ellas. Cuando te vas convirtiendo en una mejor persona o en un mejor candidato de pareja, entonces vas a ser atraído hacia personas correctas y también serán atraídas hacia ti personas correctas. Pero lo quiero que tengas bien claro es que el trabajo comienza contigo mismo.

Antes de preguntar cómo encuentro a la pareja correcta, pregúntate cómo llego a ser la pareja correcta para alguien más.

Quizá sea bueno preguntarle a tus padres o amigos de confianza que tan bien vas en estas áreas. Mientras más creces de manera personal, más claridad tienes para elegir a alguien que también está creciendo en estas áreas de su vida. Primero piensa en lo que tienes que ofrecer, antes de pensar en lo que quieres exigir. Esta clase de mentalidad te llevará a encontrar mejores opciones y a elegir mejor.

Una noche estaba en mi habitación y como solía suceder estaba pensando en Andrés. Estaba pensando en la razón por la que no quería ser su novia a pesar de que me insistía tanto (seguramente había tenido otra cita con él aquella noche). Quería entender por qué le decía una y otra vez «solo quiero que sepas que entre tú y yo nunca va a haber nada más que amistad». Estaba tratando de vislumbrar los diferentes escenarios de lo que podría ser mi vida… con Andrés y sin él. Le daba vueltas a las diferentes cosas que sí me gustaban de él y en otras que de verdad no me agradaban. Realmente me sentía confundida y en agonía en términos emocionales. De verdad quería tomar la decisión correcta.

Mi mamá entró al cuarto y me encontró llorando en una de esas ocasiones. Ella es una de las mujeres más sabias que conozco y recuerdo que en ese momento se sentó a la orilla de la cama y comenzó a platicar conmigo. Me hizo una recomendación que me revolucionó la vida y la verdad es que en pocos días le daría un giro definitivo a mi relación con Andrés. Me aconsejó lo siguiente:

> «Kelly, ¿por qué no haces dos listas? En una lista escribes todo lo que sí te gusta de Andrés y en la otra escribes todo lo que no te gusta de él. Después de que las escribas, toma las listas y analízalas. Pregúntate sobre las cosas que no te agradan de él: «Si Andrés nunca llegara a cambiar estas cosas, ¿podré vivir felizmente con él por el resto de mi vida?».

Me dio un beso en la mejilla luego de darme el consejo y se fue. Me limpié las lágrimas y tomé una pequeña libreta que tenía al lado de mi cama y comencé a escribir. En ese momento yo solo tenía diecisiete años y para mí el escribir esas listas parecía un acto tan sencillo, hasta cursi y casi anticuado, pero terminó siendo realmente transformador. ¡Qué bueno que lo hice!

Desde ese momento comencé a darme cuenta lo valioso que era Andrés como persona y para mí. Descubrí todas las cosas que realmente me encantaban de él y que había anhelado toda la vida que tuviera «mi hombre», pero no me había dado cuenta de que Andrés las tenía. Terminé haciendo una larga lista de «cualidades positivas» que me fascinaban y una lista asombrosamente corta de «cualidades negativas» que me irritaban, pero que llegué a la conclusión de que podría sobrellevarlas por el resto de mi vida, claro si es que él nunca las cambiaba. Ese fue el momento en donde decidí que sí quería realmente darle una oportunidad romántica a Andrés. Ojo: ¡Nunca minimices como una simple «lista» a la reflexión que puedes obtener de ese listado y que puede cambiar todo acerca de tu futuro!

Quisiera presentarte las listas originales que hice esa noche del 24 de marzo de 1997.

Lista de lo que me gusta de Andrés

1. No hay nada ni nadie a quien él ame más que a Dios; es un cristiano verdadero, fuerte y maduro.
2. Es una persona madura.
3. La mano de Dios está obviamente sobre él; le ha dado dones, visión y un ministerio.
4. Es responsable.
5. Sabe cómo manejar el dinero.
6. Es altamente educado (o lo será); aún más que mi papá.
7. Me respeta como nadie más.
8. Cree en mí.
9. Se siente orgulloso de mí y me respalda.
10. Es mi, o uno de mis mejores amigos.
11. Conozco sus sentimientos; su amor por mí nunca cambiaría.
12. No tengo ninguna duda que me cuidaría muy bien.
13. Ama y respeta a mi papá; y también es su amigo.
14. Somos iguales; ambos somos hijos de misioneros y nos identificamos completamente.
15. Tenemos la misma cultura.
16. No es celoso.
17. Habla inglés.
18. Amo a su familia y ellos me aman a mí; son como mi segunda familia.
19. Es espiritual, pero al mismo tiempo, normal.
20. Me escucha.
21. Puedo ser completamente yo misma cuando estoy con él.
22. Es un tremendo caballero; tanto así que a veces me siento como si

fuera del «rancho» o algo así porque no estoy acostumbrada y a veces no sé cómo responder (por ejemplo: ordena por mí, siempre paga por todo, jala mi silla para que me siente, abre la puerta del coche al subir y bajarme).

23. Tiene visión y un plan. Sabe lo que quiere hacer en la vida y está trabajando para lograrlo.
24. Tiene buen sentido del humor; me hace reír.
25. Es muy trabajador y estudioso.
26. Es muy paciente.
27. Sabe cómo confiar en Dios.
28. Siento que me «jala» y guía espiritualmente y en todos los sentidos, y no al revés. Siento que siempre será así.
29. Es un adorador.
30. Siente un llamado profético.
31. Es «hombre» (muy masculino).
32. Tiene oído musical.
33. Es guapo; ¡me recuerda a Leonardo Di Caprio!
34. Ama a su familia.
35. Me ama a mí; me ama por quien soy; ama mi belleza, pero aún más mi belleza interna.
36. Es leal.
37. Piensa que soy chistosa (tengo buen sentido del humor).
38. Es detallista.
39. Es muy bondadoso.
40. Siempre me trata como una reina.
41. Es muy inteligente.
42. Es alto.
43. Me hacer sentir especial.
44. No le importa y hasta le gusta gastar su dinero en mí.
45. Lo he conocido durante toda mi vida; crecimos juntos.

Lista de lo que no me gusta de Andrés

La única cosa en la que puedo pensar es que tiende a enojarse fácilmente. ¡No de aventar cosas o algo por el estilo! Solo que se irrita, pero aun así lo supera rápido… y agrego que nunca me grita.

CAPÍTULO CUATRO

Busca sin buscar

«Pues todo el que pide, recibe; todo el que busca, encuentra; y a todo el que llama, se le abrirá la puerta». (Mateo 7:8, NTV)

Uno de los consejos más importantes que puedo darle a los solteros es que «busquen sin buscar». Sé que puede sonar extraño, pero me refiero a que así como hay una manera saludable de buscar, también existe una manera tóxica de buscar. Hay personas que buscan tanto una pareja que llegan a manifestar tal desesperación que terminan cerrando las puertas con personas y relaciones valiosas. Algunas jóvenes me han dicho que cuando un joven las está buscando, pero con una actitud de «necesito novia ya», eso las desmotiva para siquiera pensar en tener una relación con ese joven. Por el otro lado, hombres y jóvenes que nunca llegan a dar el paso de formalización de una relación, que no se atreven, también hacen que una mujer pierda interés en continuar con esa relación que parece no tener futuro.

Como les conté en el capítulo anterior, tengo que admitir que hubo una temporada en que estaba buscando a Kelly con esa actitud desesperada. Creo que eso asustó un poco a Kelly. Incluso mi futuro suegro me llegó a decir: «Andrés, a veces acercarse a una mujer es como acercarse a un gato, si llegas muy rápido se va a espantar y huirá, pero si llegas lento y dejas que se sienta cómodo contigo, él solito se va a ir acercando para que lo puedas acariciar».

Extracto de carta de Kelly a Andrés del 22 de octubre de 1997:

> … nadie nunca me ha tratado de la forma en que tú me tratas. Me tratas como si fuera una reina aun cuando no lo merezco. Y piensas que soy perfecta aun cuando yo sé que estoy muy lejos de serlo. Me respetas increíblemente y me dijiste que seguirías siendo mi amigo, que siempre estarías allí para apoyarme, pasara lo que pasara y verdaderamente has cumplido tu palabra. Has sido mi amigo, me has apoyado como dijiste y todo esto significa mucho para mí. Perdóname porque no estoy acostumbrada a que un hombre me abra las puertas (aparte de mi papá y Jonathan), u ordene por mí en el restaurante y después pague la cuenta (¡luego voy a comer más!), o jale la silla para que me siente, etc. A veces me siento incómoda porque no estoy acostumbrada, pero sí me gusta, por favor no dejes de hacerlo. Andrés, por favor solo dame tiempo, … eres diferente a cualquier otro hombre que haya conocido…

No compararé a una persona con un gato, pero, por alguna razón, ese consejo nunca se me olvidó. Yo estaba asustando a Kelly, su papá me quería ayudar y por eso me dio un ejemplo que yo podía entender. Lo cierto es que así veo a hombres y mujeres que se acercan demasiado rápido, demuestran una actitud desesperada y terminan ahuyentando a la otra persona. Tal es el caso, por ejemplo, de jóvenes que hablan de cuántos hijos quisieran tener en la primera cita. También la que hace una cadena de oración y ayuno para que le haga caso el joven que le gusta. Es obvio que el muchacho se va a enterar… y lo va a espantar. No se trata solo de palabras, sino también de actos extraños. Por ejemplo, la chica que le obsequia regalos caros a ese amigo, solo porque sí. Quizá no sea la mejor estrategia. No podemos olvidar al joven que le dice a la muchacha: «Dios me dijo que nos íbamos a casar». Es verdad, yo fui ese tipo, pero no lo hice con Kelly. ¡Gracias a Dios! Kelly me ha contado que hubo varios jóvenes que sí le dijeron que Dios les había dado una palabra profética de que se casarían con ella. Es obvio que una declaración de esa naturaleza la asustaba. En fin, creo que hay distintos ejemplos similares, pero el punto que quiero resaltar es el de la actitud. Mi sugerencia es, entonces, «buscar sin buscar».

Nuevamente, la frase suena un poco enredada, pero estoy seguro de que no la olvidarás. Entonces, para que podamos entenderla y aplicarla, «buscar sin buscar» se puede resumir en las siguientes ideas:

1. AMISTAD

La manera más natural y sana de encontrar una pareja es desarrollando amistades. Me estoy refiriendo a invertir de forma intencional en desarrollar buenas amistades dentro de una comunidad de amigos, la iglesia, el trabajo o cualquier otro lugar en el que nos desenvolvemos habitualmente. Ser parte de una comunidad y un círculo de amigos hace posible conocer a personas y desarrollar relaciones en las que se puede encontrar entre ellas a una persona con la que la relación se puede convertir en algo más. Incluso alguien que no es de esa comunidad puede ser atraído a ti por el hecho de que sabes mantener amistades sanas y duraderas.

Quiero animarte a que aprendas a hacer y mantener amigos. Algunos intentan brincarse la amistad y quieren que el primer paso sea empezar una relación romántica. Justamente eso es lo que se observa como desesperación y puede asustar o desanimar a la otra persona.

Busca primero la amistad y si en el proceso del desarrollo de la amistad vas descubriendo que tiene potencial para ser algo más, entonces ahora sí hay que dar otros pasos. Me estoy refiriendo a salir solos, no como pareja o novios, pero sí como buenos amigos. Así se estarán dando la oportunidad de conocerse y ver como se relacionan cuando están solos. Mi consejo es que mantengan lejos de la conversación frases como «me quiero casar a los veinticinco» o «sueño con tener pronto cuatro hijos» y temas similares. Uno puede hablar de asuntos personales como sueños, ideas, política, fe, familia, frustraciones y tantos otros temas. Mantener la conversación en conocerse y no en presionar o en tratar de empujar a la otra persona a un nivel de cercanía o vulnerabilidad para lo cual es posible que no esté lista en ese momento.

«Buscar sin buscar» es aprender a hacer amigos y, sobre todo, ser un buen amigo. Debes darte la oportunidad de encontrar a tu pareja desde el fundamento firme de una amistad estable, y que luego, de forma natural, pueda darse un romance y una relación exclusiva.

— *Kelly* —————————————

Extracto de carta de Andrés del 4 de septiembre de 1997:

… espero que pueda ir a verte esta Navidad. No puedo dejar de pensar en ti y en lo mucho que nos divertimos cuando estamos juntos. Para decirte la verdad, antes de conocerte, no esperaba que fueras tan increíblemente *cool* y ahora que te conozco más puedo decir honestamente que eres ¡maravillosa! Me encanta que pueda platicarte de lo que sea, grande o pequeño, serio o bromeando y hasta puedo hablarte de cosas espirituales y mundanas; nunca he podido hacer eso con nadie más. Algunas personas se portan súper espirituales y otras son tan inmaduras. Lo que trato de decir es que contigo puedo identificarme en todos los aspectos y me siento muy cómodo contigo. Puedo ser yo mismo cuando estamos juntos, no siento que tengo que impresionarte o ser alguien que no soy. Y creo que esa es una razón por la cual estoy muy contento porque sé que yo conozco a Kelly (no a una máscara) y tú conoces a Andrés (y no algo falso)…

2. CONFIANZA

Una de las cosas que produce ansiedad, prisa y presión en las relaciones es la falta de confianza. Estamos hablando de una falta de confianza en Dios y en uno mismo. Confiar en Dios para tu pareja significa que crees que Dios es capaz de unirte con la persona ideal para ti, en el tiempo ideal para ti y de la manera ideal para ti. Si no ha sucedido es porque uno de esos tres aspectos no se ha concretado. Descansa, confía en Dios y déjalo en sus manos. Él solo quiere lo que es mejor para ti. Quizá no seas una persona de fe, pero puedes preguntarte si necesitas confiar en algo o alguien más grande que tú para traer descanso y sabiduría en medio de tu propia búsqueda.

También necesitas confianza en ti mismo. Ahora que ya estoy en la mediana edad y tengo un poco más de confianza en mí mismo, puedo ver que una de las razones por las que yo actuaba desesperado o presionaba en mis relaciones era por falta de confianza en mí y también por valorarme poco a mí mismo. Era como si yo tuviera que demostrar lo increíble que era o que realmente valía la pena para que la otra persona se diera cuenta y se fijara en mí. Pero cuando eres consciente de que eres valioso, que tienes algo que aportar a una relación y que eres un buen candidato a esposo o candidata a esposa, habrás entendido que vas a tener varias oportunidades con personas valiosas y que alguien que valga la pena va a poder ver tu valía. Entonces, confiar en ti mismo te ayuda a descansar, no dar pasos desesperados, sino caminar con prudencia y sabiduría.

3. SALUD

Una persona saludable es atractiva y no me estoy refiriendo solo del aspecto físico, sino que es atractiva una persona que tiene buena salud emocional, familiar y física.

Un soltero puede trabajar mucho en su salud. Una persona con buena condición física no la consigue para andar persiguiendo hasta alcanzar una pareja. Por el contrario, te van a perseguir a ti. Ya sé, podría no ser muy maduro decirlo, pero es la realidad. Algunos están muy obsesionados con conseguir pareja, pero han dejado de invertir en ellos mismos, en su salud y en su condición física.

No quisiera parecer superficial al enfocarme en la condición física, pero estar bien físicamente está relacionado con las emociones y la salud en general. La realidad es que alguien que empieza a mejorar en sus hábitos alimenticios, de ejercicio y de aprendizaje es alguien que muy probablemente desarrollará una disciplina saludable en las otras áreas de su vida.

Sé que algunos solo trabajan su físico y no les interesa mejorar su salud porque solo quieren ser más atractivos. No estoy hablando de la mera apariencia, sino de invertir en tu persona de manera integral. «Buscar sin buscar» es crecer en tu salud personal.

4. VIVE

Algunos han puesto en pausa sus sueños personales hasta que encuentren pareja. Es como si encontrar pareja se ha convertido en su sueño principal. Por supuesto, encontrar pareja y casarse con la persona ideal es una prioridad en la vida de muchos, pero eso no significa que debamos poner en pausa el resto de los anhelos en nuestra vida o que perdamos el ánimo porque estamos esperando esa relación romántica que tarda en llegar. Quisiera animarte a vivir, a alcanzar tus metas en tu carrera profesional, que tengas sueños de viajar o de iniciar proyectos. Mientras vives y fructificas, en el trayecto de tu búsqueda por esforzarte y ser excelente con lo que hoy tienes en tus manos vas a crear amistades y oportunidades con personas entre las que pudiera estar esa pareja que estás soñando encontrar.

Quisiera recalcar que te enfoques en desarrollar tu carrera profesional. Una pareja que vale la pena va a buscar con frecuencia a alguien que esté buscando tener éxito en su propia carrera. La mediocridad no es atractiva. Por el contrario, la excelencia y el trabajo duro si es bastante atractivo porque habla de una persona con futuro.

Al mismo tiempo tenemos que evitar los extremos. Es evidente que muchos caen en solo enfocarse en sus metas profesionales o de cualquier otro tipo y dejan a un lado y postergan para una fecha indeterminada el matrimonio. La respuesta es encontrar un equilibrio. Al centrarte en tu carrera, es muy probable que encuentres a una persona idónea y debes estar dispuesto a invertir en esa relación. No permitas que un proyecto profesional te prive del proyecto más importante en tu vida: una familia. Mis suegros, Roberto y Paty, se casaron a mitad de su carrera profesional y la terminaron ya casados. Mi suegra Paty trabajaba como enfermera y estudiaba a tiempo parcial mientras apoyaba a mi suegro Roberto en sus estudios de teología. Ahora llevan casi cincuenta años juntos y son muy exitosos en sus proyectos profesionales y familiares. Se pueden lograr ambas cosas si abrimos nuestro corazón.

Mi sobrino Josué se casó a los veinte años, pero aún desde esa temprana edad empezó a buscar realizar sus sueños antes de casarse. Terminó el entrenamiento de Marines en los Estados Unidos y pertenece a sus reservas. También se ha desarrollado en su profesión y trabajo. Lo que quiero decir con el ejemplo de mi sobrino es que sí es posible luchar por alcanzar tus sueños y también encontrar, en medio de ese proceso, a la persona ideal. No permitas que una obsesión por casarte te robe de vivir en el presente y alcanzar tus sueños, ni tampoco permitas que tus sueños profesionales o de vida te alejen de desarrollar una relación formal y llegar al matrimonio. Esos dos aspectos importantes de la vida pueden y deben coexistir.

La verdad es que mis padres, mis suegros, mi hijo Jared, mi sobrino Josué y mis cuñados, todos nos hemos casado jóvenes. Pero también tengo amigos y familiares que se casaron más mayores. Algunos casi a los treinta, otros en sus treinta y otros en sus cuarenta. Y he visto matrimonios exitosos en todos los casos. Si pudiera darte un consejo, sería que no te aferres a tus propias palabras o expectativas de tiempo. Puede ser que encuentres a la persona ideal cuando eres joven y ahí debes abrir tu corazón para iniciar ese proyecto matrimonial, incluso si no tienes todo resuelto. Aprenderán y crecerán juntos. O bien, puede ser que suceda más tarde en la vida o después de la edad que tenías planeado, y eso también es maravilloso.

Vive y lucha por alcanzar esos sueños, desarróllate al máximo y «busca sin buscar». Mantén la apertura de corazón y permanece con los ojos bien abiertos sobre la persona que pueda llegar a ser tu pareja de vida. Si te mantienes así, estoy muy seguro de que lo podrías llegar a encontrar.

CAPÍTULO CINCO

El noviazgo perfecto

¿Cómo luce un noviazgo exitoso?

Invité a Kelly a salir y le pedí que fuera mi novia un día a finales de mayo de 1998. Se sonrojó y sonrió de oreja a oreja, mi sonrisa favorita en todo el mundo, y me dijo: «¡Sí!». Fue maravilloso y al mismo tiempo raro. Me preguntaba ¿y ahora qué sigue? No sabía si darle las gracias, abrazarnos, conversar o de qué platicar. Mis manos sudaban muchísimo y estaba posponiendo el tomarle la mano. Un día caminamos a La Michoacana donde vendían helados y quedaba a la vuelta de su casa. En el camino decidí que si Kelly me iba a amar tendría que ser con todo y manos sudadas. Entonces di el paso de fe y le tomé la mano. Me apretó fuerte y a pesar de que estaba sudando a chorros, ella no me quiso soltar. Me amó así tal cual soy.

También me acuerdo del primer beso. No ocurrió el día que nos hicimos novios. Es más, no me acuerdo bien cuántos días pasaron. Pero sí recuerdo que fue un beso en donde apenas nuestros labios se tocaron. Yo me fui de su casa sintiéndome Supermán. Gritaba en el carro de alegría. ¡Kelly me besó! No podía con la emoción.

Durante esos primeros meses alguien nos aconsejó que establezcamos metas, reglas y mentores para nuestro noviazgo. No me acuerdo bien cómo nos llegó el consejo, pero fue uno de los mejores consejos que recibimos. Les contaré a continuación lo que aprendimos.

METAS

Para nosotros la meta más importante de nuestro noviazgo era conocernos bien y caminar hacia un compromiso de matrimonio. Teníamos como meta comprometernos y luego casarnos. En otras palabras, nuestro noviazgo era para que yo pudiera conocer a mi futura esposa y para que Kelly conociera a su futuro esposo.

Mi pastor siempre dice que cuando te casas con alguien, también te casas con la familia. Por lo tanto, era importante conocer a las familias. Yo trataba de pasar tiempo en la casa de Kelly. Su familia me invitaba a comer seguido, veíamos películas en la casa con toda la familia, teníamos noches de juegos de mesa y muchas otras actividades juntos. Eso me ayudó mucho a conocer a Kelly y ella a mí.

Aprendí que Kelly no es competitiva en los juegos y ella aprendió que, por el contrario, yo soy muy competitivo. Aprendí que Kelly disfruta mucho sentarse a ver una película con la familia, preparar botanas[1] y pasar tiempo juntos. Ella aprendió que yo soy más de aventuras y deportes. Yo jugaba básquetbol y fútbol seguido con mis amigos y fuimos juntos al parque de juegos mecánicos Six Flags durante un viaje de los jóvenes de la iglesia. Nos subimos a los juegos más extremos.

Como les he contado, yo estudiaba en el instituto bíblico y ella vivía en Morelia y trabajaba en el instituto bíblico que sus papás lideraban en la iglesia de mis padres. Una de las cosas que aprendimos es que los dos teníamos un compromiso muy fuerte y una convicción personal de servir a Dios en el contexto del trabajo ministerial de iglesia. Es como cuando alguien está de novia con un doctor o es novio de una doctora. Uno va aprendiendo de las exigencias de los horarios y de la vocación de servicio. Si aprendes el compromiso con la vocación cuando son novios, entonces desde ese tiempo puedes decidir si quieres compartir o no ese estilo de vida. Eso permitirá que cuando te cases no te sorprendas con el estilo de vida de tu cónyuge. Es importante que la etapa de noviazgo se caracterice por la honestidad mutua con respecto al llamado personal, el propósito de vida, la carrera profesional, la vocación y el enfoque que tienes con respecto a tu futuro. Esa honestidad permitirá que tu pareja aprenda todo lo que pueda saber de ti. Así sabrá con certeza si más adelante querrá comprometerse o no para casarse contigo.

---

[1] Una especie de entradas que se utilizan como aperitivos durante las comidas.

Ya les he dicho que uno de los filtros para encontrar pareja es que puedes ser tú mismo y eso incluye ser transparente, quitarte las máscaras, mostrar quién eres en realidad y ser honesto al mostrar con sinceridad tu manera de ser, tus sueños y la cultura de vida y familia que quieres desarrollar.

Cuando nuestro hijo Lucas tenía unos doce años, nos vinieron a visitar unos amigos que tienen una hija de la misma edad. Estaban jugando, hablando y nos parece que se gustaron. En una de las conversaciones entre ellos que pudimos escuchar a la distancia, la niña le preguntó a Lucas: «¿Cuántos hijos quieres tener?». Lucas respondió que tres. Ella dijo: «Yo quisiera cuatro». A lo que Lucas respondió: «Yo podría hacer eso». ¡Qué risa nos dio! Tengo que aclarar que no fueron y no son novios. Solo era una conversación de niños que se gustaban y nos sonó tierno y chistoso. Hasta el día de hoy Kelly se ríe mucho al contarlo. Pero lo que quisiera enfatizar es que en un noviazgo donde estamos conociendo a la persona que podría ser nuestro cónyuge, es súper importante ser honestos. Sé que parece que estoy repitiendo algunos de los filtros, pero en el noviazgo tenemos que usar los filtros como una guía para conocernos mejor. En la amistad nos conocemos y en el noviazgo nos conocemos mucho más.

Nuestra meta principal era conocernos bien para llegar a un compromiso para el matrimonio. Aunque esa era nuestra meta principal, teníamos también otras metas:

Divertirnos mucho. Nos gusta pasarla bien y aunque no había mucho que hacer en Morelia, siempre buscábamos algo que hacer. Cine, paseos, café y muchas otras cosas.

Mantener un balance de nuestras prioridades. Veíamos que algunos novios perdían sus prioridades con respecto a la fe, iglesia, familia, amigos y terminaban solo enfocándose en el noviazgo. No queríamos eso porque no lo consideramos correcto.

Ser un buen ejemplo para nuestros amigos de un noviazgo con convicciones. Como teníamos la convicción de poner a Dios en primer lugar en todo en nuestras vidas, queríamos que nuestro noviazgo pudiera ser un ejemplo para nuestros amigos y conocidos.

Esperar a nuestra noche de bodas para tener relaciones sexuales.
Nosotros creemos que la intimidad física y sexual fue diseñada para
disfrutarla dentro del matrimonio. Las estadísticas muestran que
las personas que no han tenido sexo antes del matrimonio tienen
el porcentaje más bajo de divorcio (solo el 6 %) y también el porcentaje más alto de satisfacción sexual en el matrimonio.[2] Nosotros
no sabíamos nada de eso, solamente sabíamos que esa era nuestra
convicción personal y era una de las metas para nuestro noviazgo.
Más adelante hablaremos de la sexualidad en el matrimonio.

Honrar a nuestros padres con nuestra relación. Yo le pedí permiso
a mi suegro para ser novio de su hija. Él me dio su bendición y me
hizo algunas peticiones que yo obedecí. También mi papá y mamá
me dieron permiso de ser novio de Kelly. Algunas cosas sencillas
que mostraban nuestra consideración hacia ellos eran, por ejemplo,
siempre regresar a la hora acordada con los papás de Kelly. También teníamos una actitud de ayuda en lo que se requiera y participar de actividades familiares.

Evitar un noviazgo largo. Nosotros siempre hemos creído que un
noviazgo de dos años es más que suficiente para que una pareja
pueda conocerse y casarse. Tuvimos amigos que duraron seis años
de novios y luego no se casaron. Esa ruptura fue desastrosa para
ellos y no queríamos eso para nosotros. Si veíamos que el noviazgo no iba bien, pues no había razón para que seguir. Pero, por
el contrario, si el noviazgo sí va bien y confirmaba que habíamos
encontrado a la persona correcta, no hay razón para esperar tanto
tiempo. Antes de casarnos duramos un total de un año y tres meses
de novios, incluyendo el periodo de compromiso matrimonial.

Déjame preguntarte ¿cuáles son tus metas para el noviazgo? ¿Han establecido algunas metas juntos? Los desafío a hacerlo porque eso les va a
dar un mayor propósito y dirección en su relación.

---

[2] Estudios sobre parejas y matrimonios como el de *Institute for Family Studies* (ifstudies.org)
entre otros.

REGLAS

Es importante establecer reglas para lograr las metas del noviazgo. Me gusta más la palabra acuerdos, pero cuando éramos novios siempre le llamamos reglas. Quizá necesitábamos ese nombre para comprometernos a cumplirlas. Te vamos a presentar algunas de nuestras reglas que nos ayudaron a cumplir nuestras metas. Algunas estaban enfocadas en ayudarnos a cumplir la meta de esperarnos a la noche de bodas para tener sexo.

Nunca estar solos en una casa o lugar privado. Únicamente estaríamos solos en un lugar público. Es decir, no queríamos estar solos en un lugar donde nos sería fácil caer en la tentación de tener relaciones sexuales. Entonces, buscábamos ir a un café, al cine o al parque para estar solos y hablar. Pero no en una casa donde no estén otras personas o en un lugar privado. Por ejemplo, si Kelly estaba sola porque su familia había salido a algún evento, yo no entraba a la casa. Hablábamos afuera en la calle o íbamos a un café.

Contacto físico limitado. Acordamos que nos besaríamos en la boca, pero no serían besos intensos ni usaríamos la lengua. Ya sé, te puedes reír, pero esa era nuestra regla. Acordamos que nos podíamos tomar de la mano, abrazar o acariciar, pero que no tocaríamos nuestras partes privadas, incluyendo, pene, vagina, pecho y glúteos. En otras palabras, no haríamos nada en privado que no podíamos hacer frente a nuestros padres. Algunas veces nos despedíamos frente a su casa y nos dábamos unos buenos besos. Yo empezaba a querer bajar mi mano de su cintura hacia su cadera, pero Kelly tomaba mi mano y la levantaba mientras decía: «Todavía no». Terminábamos riendo y no puedo negar que fue difícil, pero para nosotros valió realmente la pena.

Hablarnos con la verdad. Queríamos conocernos y no hay nada mejor para conocer a alguien que hablar con la verdad. Decíamos la verdad sobre lo que pensábamos, nuestros gustos, nuestro pasado y siempre buscábamos contestar cualquier pregunta con la verdad. A veces era difícil. Por ejemplo, a Kelly le encanta quedar bien con todos. Yo le preguntaba: «¿Dónde quieres comer?». Ella me respondía: «Donde quieras». «¿Qué película vemos?». Ella respondía: «La que quieras». Yo terminaba escogiendo, pero podía notar que Kelly se incomodaba y no le gustaba. Aún en eso tuvimos que aprender a decir la verdad. Ahora hemos aprendido que Kelly es la que tiene antojos y yo no. Entonces nos funciona que ella elija la comida y yo me adapto. Hablar con la verdad significó para mí contarle a Kelly de mis novias pasadas, de mi historia, de mi familia y de mis amigos.

No faltar a un compromiso familiar, de estudios o de la iglesia. Siempre quisimos que nuestro noviazgo no restara, sino que contribuyera a nuestra vida familiar, profesional y de fe. Teníamos conocidos que, una vez que se hacían novios, su vida espiritual y compromiso con Dios se esfumaba, se apartaban mucho de su familia o bajaban en su rendimiento académico. No queríamos eso para nuestra relación y por eso establecimos esa regla.

Andrés siempre pagaba. Esta no fue una regla que hayamos pactado, pero sí le dije que a mí me habían educado de forma tradicional, en donde el hombre invita a la mujer. También era parte de mi cultura familiar y también era así en la familia de Kelly, por lo que no tuvimos problemas. Conozco de otros noviazgos que funcionan diferente y lo respeto. Pero a nosotros siempre nos ha funcionado bien. Además, yo tenía como regla personal no pedir dinero a mis papás y solo gastaría de lo que percibía de mis trabajos. Entonces tenía varias limitaciones, pero también esto me ayudó a ser honesto con Kelly sobre mis capacidades. Los dos nos adaptamos y pude ver que Kelly era feliz tanto con los tacos de la esquina como también en un buen restaurante. Ella era muy flexible.

No me acuerdo de todas las reglas. Quizá Kelly va a añadir algunas más. Me pregunto si has pensado en tener reglas para tu noviazgo. ¿Lo han conversado entre ustedes? ¿Las reglas que tienen les ayudarán a cumplir con sus metas?

Recuerdo muy bien cada una de las reglas que ha mencionado Andrés. Especialmente la segunda regla «contacto físico limitado». La recuerdo muy bien porque me parece que era la más difícil. Quizá se sentía como la más difícil, pero no por falta de dominio propio, sino porque añorábamos tanto estar juntos después de pasar tanto tiempo separados. Todo el tiempo de nuestro noviazgo y compromiso fue de larga distancia. Entonces, cuando por fin Andrés podía visitar unos días después de meses o nos teníamos que volver a despedir por muchos meses, queríamos darnos muchos abrazos y besos «¡extra buenos!», ¡jajaja! Pero Andrés siempre fue muy caballeroso conmigo y, por la gracia de Dios, aunque fue difícil, siempre pudimos mantener nuestro compromiso hasta la noche de nuestra boda.

Había una regla más: cuidar nuestra relación personal con Jesús. Aunque Andrés ya mencionó «no faltar a un compromiso familiar, de estudios o de iglesia», quisiera agregar que la persona de Jesús siempre fue y es central en nuestra relación. Siempre procurábamos buscar a Dios juntos antes de tomar decisiones importantes. Incluso orábamos para poder respetar nuestras reglas de noviazgo. Le pedíamos ayuda a Dios para poder cumplir nuestros sueños y planes y para suplir nuestras necesidades. Orábamos por diferentes situaciones en donde ambos llegábamos a hacer o a decir algo que nos lastimaba mutuamente. Esto nos ayudó mucho a perdonarnos más rápido y la verdad es que la seguimos practicando hasta el día de hoy.

Nuestra regla siempre ha sido y será que Jesús es primero y es el centro de nuestras vidas.

MENTORES

Kelly y yo hemos disfrutado del privilegio de tener muy buenos padres y madres. Ellos siempre nos dieron muy buenos consejos durante nuestro noviazgo. Yo podía ser honesto con mi papá al hablarle de mis frustraciones y tentaciones. Él siempre me daba un buen consejo y yo podía rendirle cuentas de mi noviazgo. Después de casados decidimos que lo mejor sería no hablar mal el uno del otro con nuestros padres y por eso buscamos a otros mentores para nuestro matrimonio. Eso nos permitiría seguir siendo honestos sin dejar una mala imagen de nuestro cónyuge con nuestros padres y así también evitaríamos cualquier conflicto con los suegros. Pero nuestros padres fueron nuestros mentores durante el noviazgo. También tuvimos el consejo y liderazgo de Pablo Johansson, quien siempre ha sido mi líder espiritual. Él nos daba consejos que siempre nos ayudaron.

También tomamos un curso prematrimonial con una pareja de líderes cristianos cuando nos comprometimos. Hablaré más de esto en el capítulo siguiente. Pero el punto es que, en gran parte, logramos un noviazgo exitoso porque pedíamos consejo, rendíamos cuentas y seguíamos el liderazgo de personas que nos amaban y en quienes podíamos confiar. Ninguno de ellos trató de controlarnos porque un mentor verdadero no controla, sino que es una influencia positiva en tu vida. Es lamentable ver a líderes o padres que quieren controlar a las personas, sus vidas, noviazgos y decisiones. Así nunca funciona el mentoreo. Un mentor debe tener la humildad y el amor para escuchar con atención y compartir su sabiduría con prudencia. El que recibe el consejo debe tener la humildad para ser honesto y considerar el consejo recibido para ponerlo en práctica. Quizá no va a aplicar el consejo tal como se lo dijeron, pero si va a buscar aplicar el principio detrás del consejo. Hay una diferencia entre el consejo y el principio del consejo. La clave es encontrar el principio detrás del consejo y buscar aplicarlo de la mejor manera.

CAPÍTULO SEIS

Compromiso matrimonial

Estamos escribiendo este libro solo un par de meses después de que nuestro hijo mayor Jared se comprometiera para casarse con su novia Adeliz. Tengo que reconocer que fue una experiencia muy diferente y especial para mí. Jared había trabajado y ahorrado por mucho tiempo para comprar el anillo de compromiso. Yo no le ayudé financieramente con esto y estoy muy orgulloso de él. Fuimos juntos a buscar el anillo perfecto que se acomodara a su presupuesto. Eligió un anillo hermoso. En una época donde pareciera que estas cosas ya no son importantes, yo pude observar en mi hijo el amor hacia su prometida en todo el proceso de ahorrar, buscar, planear y elegir ese anillo. Jared le pidió permiso al papá de su novia antes de pedirle matrimonio a ella. Ahora tenía el permiso del padre y un hermoso anillo de compromiso.

El sobrino de Kelly se casó recientemente en Nueva York y mis suegros pidieron que toda la familia participe de la boda. Habíamos apartado las fechas con anticipación para ir juntos a la boda. Como Adeliz también iba con nosotros, Jared pensó que sería una excelente oportunidad para darle el anillo durante ese viaje. El plan era que caminaría con ella por el puente de Brooklyn y a la mitad del puente se arrodillaría para proponerle matrimonio. Mi amigo Jordan Durso nos ayudó a conseguir flores que colocaríamos a la mitad del puente y así sorprender a Adeliz. Kelly, Lucas, Sofía, Jordan y yo fuimos al puente, colocamos las flores y tratamos de escondernos para que no nos vieran cuando llegaran. Todo sucedió tal como mi hijo lo había planeado. Nosotros pudimos sorprenderlos, felicitarlos y tomarnos muchas fotos para recordar ese bello momento. Creo que ha sido uno de los días más felices en toda mi vida. Juntos regresamos caminando sobre el puente mientras la vista nos mostraba el atardecer de la ciudad, enmarcando una imagen en mi memoria que nunca podré olvidar. Kelly y yo íbamos atrás del grupo tomados de las manos mientras observábamos a los recién comprometidos en matrimonio caminar emocionados. No puedo negar que lágrimas de felicidad bajaban por mis mejillas y de mi corazón solo salía agradecimiento a Dios.

Durante esos días recordé cuando le propuse matrimonio a Kelly. Teníamos ocho meses de novios y estaba seguro de querer casarme con ella. Tenía tres empleos distintos para pagar mis estudios y ahorrar para el anillo de compromiso. Fui a Morelia para visitar a mi familia durante las vacaciones de diciembre de mi último año de universidad, pero mi meta era proponerle matrimonio a Kelly. Lo primero que hice llegando a Morelia fue hablar con su papá y pedirle su permiso y bendición. Me preguntó sobre mis planes laborales y cómo pensaba proveer para ella y la familia que queríamos formar. Le conté de mis planes de trabajo, mis empleos actuales y los pasos que estaría dando para poder proveer de manera digna para mi familia. Mi respuesta le pareció bien y me dio su permiso.

Invité a Kelly a un café en el centro de Morelia. Pedí una mesa más privada, pero no había en ese momento. A media conversación y sin previo aviso me arrodillé en frente de todos los comensales, la tomé de la mano, le dije que quería pasar el resto de mi vida con ella y le pedí que se casara conmigo. ¡Me dijo que sí! Se me humedecieron los ojos. Estaba tan feliz. No podía creer que la chica de mis sueños aceptara casarse conmigo. Sentía que me había sacado la lotería. Al mismo tiempo, sentía la responsabilidad y el compromiso como nunca lo había sentido en mi vida. Era un sentimiento que iba entre terror y alegría inexplicable. Partimos después a su casa y Kelly le enseñó a todos el anillo. Contamos historias, reímos y celebramos con la familia este gran momento juntos.

Sospechaba que Andrés me pediría matrimonio en esta cita del café, pero en realidad no estaba muy segura. Me di cuenta de lo que iba a suceder cuando llegamos al café y él pidió una mesa privada. De inmediato pensé: *¡Es hoy!*

Realmente no recuerdo que Andrés se arrodillara, pero tal vez por la emoción no recuerdo claramente ese momento. Pero sucedió y recuerdo que fue un momento demasiado hermoso y anhelado. Todavía puedo recordar vívidamente su mirada cuando interrumpió nuestra conversación para decirme algo como «Antes de hablar de todo eso, quiero pedirte algo…» y de su bolsillo sacó el anillo que había comprado con tanto esfuerzo. El anillo era de oro blanco con un diamante corte princesa ¡precioso! Él comenzó a llorar mientras me pedía matrimonio. Yo quería llorar, pero no pude. Lo que sí pude hacer fue responder rápido y con mucha confianza con un gran «¡Sí!». No tenía ninguna duda. Recuerdo que me puso el anillo en el dedo y me quedó perfecto; nos besamos, nos abrazamos y casi de inmediato, como si hubiera estado espiándonos todo el tiempo, mi suegro, Juan Spyker, llamó a Andrés por teléfono para preguntarle si mi respuesta fue afirmativa.

Mi mamá me dijo que ahora había que ir donde su familia para pedir la mano de Kelly en matrimonio. Yo no tenía idea de lo que mi mamá estaba proponiendo. Pero me dijo que existía la tradición de que la familia del novio lo acompañara a la casa de la novia para pedir formalmente su mano en matrimonio para casarse con su hijo. Así lo hicimos.

Mi papá llamó al papá de Kelly y acordaron un día para cenar en casa de ellos. La verdad es que solo recuerdo tres cosas. La primera es que yo estaba sudando sin parar y tenía puesta una camisa verde en la que se notaban claramente las marcas de sudor. La segunda es que todos estábamos sentados en la sala y nadie sabía cómo empezar. Mi papá dijo unas palabras y yo dije algunas otras. Luego el papá de Kelly habló, dio su bendición y las mamás también hablaron. Todos nos abrazamos y luego compartimos la cena.

Mi tercer recuerdo es que hubo un momento en que mi suegro me llamó al patio para hablar conmigo. Me preguntó sobre la fecha de la boda. Le respondí que habíamos pensado en un año, es decir, el próximo diciembre. Él me respondió que sería mejor que lo hiciéramos en agosto y si yo estaba de acuerdo con esa fecha. Como no quería que se echara para atrás, en el calor del momento le dije que sí. Yo siempre digo que a mi suegro le urgía que Kelly se casara pronto.

Así empezó nuestro compromiso hacia la boda y el matrimonio. Kelly se encargó de organizar la boda y yo me encargué de terminar la universidad y asegurar un trabajo formal. También me tocó organizar la luna de miel. Creo que muchos solo se quedan en esas cosas que acabo de mencionar, como la organización de la boda, la luna de miel y la seguridad laboral. Es cierto que se trata de una gran parte de ese proceso, pero definitivamente no lo es todo. No voy a decir mucho sobre el planeamiento de la boda y la luna de miel, quizá Kelly lo hará en algún momento, pero lo que sí quisiera decir es que Kelly y yo queríamos empezar nuestro matrimonio libre de deudas: Por eso decidimos que organizaríamos una boda y luna de miel que fuera posible según nuestro presupuesto y que no pediríamos ningún préstamo. Damos gracias a Dios que empezamos nuestro matrimonio libre de deudas. Hay algunas parejas que se endeudan tanto para la boda y se terminan divorciando antes de terminar de pagar la deuda. Bueno, no quiero decir nada más, bueno, solo un punto más. La novia siempre tiene la última palabra en todo lo referente a la boda. Es su sueño de toda la vida y debe tener libertad de hacerlo a su gusto.

Kelly

Dios nos ayudó a ser creativos y al mismo tiempo a tener fe para lo que no nos alcanzaba, pero que anhelábamos para el día de nuestra boda. El Señor proveyó milagrosamente a través de nuestras familias y de otras personas. Creo que Andrés se enfocaba más en la luna de miel porque en realidad no hacía mucha presión por la ceremonia, sino que hizo todo lo posible para que yo pudiera tener la boda de mis sueños. Te lo agradezco amor una vez más. No fue una boda muy elegante ni costosa, pero fue hermosa. Tuvimos muchísimas flores y velas. Eso era muy importante para mí. También tuvimos muchísimos invitados a la ceremonia de la iglesia. Alrededor de ochocientas personas. La razón es que, tanto mis suegros como mis padres, querían invitar a las iglesias que pastoreaban. Mi familia tenía poco de haberse mudado a Morelia, Michoacán, entonces decidimos casarnos en esa ciudad. Esa es la razón por la que la gran mayoría de los asistentes a la boda eran de la iglesia de Andrés. Se sentía como un sueño porque, en parte, no conocía a casi nadie de los presentes, pero todavía más porque yo me sentía como una hermosa princesa casándose con su príncipe azul en un cuento de hadas.

Muchos se preparan solamente para la boda y no para el matrimonio. La boda es un día, pero el matrimonio es para el resto de la vida. Estamos muy agradecidos con las dos recomendaciones que nos dio nuestro mentor Pablo Johansson. Primero, que Kelly fuera a pasar un par de meses para estar conmigo en la universidad. Era importante que ella conociera esa parte de mi historia y también que pudiera conocer un poco de la cultura en la que había estado inmerso en los últimos años. Nuestro mentor buscaba que tuviéramos todas las oportunidades posibles para conocernos mejor y lograr la mayor unidad posible antes del matrimonio.

En segundo lugar, nos aconsejó tomar un curso prematrimonial. Una pareja de líderes cristianos nos hizo el favor de darnos ese curso. Creo que fueron ocho semanas. Íbamos cada semana a su casa para tomar café y discutir lo aprendido en el curso. Lo que más recuerdo es lo siguiente:

Test de personalidad. Nos hicieron unas pruebas de personalidad para que nos conociéramos más. Fue muy interesante y pudimos ver que somos muy, muy, pero muy diferentes. Entendimos que no es un problema ser diferentes, pero hay que entender cómo relacionarnos con la personalidad de nuestro cónyuge.

Finanzas. Nos ayudaron a desarrollar un presupuesto familiar para que los dos pudiéramos expresar nuestras prioridades, expectativas y posibilidades reales con respecto a nuestras finanzas. Ese ejercicio nos ayudó mucho porque pude clarificar mis metas. Como el trabajo que me ofrecían no cubría el presupuesto, tuve que buscar otras fuentes de ingresos que nos ayudaron a cubrir nuestro presupuesto familiar inicial.

Familia. Nos hicieron responder un cuestionario larguísimo que incluía preguntas sobre el tipo de familia que queríamos tener. Una de las preguntas era cuántos hijos queríamos tener. Yo escribí tres: dos hijos biológicos y uno adoptado. Otras preguntas estaban relacionadas con quién, según nuestra fe, debería ser el líder del matrimonio, si las decisiones las tomaríamos juntos o no, sobre nuestros roles y de qué nos encargaríamos cada uno de nosotros, cuál sería la fe que practicaríamos como familia, quién estaría encargado de enseñarle valores a nuestros hijos y muchas más. También nos enseñaron a ponernos de acuerdo con respecto a las reglas familiares para nuestros hijos. Fueron muchas preguntas y consejos que realmente nos han salvado de muchos errores.

Comunicación. Nos ayudaron a entender que el conflicto no era malo, sino que era normal en una pareja y que la clave era aprender a resolverlo. Para lograrlo debíamos aprender a confrontar, comunicarnos y ponernos de acuerdo. Algunas claves que aprendimos fue empezar con las palabras «a veces yo siento», en lugar de decir «tú siempre». Esto permitía entregar el beneficio de la duda primero. Además, en lugar de atacar al otro, primero se debía reconocer que quizá se esté partiendo de una perspectiva propia equivocada. Eso ayuda. A veces. Hay otras cosas más que hemos aprendido, pero las veremos en el capítulo de resolución de conflicto.

Sexo. Una de las preguntas fue: ¿Cuántas veces a la semana piensan tener sexo? No les voy a decir mi respuesta, quizá Kelly lo hace, pero solo puedo decir que yo respondí con una frecuencia mucho más alta que Kelly. Al final hemos encontrado un balance. También nos pidieron que leyéramos *El acto matrimonial* por Tim LaHaye. Ese libro nos ayudó muchísimo y sigue siendo de inspiración hasta el día de hoy porque nos enseñó a disfrutar de un sexo honesto, divertido, íntimo, placentero, con propósito y libre. Hablaremos más de esto en el capítulo sobre sexualidad en el matrimonio.

Seré muy honesta. Cuando nos preguntaron individualmente cuántas veces por semana contemplábamos tener sexo, yo respondí «tres veces». Pensé que estaba siendo muy generosa. Cuando nos reunimos de vuelta con nuestros consejeros para ver nuestras respuestas y discutir el tema, me sorprendí mucho al saber que Andrés había respondido que a él le encantaría tener sexo conmigo «siete veces» por semana. No recuerdo lo que pasó después, solo me sonrojé y sorprendí demasiado.

Tratamos más temas en el curso prematrimonial, pero los que hemos compartido son los que más nos han ayudado a tener un matrimonio saludable. Quisiera recalcar que el período del compromiso matrimonial debería prepararnos para el matrimonio y no solo para la boda.

Yo empecé a sentirme algo abrumado en medio de toda la preparación, cursos y planeación. Sentía como que iba a ser demasiado para mí. Cuestionaba si iba a poder con toda la responsabilidad, si realmente pudiera ser un buen esposo o si es que estaría listo para agosto. Me acuerdo estar conversando casualmente con Kelly y decirle: «¿Oye y qué tal si movemos la boda a diciembre, como era el plan inicial y que luego nos cambió tu papá?». Pues Kelly no lo tomó como una pregunta, sino que pensó que yo me estaba echando para atrás y que no estaba cumpliendo con mi palabra y el compromiso que habíamos establecido juntos. Esa noche difícil estábamos hospedados en la casa de unos amigos pastores. Yo me quedé en la sala y ella se quedó en la habitación de huéspedes. Yo no pude dormir bien y ella lloró toda la noche. Sentí claramente que Dios me estaba hablando. Sentí que me decía que yo tenía que ser un hombre de palabra, que él me respaldaría si me mantenía fiel a mi compromiso y a mi palabra. Me animaba a aceptar la responsabilidad de mi decisión, aprender a vivir bajo presión y que yo no podía estar jugando con las emociones de mi futura esposa. Mi «sí» debe ser sí y mi «no» debe ser no. Era tiempo de madurar y aceptar la responsabilidad de mis afirmaciones.

A la mañana siguiente le pedí perdón a Kelly. Ella se sentía muy insegura, pero Dios me dio gracia para explicarle a Kelly mi determinación y la seguridad de mi compromiso hacia ella y nuestro matrimonio. Gracias a Dios nos reconciliamos y la boda seguía en pie para el 21 de agosto de 1999. Kelly tenía diecinueve años y yo veintidós cuando nos casamos. Para muchos suena como que éramos muy jóvenes y para otros es simplemente normal. Nosotros creemos que los principios para un matrimonio saludable son los mismos si te casas joven o si te casas con mayor edad.

En el próximo capítulo empezaremos a hablar de los retos que enfrentamos y de cómo se debe avanzar hacia un matrimonio saludable. Pero primero quisiera que sepas que casarte es un logro maravilloso que requiere de un sacrificio enorme. Vas a sacrificar algunas cosas si te casas joven y también vas a sacrificar otras cosas si te casas más grande. Cada uno sabe cuándo es su tiempo y si ha encontrado a la persona con quien desea formar una familia. Nunca vas a encontrar el tiempo perfecto ni la pareja perfecta, pero Dios si tiene un tiempo y una pareja ideal para ti. Cuando sepas en tu espíritu que es el momento, entonces debes animarte y dar un paso de fe. Casarte es uno de los pasos de fe más grandes en la vida y es increíble ver como Dios prospera ese paso de fe. Un proverbio dice que las herencias vienen de los padres, pero hallar esposa viene de Dios (Pr 19:14). Cuando Dios creó a Adán, dijo: «No es bueno que el hombre esté solo» (Gn 2:18).

— *Kelly* —

Faltaban solo unas pocas semanas de nuestra boda cuando una chica de la iglesia, a quien conocía muy poco, me invitó a tomar un café. Era obvio desde el primer momento, que su motivación era desanimarme de casarme con Andrés. Quizá estaba celosa de que ella no se casaba con él, aunque él ni la conocía. La verdad es que desconocía sus intenciones. El caso es que me empezó a mirar fijamente y me empezó a lanzar preguntas como si fuera un interrogatorio: «¿Estás segura de que Andrés es el hombre de Dios para ti? ¿Estás segura de que es la voluntad de Dios para ti? ¿Cómo sabes que Andrés no volverá a alejarse de Dios?».

Me hizo muchas preguntas de ese estilo que ya no recuerdo. Lo que sí recuerdo es que me llené de mucha valentía y seguridad (y admito que también algo de indignación) y sin titubear le respondí: «Estoy segurísima de que es el hombre de Dios para mí, que es su voluntad y que el Señor lo guardará en el camino correcto. Además, siento MUCHA paz y esa es una de las formas en las que más me habla Dios». Creo que ella no esperaba tal seguridad de mi parte y no supo qué responder. No me hizo una sola pregunta adicional ni cuestionó nada más. El tiempo con ella concluyó muy pronto. Cuando sabes en tu corazón que es el momento y la persona correcta, para dar ese gran paso de fe encuentras gracia, paz y una valentía que incluso no esperabas. ¡Vale la pena!

Muchos tienen miedo a dar ese paso de fe. Es posible que hayan visto ejemplos negativos o ellos mismos han experimentado dolor en su familia. Quizá creen que es imposible lograr ese amor ideal en la actualidad y por eso prefieren mantener solo relaciones casuales. Realmente creo que si Kelly y yo, que somos completamente distintos, hemos podido desarrollar una relación saludable, entonces todos pueden. Kelly siempre dice que ella quiere que todos se casen y experimenten el amor que nosotros tenemos. Nuestro deseo con este libro es contribuir a que muchos experimenten el amor que Dios nos regala en el matrimonio.

CAPÍTULO SIETE

Un choque de culturas

Me acuerdo de nuestra boda como si fuera ayer; bueno, no de todo, pero sí de algunas cosas. Recuerdo que el auditorio de la iglesia estaba decorado con flores azules y blancas. Estaba lleno de personas porque invitamos a toda la iglesia. Yo estaba en la plataforma junto a mi papá, esperando a que entrara Kelly. Su papá se había fracturado un tobillo y tuvo que entrar con muletas para acompañar a Kelly. Solo habían dado unos pasos cuando se fue la luz. Kelly había llenado de velas el auditorio como parte de la decoración y todavía había un poco de luz solar, por lo que había una iluminación tenue, un momento accidentalmente perfecto. Casi no recuerdo lo que se dijo en la ceremonia. Sí me acuerdo de que adoramos a Dios juntos, mi suegro Roberto compartió una enseñanza, mi papá Juan ofició la ceremonia, nuestras mamás encendieron unas velas y hablaron, Kelly y yo intercambiamos votos, oraron por nosotros y salimos de ahí oficialmente casados y unidos en matrimonio ante Dios, nuestra familia y testigos.

Lo que sí recuerdo perfecto son nuestros votos: «Yo Andrés, prometo (a Kelly) delante de Dios y de estos testigos, amarte y cuidarte, honrarte y consolarte en tiempo de salud y enfermedad, en tiempo de riqueza o escasez. Prometo serte fiel y ser exclusivamente tuyo hasta que la muerte nos separe».

Las palabras pueden haber variado un poco, pero esa fue mi promesa y mi pacto. Voy a mencionar este pacto algunas veces en el libro porque quisiera que consideremos al voto matrimonial como algo más que palabras, más que una promesa ligera y más que un simple contrato. Se trata de un pacto entre dos personas delante de Dios y cuando lo comprendemos a cabalidad, ese entendimiento crea un fundamento sólido para superar cualquier dificultad en el matrimonio. Regresemos a la boda y a la noche de bodas.

La recepción después de la boda solo fue con familiares y amigos cercanos. Tomamos fotos. Cenamos. Mi papá trajo un Mariachi que cantó canciones románticas, pero no bailamos. Hoy nos lamentamos mucho por no haber bailado en nuestra boda. En ese tiempo se pensaba que bailar no era cristiano. Pero ya con Kelly hemos acordado que para nuestras bodas de plata sí vamos a bailar y ¡nos vamos a desquitar!

Cuando ya parecía que la fiesta estaba terminando, Kelly y yo nos empezamos a despedir de todos los presentes y nos dispusimos a pasar nuestra primera noche juntos en un hotel. Primero fuimos a cambiarnos de ropa porque Kelly quería dejar su vestido en la casa. Recuerdo que me pidió ayuda para bajar el cierre de su vestido. Estaba tan nervioso y sentía que estaba pecando, pero de inmediato recordé que ya era mi esposa. Llegamos al hotel y la cargué al momento de entrar a la habitación. Recuerdo que había una chimenea encendida. Kelly entró al baño a ponerse algo bonito y yo la esperé en la cama. Ella dice que yo estaba desnudo, pero yo no recuerdo eso. Yo solo recuerdo que la esperaba pacientemente. Nos besamos, nos acariciamos, nos disfrutamos mucho y nos quedamos dormidos. No pudimos «consumar» nuestra intimidad sexual esa primera noche. Éramos jóvenes inexpertos, pero no por eso nos estresamos. Habíamos leído en el libro que algunas parejas tardan unos días en lograrlo.

Kelly

Andrés sí estaba desnudo y me estaba esperando con ansias. También recuerdo que había puesto música en un canal de la televisión, pero su elección no me gustó para nada y le pedí que la apagara. Lo hizo de inmediato y sin ninguna objeción. Lo último que quería era arruinar el momento. Permíteme explicarte lo que pasó antes de esa escena. Yo era y soy todavía muy tímida. Mi mamá me había obsequiado un atuendo para la noche de bodas muy tierno, pero algo atrevido para lo que yo acostumbraba. Recuerdo que era de seda, de color rosa pálido, corto y de tirantes. Después de que le había negado a Andrés meterse a la tina de baño conmigo (me daba mucha vergüenza), él amablemente se salió del baño para esperarme en la habitación. Cuando me puse el regalo de mi mamá y me vi en el espejo… me dije a mí misma: «¡No puedo salir así!». Me cambié y me puse un camisón o bata de noche de algodón, manga larga y de color azul claro. No sé porqué tenía esa segunda opción en el baño. ¡Era de Dios! Salí del baño con ese atuendo tan recatado –cero sexy– solo para encontrarme con mi nuevo esposo recostado de una forma muy atrevida y desnudo sobre la cama. ¡Qué noche! Por supuesto, si tenías alguna duda, le encantó mi pijama de manga larga y para nada arruinó el momento. Dios es bueno. Lo conservo hasta hoy día, al igual que el regalo de mi madre (que sí estrené la noche siguiente).

Al día siguiente manejamos a San Miguel de Allende. Nos hospedamos en un hotel a las afueras de esa pequeña ciudad. Pasamos toda nuestra estadía y casi todo el día en la habitación juntos. Pero también salíamos a comer y paseábamos un rato. La verdad es que solo queríamos estar juntos. Por fin, al segundo o tercer día ¡lo logramos! Es inexplicable la sensación de unidad, intimidad, alegría y paz que experimentamos juntos. Hablaremos sobre lo que hemos aprendido del sexo matrimonial más adelante. Ahora quisiera enfocarme en los retos de esos primeros meses y años.

UNA CULTURA COMPARTIDA

Después de una semana solo para nosotros en San Miguel regresamos a Morelia a comenzar nuestra vida de casados. Había rentado un departamento al que familiares y amigos nos ayudaron a llenar con algunos muebles. Teníamos un lugar pequeño y bonito que podíamos llamar hogar. Yo iba a trabajar todos los días y desde el inicio acordamos que regresaría a casa para comer juntos. Desde que Kelly empezó a preparar la comida nos dimos cuenta de cuán diferentes eran nuestras familias. Aunque las dos familias habían llegado de los Estados Unidos a México, igual entre ellas había profundas diferencias. La primera era la comida. En la casa de Kelly se comía más al estilo americano y en mi casa era más al estilo mexicano. En mi casa había agua fresca (de alguna fruta), salsa, tortillas, frijoles y delicias similares. En la casa de Kelly había cacerola de pasta (que les explique Kelly qué es), puré de papa, pechuga de pollo y refrescos. Tengo que reconocer que estoy exagerando un poco, pero la comida fue nuestra primera diferencia y también nuestro primer acuerdo. Decidimos que íbamos a mezclar el menú con algunos platillos mexicanos y algunos platillos americanos. Así lo hicimos. Por cierto, invito a seguir leyendo a los que tienen otro modelo de matrimonio, donde, por ejemplo, ninguno cocina, o el hombre cocina, o los dos trabajan. Los principios aplican para todos. Además, Kelly también empezó a trabajar más adelante.

La cacerola de pasta consiste en simplemente mezclar: Pasta, crema de champiñones de lata, verduras congeladas y pollo; cubrir con cereal de copos de maíz y hornear. *¡Voilà!* ¡Delicioso! Pensé que a Andrés también le encantaría, pero no fue así. Solo habían pasado dos semanas de casados cuando me informó que a él le gustaba la comida mexicana, que extrañaba mucho su agua fresca y que no le gustaba mi cacerola. ¡Nunca me imaginé algo así! Doy gracias a Dios por mi suegra y por una linda mujer y amiga de la iglesia que me enseñaron a cocinar comida mexicana para Andrés. Nada como las enchiladas morelianas. Hasta hoy conservo y preparo esas recetas deliciosas. Gracias a esas mujeres preciosas por bendecir nuestro matrimonio. Hoy disfrutamos de una gran variedad de platillos, de ambos países, que nos encantan como familia… incluyendo la cacerola que preparo un par de veces al año porque a mí me sigue encantando.

Pero nuestras diferencias no terminaron con la comida. En mi familia siempre hablamos en voz alta, alegamos, discutimos y esa es la forma en que nos amamos. Por el contrario, en la familia de Kelly nunca hay confrontación o discusión y siempre se habla en un tono calmado. Cualquier confrontación se realiza en privado y se toma con mucha seriedad. Cuando yo actuaba «normal», Kelly pensaba que yo estaba enojado y peleando. Mi forma de comunicarme hería sus emociones con frecuencia. Yo le preguntaba: «¿Qué tienes?». Y ella me respondía: «Nada». Al final me decía con tristeza: «Es que me hablaste feo y me regañaste». Yo le trataba de explicar que así éramos en mi casa, pero no era suficiente porque volvía a mi estilo familiar y eso la seguía hiriendo y ella seguía callando su dolor. Con el paso de los años, Kelly ha aprendido también a confrontar y a expresarse con más confianza. Por mi parte, he aprendido a callar más y a expresarme con más tacto y respeto, y a confrontar en privado y no en público. Seguimos aprendiendo, no siempre lo hacemos bien, pero ha sido un camino largo para poder llegar a tener una cultura compartida.

— *Kelly* ———————————————————

A veces riéndome y otras veces llorando he dicho: «Andrés y yo somos como el agua y el aceite». Creo que esa es la verdad. Pero al contemplar cómo no se mezclan el agua con el aceite me doy cuenta, hoy más que nunca, que este fenómeno es fascinantemente hermoso. Pero también puede ser algo divertido o destructivo. Está en tus manos decidir cuál será la perspectiva con la que decidirás mirar las diferencias con tu pareja. Claro, no ha sido fácil para mí llegar a este entendimiento o paz interna. Todavía suele ser una lucha, pero decido seguir creyendo que es Dios quien nos ha unido y que nada nos va a separar. Ambos hemos tenido que aprender a perdonar, crecer, escuchar, aceptar, valorar, admirar y amar nuestras diferencias. Hemos tenido que creer que nuestro matrimonio es maravilloso y que va a funcionar porque somos precisamente muy diferentes por la pura gracia de Dios. Estamos aquí para recordar que pueden tener éxito las parejas con pocas cosas en común. ¡Tengan esperanza! Cada día vamos aprendiendo más que la meta no es tratar de cambiar a la otra persona, sino amar a la otra persona de tal manera que uno pueda disfrutar de sus peculiaridades que agregan tanto valor y sazón a nuestra relación.

Una de las claves para entender los choques culturales de esos primeros años es que los dos traemos aspectos positivos y no tan positivos de nuestra cultura familiar. La meta no es que gane la cultura familiar del esposo o la cultura familiar de la esposa, sino ser capaces de crear una cultura compartida. Tu familia es tu cónyuge cuando te casas. Tu papá y mamá ahora son tus familiares. Siguen siendo familia, pero ahora tienes una nueva familia. Hay un principio hebreo antiguo que está en varios lugares en la Biblia que dice: «Por esto dejará el hombre a su padre y a su madre, y se unirá a su mujer, y serán una sola carne» (Gn 2:24, RVR1960).

Lo que nos quiere decir es que hay una separación sana que ocurre con los papás, la cultura familiar y con la dependencia a ellos como mi familia. Ahora estoy unido a mi esposa y somos uno. No solo somos uno en el tema íntimo, sino que en todo llegamos a ser uno. Somos una nueva cultura familiar y un núcleo nuevo. Mi primer compromiso ya no es con mis padres, sino que ahora es con mi mujer. Estamos creando una vida y una cultura compartida. Hombres y mujeres que entienden este principio son los que logran matrimonios exitosos y los que no llegan a comprenderlo tienden a sufrir. Tenemos que afirmar que sigo honrando a mis papás y Kelly honra también a los suyos, pero la relación ha cambiado para siempre. Ahora Kelly y yo estamos formando una familia, algo así como construir una casa. Requiere de planeación, acuerdos, sacrificios, ahorros, arreglos y muchas cosas más. Construir una familia es algo mucho más valioso y difícil de edificar.

También descubrimos muchas diferencias familiares y personales a la hora de hacer un presupuesto familiar. Podrías pensar que sería fácil ponernos de acuerdo en las finanzas debido a que los dos tenemos los mismos valores generales. Pero no fue así y ha sido de lo más difícil. Lo primero que aprendimos es que no se trata de «mi dinero» o «tu dinero», sino de «nuestro dinero». También aprendimos que no somos realmente dueños, sino administradores. Ese cambio de lenguaje y de la actitud del corazón lo es todo. No importa si uno gana más que el otro, cuando nos casamos vamos a ser uno y, por lo tanto, tenemos que ser uno también en las finanzas. Vamos a tratar más de esto en el capítulo sobre las finanzas familiares, pero no puedo dejar de advertir que el dinero es la razón número uno para los divorcios. Es posible que los esposos no quieran aceptar el principio de formar una cultura de finanzas compartidas y crear un presupuesto familiar que refleje lo mejor de las dos culturas.

Nuestro dinero. Nuestras prioridades. Nuestros sueños.
Nuestra casa. Nuestra familia. Nuestro futuro. Nuestro dinero.
Somos administradores, no dueños.

Otro choque cultural se dio alrededor de los temas de conversación. Siempre hemos tenido muy buena química física, pero hemos tenido que trabajar en la química mental. Para algunos es al revés, tienen gran química intelectual y poca química sexual. Es posible tener un área en la que hay poca química y se tiene que trabajar para alcanzarla. El principio que deben tener en cuenta es que se puede desarrollar la química. Cuando hablo de química hablo de un fluir, una conexión, una intimidad y un entendimiento compartido. Kelly tiene temas de conversación de vida cotidiana y yo tengo temas de conversación más filosóficos y teológicos. Mi error era pensar que mis temas de conversación eran más importantes. Eso hacía sentir a Kelly como que sus temas de conversación no eran importantes. Ella me hablaba de la persona que conoció en el café, de algo chistoso que hicieron nuestros hijos y de cómo no podía encontrar el auto en el estacionamiento. Me estaba compartiendo su vida y de cómo había transcurrido su día. Yo quería hablar del fin del mundo, de la guerra en Irak o del último libro que leí. Hoy entiendo que una conversación no es mejor que otra, sino que es solo un reflejo de nuestra personalidad. Dios nos ha unido para crear una familia que valora las interacciones personales, presentes y cotidianas, así como los asuntos filosóficos y teológicos que enmarcan nuestro propósito. Ambos son importantes. Entonces he tenido que aprender a compartir mi día con el paso de los años y también a valorar las interacciones cotidianas, las conversaciones y las personas que me rodean. Kelly también ha desarrollado un interés por los temas bíblicos, políticos y filosóficos. Ni yo soy como ella, ni ella como yo, pero ahora tenemos más química intelectual.

Kelly y yo no podríamos ser más diferentes de lo que somos. Ambos nos hemos cuestionado muchas veces si nos equivocamos en casarnos. Los primeros años fueron un choque tan grande de culturas que realmente dudamos si podríamos amarnos hasta el final. Por ejemplo, a Kelly le gusta su privacidad y a mí me gusta invitar a un montón de personas todo el tiempo. A Kelly le gustan las ciudades, las plazas comerciales y el desarrollo urbano. En cambio, a mí me gusta el campo, la playa y los lugares rurales son mi refugio. A Kelly le gusta que todo sea lo más estable y con los menos cambios posibles. Por el contrario, yo necesito cambios constantes. Kelly prefiere estar lo más posible fuera de casa y yo quiero estar en casa todo el tiempo posible. A mí me encantan los deportes y aprender nuevas habilidades físicas. Kelly odia los gimnasios y para ella caminar es su deporte extremo. Yo soy extrovertido y Kelly introvertida. Yo soy perfeccionista y Kelly es relajada. La lista puede seguir sin final. Lo loco es que no sabíamos nada de esto antes de casarnos. En serio, fue el shock cultural más fuerte de toda nuestra vida. He concluido con Kelly que si nosotros hemos podido sobrevivir y disfrutar un matrimonio durante tantos años, cualquiera puede lograrlo. En el próximo capítulo vamos a compartir algunos de los secretos que hemos aprendido para ponernos de acuerdo y crear una cultura compartida.

Pero hay un principio que quiero dejar bien claro en este momento: durante los primeros años de matrimonio hay un choque brutal de culturas. Te vas a dar cuenta que no conocías realmente a la persona con la que te casaste y ese será el momento en que vas a tener que recordar tu pacto: hasta que la muerte nos separe. Ese pacto ante Dios, tu cónyuge, familiares y amigos es el que debe motivarte para crear una cultura compartida. Como ya lo he dicho, un pacto es mucho más profundo que un contrato. En un contrato yo pongo el 50 % y tú pones otro 50 %. Si uno falta con su parte, entonces se deshace el contrato. Por el contrario, en un pacto yo pongo mi 100 % aun cuando tú no estés dando tu 100 %. Lo hago porque hice un pacto contigo. Si pensamos, por ejemplo, en la parte de los votos en donde uno dice «cuidar en tiempo de enfermedad», el enfermo no puede hacer mucho y el sano entonces cuida al enfermo. Hay momentos en el matrimonio donde parece que el otro no pone de su parte, pero tenemos un pacto. Es muy cierto que hay casos extremos en donde personas abusan, nunca cambian y dejan al otro hacerlo todo. Hay relaciones y personas que requieren ser confrontadas y buscar que cambien a través de ayuda profesional. Pero mi punto es que, para crear una nueva cultura, vas a tener que poner todo de tu parte, aun cuando sientas que no lo está haciendo la otra persona. Aun cuando sientas que son demasiados los choques y las diferencias. Se puede encontrar una salida y sí se pueden encontrar acuerdos y formar una nueva familia.

¿POR QUÉ TE CASASTE?

La respuesta a esta pregunta es tan variada como lo son el número de parejas. Muchas creen que todos sus problemas son porque se casaron por una razón equivocada. Desde un embarazo no planeado en el noviazgo, la mujer que quería salirse de casa y se casó con el primer hombre que apareció o el chico que fue besado por una chica sin mayores intenciones y terminaron casándose. Algunos lo hacen por la presión de los papás o la presión social, incluso la presión de la comunidad de su iglesia local. Otros se casan por culpa, por no querer herir el corazón de alguien o bien por venganza en contra de una expareja. Hay muchas razones equivocadas por las que nos podemos casar.

La razón correcta es por convicción personal, por amor y con fe, porque creemos que Dios nos ha unido. Pero quisiera destruir ese mito popular que dice que si te casas por las razones correctas te va a ir bien y si te casas por las razones incorrectas te va a ir mal. Quizá así ha sido en algunos casos, pero conozco casos de algunos que se unen por las razones correctas y no funciona el matrimonio. Pero también conozco lo opuesto, parejas que no empezaron por las razones correctas y sí funcionó el matrimonio. ¿Cuál es la diferencia?

Cuando te haces responsable personalmente por tu decisión, entonces harás lo que debas para respaldar tu decisión. Cuando culpas a otros o alguna circunstancia para justificar tu decisión, entonces dejas de respaldar tu decisión. He trabajado con diferentes arquitectos que construyeron edificios para la iglesia o algún proyecto de casa. He conocido arquitectos que culpan al pintor, al electricista o al albañil por un trabajo mal realizado. Ese arquitecto siempre pide más dinero y siempre queda mal con los tiempos de entrega, porque nunca acepta su responsabilidad. Otros arquitectos entienden que son los responsables del proyecto. Por lo tanto, hacen todo lo posible para liderar bien, planear correctamente las finanzas y corregir cualquier error. El que culpa a los demás no respalda su contrato y su palabra como arquitecto. Por lo tanto, los resultados son mediocres. Sin embargo, el que entiende su responsabilidad al firmar un contrato y dar su palabra, es el que respalda esa decisión con su esfuerzo personal.

Lo que quiero decir es que no puedes culpar a la razón equivocada, no puedes culpar a tu pareja, un mal momento o una mala circunstancia si quieres construir un gran matrimonio. Eso solo va a provocar que no te esfuerces y abandones tu proyecto de vida. Pero si aceptas el pacto que hiciste delante de Dios, tu cónyuge, familiares y testigos, si reconoces que es tu palabra prometida y eres responsable de ese pacto, entonces empezarás a respaldar tu decisión con todas tus fuerzas.

Hubo momentos en los que dudé si mi matrimonio con Kelly había sido la mejor decisión. Yo quería culpar a otros de mi decisión porque eran temporadas muy difíciles. Quise culpar a mi suegro por adelantar la fecha de diciembre a agosto. Quería culpar a mis padres por tener expectativas que me inculcaron de casarme con una hija de pastor. Quería culpar a mi propia juventud por ser inexperimentado y no entender el tipo de compromiso que estaba aceptando a mis veintidós años. Es decir, a pesar de que Kelly y yo somos cristianos y tratamos de hacer las cosas lo mejor posible, existe la tentación de encontrar culpables en momentos difíciles para justificar nuestra falta de responsabilidad para trabajar en el matrimonio.

Pregúntate por qué te casaste. Si la razón fue la equivocada, entonces perdónate a ti mismo. Perdona también a la persona que estés culpando. Luego de perdonar, acepta tu responsabilidad del pacto y promesa que hiciste delante de Dios y honra tu decisión. Respalda tu decisión de casarte al dar todo de ti mismo para que funcione tu matrimonio.

KELLY ES MI ALMA GEMELA

Una de las cosas con las que batallé por un tiempo cuando las cosas se ponían difíciles en los primeros años, era este pensamiento: *Quizá no me casé con mi alma gemela.* La verdad es que eran pensamientos que me torturaban y me robaban la energía emocional que necesitaba para invertir en mi matrimonio y mi familia joven. Algunos culpan las personalidades tan diferentes, otros culpan las malas razones para casarse y otros dicen que no se casaron con su alma gemela para tratar de justificar la condición de su matrimonio.

Kelly no era mi alma gemela hasta que decidí que ella sería mi alma gemela. Yo no era el alma gemela de Kelly hasta que ella decidió que yo sería su alma gemela. Esas palabras ni siquiera me gustan, pero lo uso porque muchos lo entienden como dos personas que fueron destinadas desde antes de la creación a pasar sus vidas juntos. Como que son el uno para el otro y siempre lo fueron, aun desde antes de nacer. En nuestro caso, llegar a ser el uno para el otro no fue un tema de destino, sino que fue el resultado de una decisión.

Algunos culpan al destino en lugar de tomar una decisión. Puede ser que estés en medio de un gran choque cultural en tu matrimonio. Quiero proponerte que esto no es porque fuiste en contra del destino y porque tu destino era en realidad otra persona. Quisiera que consideres que es tu decisión. Recuerdo cuando cambié mi manera de orar sobre Kelly. Una temporada oraba y le preguntaba a Dios: «Señor, muéstrame si me equivoqué al casarme con Kelly; confírmame si debo seguir con ella». Sin embargo, cuando tomé la decisión de que Kelly sería mi alma gemela, empecé a orar diferente: «Dios gracias porque tú me diste a Kelly como esposa; gracias porque es la mejor mujer para mí; ayúdame a amarla de la manera que tú me has amado; ella es la mujer de mi vida y hoy decido ser el hombre que ella necesita».

Veo a tantas parejas desanimarse porque tienen demasiadas diferencias. Nuestro deseo es que tengas esperanza; sí pueden sobrevivir. Es posible encontrar un ritmo y una cultura compartidos. Sí se puede disfrutar mucho el matrimonio, pero tienen que recordar que un romance maravilloso requiere de trabajo duro. Conversar, confrontar, perdonar, amar, acordar, cambiar y volver a comenzar el proceso una y otra vez hasta encontrar un sentimiento de unidad y armonía. En el capítulo que sigue vamos a aprender a lograr acuerdos a pesar de que somos demasiado distintos.

Ahora te compartimos un ejercicio que ayuda mucho a comenzar una conversación sobre crear una nueva cultura en el matrimonio. Te recomendamos hacer este ejercicio antes de casarte y también si ya estás casado. Sirve para todos. Escriban en una hoja, cada uno por su lado, tres cosas de tu familia (papá y mamá) que NO te gustaría integrar a tu matrimonio y nueva familia. También escribe tres cosas que SÍ te gustaría integrar a tu matrimonio y nueva familia. Quizá tu mamá era muy controladora o por el contrario, tenían muy buenos ritmos de convivencia familiar. Escriban y luego conversen sin juzgarse, manteniendo la actitud de encontrar el camino hacia una nueva y mejor cultura familiar.t

CAPÍTULO OCHO

Acuerdos: el secreto de la armonía familiar

Nos ha parecido tan cómico las veces que hemos escuchado a alguien decir: «Yo quiero tener un matrimonio como el de ustedes, donde parece que todo les fluye natural y se llevan súper bien, casi no discuten y están súper unidos». De inmediato nos miramos y es como si dijéramos: *Si tan solo supieran.* Lo que ha salvado nuestro matrimonio es el compromiso mutuo de alcanzar acuerdos aun cuando pareciera que no podemos ponernos de acuerdo. Estamos hablando de acuerdos que van desde cómo educar a nuestros hijos, en qué usamos y cómo invertimos el dinero, el papel y las responsabilidades que cada uno tiene en el matrimonio, a dónde vamos de vacaciones, qué tan seguido invitamos amigos a la casa, la frecuencia y el tipo de sexo, qué amistades frecuentar y cuáles no, si puedo andar en moto o no y así la lista continúa con mil temas más.

Primero consideremos la importancia de llegar a acuerdos en el matrimonio. El profeta Amós, en el libro de Amós 3:3, se hace una gran pregunta: «¿Pueden dos caminar juntos sin estar de acuerdo adonde van?» (NTV). Cuando salgo a caminar con Pancho y Tiny, mis dos perros pomerania, no les tengo que decir a donde voy. Solo saco las correas y se emocionan tanto que empiezan a saltar y seguirme por toda la casa. Se sientan para que les coloque las correas y salimos a caminar. Todas las mañanas salgo con ellos en mi caminata de meditación y oración. Son muy felices. Ahora, si le digo a Kelly: «Vamos a caminar». Ella me preguntará: «¿A dónde vamos? ¿Por cuánto tiempo? ¿Qué vamos a hacer? ¿La ruta tiene inclinaciones o es plana? ¿Vas a caminar rápido o lento? ¿Voy a sudar?». Si mis respuestas son de su agrado, entonces me acompañará. Quizá exagero, pero los que están casados saben que lo que digo es muy cercano a la realidad.

No tienes que informarle a nadie de tus planes cuando sales de vacaciones solo. Tampoco tienes que negociar el tipo de hotel o *Airbnb*, cuántas comidas tendrás al día, o si viajarás en auto, avión, moto o barco. Todas estas decisiones están en tus manos porque solo te afectan a ti. Pero cuando sales de vacaciones con amigos o familia, hay una serie de acuerdos que se tienen que alcanzar porque las decisiones afectan a más personas. El matrimonio es como un viaje que realizamos juntos, donde se camina a un destino en común y se requieren acuerdos constantes para seguir caminando juntos. Cometí el error de pensar que, porque habíamos establecido un acuerdo, eso sería suficiente para el resto del matrimonio. La verdad es que no es así. Muchas cosas cambian en el camino, las personas cambian y también hay eventos fortuitos no planeados que obligan a crear nuevos acuerdos para lograr seguir caminando juntos.

No puedes caminar junto a otra persona hacia el mismo destino sin establecer acuerdos.

La sociedad humana está organizada alrededor de acuerdos. Hay acuerdos en los negocios, en la venta y compra de un bien, a la hora de firmar un contrato de empleo y hasta cuando hacemos un viaje, entonces ¿por qué no entendemos que el matrimonio, la relación más importante en nuestra vida, necesita que desarrollemos la habilidad de alcanzar acuerdos? Me sorprende la cantidad de matrimonios que nos dicen que están teniendo problemas económicos. Les preguntamos: «¿Han hecho un presupuesto donde deciden como manejar el dinero juntos?». La gran mayoría responden que no. Es evidente que no desarrollaron acuerdos que les permitieran llevan de manera correcta la economía familiar. Casi podría garantizar que la raíz de muchos de los problemas en un matrimonio es por la falta de acuerdos y por la falta de cumplimiento en los acuerdos que ya se han establecido.

Si no hay acuerdos solo hay tres alternativas. Primera, alguien es un dictador y la otra persona es su seguidor leal, solo hasta el día en que este último decide que ya fue suficiente. Segunda, los dos hacen lo que quieren y viven en constante peleas y resentidos por la falta de unidad. Tercera, la relación termina antes de descubrir el potencial que tenían juntos. Por el contrario, en una relación de acuerdos, los dos siguen siendo muy distintos, con identidades y personalidades únicas, se respetan las preferencias de los dos, no se insulta al otro por pensar distinto, no se impone una voluntad sobre la otra, sino que se trabaja para crear una nueva voluntad común.

Un acuerdo es la capacidad de crear una nueva voluntad común.

Kelly y yo hemos aprendido estos principios para crear acuerdos que queremos compartir contigo.

SENTARSE A NEGOCIAR

Deben reconocer que necesitan sentarse a negociar cuando se dan cuenta de que hay un tema que está provocando fricción y peleas. Estas palabras son necesarias casi de forma literal: «Necesitamos sentarnos y ponernos de acuerdo en este tema porque no está funcionando». Acuerden una hora y el tema a tratar.

En una ocasión veníamos discutiendo en el carro. Jared y Lucas eran pequeños y estaban sentados en el asiento de atrás. No me acuerdo la razón de nuestra discusión, pero estoy seguro de que era algo sin importancia. Kelly empezó a llorar y se notaba que estaba muy ofendida conmigo. Le dije que no era para tanto y eso le produjo más llanto. En medio de sus sollozos me dijo: «Luego hablamos». Esa noche hablamos después de que se durmieron los hijos. Me dijo que ella jamás había escuchado a sus padres pelear y que ella no estaba de acuerdo con que discutiéramos en frente de nuestros hijos. Mi primera reacción fue decirle: «Tus papás no te enseñaron el mundo real donde hay discusiones. Son parte de la vida».

Yo no entendía que lo que ella quería es que llegáramos a un acuerdo. Estaba buscando sentarse a negociar conmigo. En cambio, yo creía que ella quería imponerse y reaccioné faltándole el respeto e insultando a su familia. La estaba avergonzando porque ella no quería discutir en frente de nuestros hijos.

Sentarse a negociar significa respetar la postura de la otra persona y no usar acusaciones o burlas para desacreditar su sentir o su opinión. Aunque pienses que está equivocada, es necesario reconocer que su opinión es válida y genuina, por lo que es necesario buscar la manera de negociar y llegar a un acuerdo. Sentarse a negociar significa que, si la otra persona trata de descalificarte, como yo lo hice con Kelly, no te levantas y te vas sin llegar a un acuerdo. Por el contrario, si tu cónyuge te hace sentir que tu opinión no es válida, debes decir algo así: «Puede que tengas razón, pero también yo tengo algo de razón y creo que necesitamos escucharnos mutuamente y llegar a un acuerdo de cómo vamos a llevar las discusiones en nuestro matrimonio». Si te insulta, es válido decirle que no vas a permitir que se trate de silenciar tu opinión con insultos. Pídele respetuosamente que se enfoquen en negociar y llegar a un acuerdo.

Es muy importante que la disposición a sentarse a negociar vaya acompañada del establecimiento de la hora y el lugar de reunión, el tema a conversar y establecer con claridad las reglas del juego. Se deben escuchar las dos posturas, no se permite insultar o descalificar y no abandonamos el diálogo si no llegamos a un acuerdo. Si sentimos que no estamos avanzando, tomamos un descanso de la conversación y acordamos resumirla más adelante. Estamos comprometidos en negociar y lograr un acuerdo. Es muy importante que no aceptes gritos y peleas constantes como una forma normal para solucionar los problemas. Aprendan y establezcan la cultura de sentarse a negociar y resolver sus diferencias.

— Kelly

Negociar y conversar es muy importante, pero también es difícil. Especialmente si eres como yo, que no te gusta la confrontación y simplemente llegas a un punto en donde ya no puedes más. Durante los primeros años de nuestro matrimonio «ya no pude más» con el hecho de que Andrés manejaba demasiado rápido. No sé por qué no noté este detalle cuando éramos novios. Pienso que manejaba como piloto de Fórmula Uno, pero no en una pista de carreras, sino en las calles de la ciudad. Se metía y salía de entre los coches, daba vueltas cerradas, aceleraba como si estuviera a unos metros de la línea de meta. Aunque es un increíble chofer, a mí me causaba mucho temor ir en el auto mientras se divertía haciendo esas maniobras.

Un día me enojé tanto que le pedí que me dejara bajar del coche en la primera esquina. Estaba llorando mientras me quitaba el cinturón de seguridad y el seguro de la puerta. Le dije entre sollozos: «Si vas a querer manejar así, hazlo cuando estés solo. Yo no me quiero morir en un accidente. Nunca me vuelvo a subir al coche contigo si manejas de esa forma». No llegué a bajarme del coche, ambos nos calmamos y nos sentamos a negociar este tema. Andrés aceptó lo que le pedí y dejó de manejar tan rápido en mi presencia. Yo acepté que no exageraría mi análisis de cada movimiento que daba con el volante y confiaría más en sus habilidades de manejo. Ahora, tantos años después, ¡soy yo la que a veces maneja a mayor velocidad que él!

ESCUCHA ATENTAMENTE, EXPRESA HONESTAMENTE

Kelly fue honesta y me dijo que no quería que discutiéramos en frente de nuestros hijos. Ella quería que lo hagamos en la habitación con la puerta cerrada o en algún lugar privado. Para ella era un asunto vergonzoso y de mal ejemplo para la familia y a las personas. Ella fue muy clara al decirme que no estaba dispuesta a discutir. Incluso me advirtió: «Yo no voy a contestarte cuando trates de discutir en frente de nuestros hijos». También me dijo que nunca vio a sus papás discutir y que ella quería el mismo ejemplo para sus hijos. (Por cierto, más adelante veremos que algunos de los conflictos fuertes entre esposos están relacionados con algo profundo en el corazón que aprendimos de niños que era bueno o malo).

Yo también tuve que ser honesto y decirle que, aunque entendía su posición, también creía que era sano que nuestros hijos nos vieran discutir y resolver nuestros problemas porque la vida estaba llena de momentos donde es necesario discutir para poder resolver los problemas. Le dije que a mí me gustaban los debates sobre teología, política o temas en general y para mí era importante que nuestros hijos aprendieran a conversar, discutir o debatir.

Los dos teníamos sentimientos y argumentos muy fuertes sobre este punto. Sin embargo, al escucharnos mutuamente nos dimos cuenta de que podíamos honrar el deseo de los dos. La clave era entender que había diferentes tipos de discusiones. Cuando realmente escuchas a la otra persona sin descalificar sus argumentos y eres honesto con tu propia opinión, van a poder descubrir las áreas de oportunidad que les permitirá llegar a un acuerdo. Entendimos que Kelly no tenía problema con tener un debate amigable de temas cotidianos, bíblicos o de política, mientras no se tornara en una pelea. Es decir, sí podíamos discutir ciertos temas mientras fuera de forma amigable. Pero también entendimos que no estaba bien pelear y discutir de asuntos personales, otras personas, decisiones familiares, permisos para un hijo, uso del dinero, familiares, iglesia, del tipo de dieta y muchos otros temas en frente de ellos o de otras personas.

Kelly fue generosa cuando aceptó tener ciertos debates en frente de nuestros hijos. Los incluimos en las opiniones para que contribuyeran a la discusión y aprendieran ellos mismos a conversar y debatir. Yo fui generoso al aceptar que había ciertas conversaciones y discusiones que Kelly no quería tener enfrente de nuestros hijos y de nadie más. Aunque a mí no me importa, incluso a veces me gusta discutir en frente de las personas, he aprendido a guardar ciertas conversaciones en privado. Hasta el día de hoy sigo aprendiendo sobre este tema. A veces estoy en medio de una conversación y Kelly dice: «Esta conversación no es para este momento».

ESTABLECER Y HONRAR EL ACUERDO

Establecimos que en nuestro matrimonio no sería como el matrimonio de sus papás ni como el matrimonio de mis padres. Sería una nueva cultura de matrimonio. Como habrán podido notar, no soy bueno distinguiendo cuando es bueno discutir y cuando es necesario callar. Por eso acepté, como parte del acuerdo, que Kelly pueda decírmelo.

Nuestro acuerdo fue que hay conversaciones que deben tenerse en privado y ciertos debates que podemos tener en frente de la familia. También acordamos que, si en algún momento yo estaba siendo imprudente, Kelly tendría la libertad para pedir que se detenga la discusión para retomarla después en privado.

Honrar el acuerdo significa que, cuando se presenta la ocasión para ejecutar el acuerdo, yo tengo el compromiso de respetarlo. Si no se honra un acuerdo, entonces ya no es un acuerdo. Solo fue una pérdida de tiempo y energía. Además, si no se honra un acuerdo, la otra persona no va a querer invertir el tiempo en crear nuevos acuerdos. El resultado será la pérdida de confianza en la relación. Es muy posible que muchos que están leyendo sobre los acuerdos estén pensando que son una pérdida de tiempo por las experiencias negativas que puedan haber tenido. El problema no fue el acuerdo, sino el que uno de los dos decidió no honrarlo.

Tu matrimonio será tan fuerte como tu capacidad de honrar los acuerdos que han creado juntos. Permíteme decirlo más fuerte, ¡tu palabra es lo más valioso que tienes! Si no honras tu palabra, no estás honrando tu valor personal. Estás restando valor a tu propia persona cada vez que deshonras tus promesas. Además, cuando no honras un acuerdo, también estás deshonrando a la otra persona. Estás dando a entender que ella o él no es suficientemente valioso para ti como para hacer un sacrificio. Con razón la otra persona siente que no la amas cuando violas un acuerdo. Es un ataque directo a su valor.

Pienso en una historia que aprendí de niño en la iglesia. Jesús estaba en el huerto de Getsemaní y le decía a su Padre: «Si es posible, que pase esta copa de mí; pero no se haga mi voluntad sino la tuya». Jesús había hecho un acuerdo con Dios Padre para entregar su vida por el bien de la humanidad. Cuando se acercaba el momento para cumplir el acuerdo, al ver el sacrificio que impondría, Jesús pidió permiso para librarse del compromiso. Sin embargo, al final dijo: «No sea como yo quiero, sea como tú quieres, sea como hemos acordado».

Es posible que deseemos romper un acuerdo porque sentimos el peso del sacrificio. Hablo del sacrificio de tener que rendir tu voluntad por una nueva voluntad de los dos. Pero al final, para honrar un acuerdo, tenemos que decir: «No se haga como yo quiero, hágase como los dos acordamos». Piensa en todos los buenos matrimonios que admiras, te aseguro que han aprendido a honrarse mutuamente al honrar sus acuerdos. Ellos someten su voluntad individual para tener una nueva voluntad común.

El egoísmo es el asesino más común del matrimonio. El egoísmo es poner tu voluntad por encima de los demás al creer que tu opinión o preferencia es mejor que la opinión o preferencia de la otra persona. Es pensar que no pasará nada si rompes un acuerdo o que no es para tanto. El egoísmo destruye matrimonios, empresas, amistades, proyectos, familias y futuros con gran potencial. Si el egoísmo destruye, la humildad construye porque busca valorar a la otra persona. Es darle valor a su opinión, preferencia, lo que le hace feliz o miserable. La humildad al sacrificar mi voluntad para poder hacer realidad la voluntad de los dos. Un matrimonio exitoso se construye con dos personas que están comprometidas con crecer en humildad y honrar sus acuerdos.

Antes de continuar quiero desafiarte a evaluarte a ti misma(o). ¿Has asumido el compromiso de crear acuerdos? ¿Tu cónyuge puede confiar en que vas a cumplir con los acuerdos asumidos por ambos? ¿Eres conocido por honrar o por romper acuerdos?

USA LA PALABRA *NOSOTROS*

Este principio es muy importante. Respetar un acuerdo significa que en ocasiones habrá cosas con las que tú podrás no estar de acuerdo, pero fue el resultado de una negociación sincera y llegaron a un acuerdo aceptado por ambas partes. Sigues teniendo tu convicción personal, pero has acordado hacer las cosas de una manera que los dos aceptaron. Por ejemplo, tuvieron que ceder algunas cosas: quizá tu hijo estaba pidiendo permiso para ir a una fiesta y regresar a la medianoche y solo uno de los dos estaba de acuerdo con concederle la petición. Al final acordaron dejarlo ir, pero que regrese a las 10:30 p. m. Lo que no está permitido es salir del cuarto y decirle al muchacho: «Bueno yo quería dejarte regresar hasta la medianoche, pero tu mamá no quiso que fuera hasta tan tarde». La regla del acuerdo mutuo, es decir: «Tu mamá y yo hemos decidido que puedes ir, pero regresas a las 10:30 p. m.».

Necesitamos aprender a usar la palabra *nosotros*. Los hijos van a querer buscar alguna división entre sus padres para manipular al uno o al otro.

Es lamentable, pero a veces los papás caemos en ese juego. Por eso nuestras palabras siempre deben mostrar unidad: «Nosotros hemos decidido». Aunque tenías otra opinión, la clave de un matrimonio fuerte es mostrar una actitud sincera de acuerdo mutuo. Si para las vacaciones unos querían ir a la playa y otros querían ir al campo, una vez que lleguen un acuerdo, no se puede decir: «Bueno, yo quería ir a la playa, pero tu mamá insistió en ir al campo». Por el contrario, la respuesta correcta siempre es: «Nosotros hemos decidido».

Andrés ha sido increíble al usar la palabra *nosotros*. A veces me ha costado trabajo porque se me olvida usarla, pero él siempre me lo recuerda con mucho amor. En ocasiones no he querido dar ciertos permisos a nuestros hijos, pero Andrés sí quería autorizarlos (o al revés). Entonces nos toca decir: «Hemos decidido…». No solo se trata de decir que estamos unidos en lo que estamos diciéndoles, sino respaldar nuestro acuerdo con acciones, gestos agradables y un tono de voz correcto. Creo que esto es muy importante para la armonía en el matrimonio y la comunicación sana con nuestros hijos.

También valoro mucho que Andrés use la palabra «nosotros» para referirse a un logro personal o a algún asunto relacionado con nuestro trabajo. Andrés es un hombre demasiado emprendedor y en ocasiones yo no hice ningún aporte específico a algo que desarrolló con éxito. Sin embargo, Andrés dice amablemente que *nosotros* lo hicimos. Sus palabras me hacen sentir parte de su vida y él parte de la mía. Crea un sentimiento de apoyo, igualdad y pertenencia.

De la misma manera, cuando he tenido momentos de debilidad personal o enfermedad y hemos tenido que mover nuestra agenda, Andrés siempre ha tenido cuidado de no exponerme, sino de decir: «No *vamos* a poder llegar; *necesitamos* mover esta fecha». Yo valoro mucho su actitud. Se trata de caminar juntos y cuando lo hacemos con acuerdo y unidad, la vida matrimonial se vuelve una aventura increíblemente agradable y divertida en cada temporada.

DE ACUERDO EN LOS DESACUERDOS

También habrá temas en los que tendrás que estar de acuerdo en que estás en desacuerdo. Suena extraño, pero ese es el acuerdo. Por ejemplo, mi mamá y yo tenemos posturas políticas muy diferentes. He aprendido que ella nunca va a cambiar y es muy probable que yo tampoco. Por lo tanto, el acuerdo es «estar de acuerdo en que estamos en desacuerdo». Eso está bien. Kelly y yo nunca vamos a ponernos de acuerdo en algunas cosas. A mí me gusta el campo y a ella la ciudad. No puedo convencerla de que el campo es mejor. Ella tampoco podrá convencerme de que la ciudad es mejor. Por lo tanto, nuestro acuerdo es que estamos de acuerdo en estar en desacuerdo. Vivimos donde sea mejor para la familia y para cumplir el propósito de Dios para nuestras vidas. Nunca nos vamos a poner de acuerdo en el estilo de la ropa. Ella tiene un estilo y yo tengo otro. Al principio quería que ella vistiera de cierta manera y ella quería que yo vistiera de cierta manera. Sin embargo, hemos aprendido que cada uno tiene su estilo y nuestro acuerdo es que estamos de acuerdo en estar en desacuerdo.

Puedes tener una actitud de acuerdo, aunque no estés de acuerdo con su opinión. Hay cosas en el matrimonio en donde el acuerdo es simplemente respetar la postura del otro porque en realidad no son cosas que afectan la convivencia mutua. Simplemente son posturas políticas, estilos personales y cosas que no afectan el proyecto de matrimonio o de familia. Mi consejo es que aprendas a escoger tus batallas. hablaremos de esto más adelante en el capítulo de conflictos. Un conflicto es bueno y necesario, pero no necesitamos crear conflictos de todo. Les repito que tenemos que aprender a elegir nuestras batallas. En lo demás podemos tener una actitud de acuerdo sin quejarnos o exponer a la otra persona.

La moto

Kelly y unos amigos me regalaron una moto cuando cumplí cuarenta años. Yo había querido comprar una moto años atrás, pero Kelly no estaba de acuerdo. Decidí respetar su opinión y no la compré. Pero Kelly tuvo paz cuando llegué a las cuatro décadas e incluso participó con mis amigos para regalarme la moto. Empecé a rodar una vez por semana y a veces dos veces por semana. El problema se presentaba porque se me olvidaba decirle a qué hora regresaría. Las peleas eran muy fuertes cada vez que llegaba a casa. Ella se preocupaba por mí y yo me molestaba porque no me dejaba ser feliz. Sin embargo, llegamos a algunos acuerdos:

No manejaría la moto de noche. Quedaría en llegar a una hora y lo respetaría. Si por alguna razón no podía llegar, avisaría con tiempo. Mandaría mensajes de vez en cuando para que ella supiera que estoy bien. Evitaría andar con personas de influencia negativa. Manejaría con prudencia y algunas otras cosas.

Ella me permitió andar en moto a pesar de que fue un gran sacrificio para ella. Ahora yo tenía que ceder y sacrificar algunas libertades para honrarla.

¿CUÁNTOS HIJOS VAMOS A TENER?

Los dos siempre quisimos tener tres hijos, pero yo quería dos biológicos y uno adoptado. Ella no compartía mi deseo. Yo acepté su posición y confié en Dios. Le dije a Dios: «Si tú quieres que adoptemos, tú vas a hacer que sea posible». Dejé de presionar a Kelly, acepté su preferencia y acordamos en tener tres hijos. Cuando tuvimos a Jared, Kelly dijo: «Solo quiero un hijo. No puedo con más». Yo tuve la convicción de que no debía presionarla. Le dije: «Está bien. Si no quieres, no pasa nada. Me avisas cuando estés lista para otro». Después de un tiempo, ella fue la que tuvo ganas de un segundo hijo. También Dios habló a su corazón años después para la adopción de nuestra hija. Kelly fue quien tuvo el deseo y la iniciativa de conversarlo. Yo tenía un acuerdo con Dios y aunque Kelly y yo teníamos un acuerdo de un número de hijos, yo iba a confiar en él para los tiempos, las maneras y la cantidad de hijos». Fue una decisión absolutamente personal. Ya les había dicho que algunos acuerdos cambian con el tiempo cuando uno camina junto a alguien. Este fue uno de ellos. Yo fui flexible, se lo entregué a Dios, y al final sí tuvimos tres hijos. Dos biológicos y una por adopción. Ya que el acuerdo primario fue caminar con Kelly *hasta que la muerte nos separe*, entonces decidí ser flexible en el acuerdo secundario: *cuántos hijos íbamos a tener.*

INVITAR A PERSONAS A LA CASA

Kelly es introvertida y yo extrovertido. Si por mi fuera yo siempre tendría gente en la casa. Cuando estábamos recién casados, yo invitaba a gente a la casa sin avisarle a Kelly. Llegaba a comer o cenar con más personas y Kelly no estaba preparada. Con el paso del tiempo hemos llegado a varios acuerdos. Por ejemplo: no invito a alguien a la casa sin primero consultarlo con Kelly. No acepto una invitación a algún compromiso social sin primero consultarlo con Kelly. También acordamos que encontraríamos un balance en cuanto a la frecuencia con la que tendríamos invitados en casa. No se trata de su voluntad o la mía, sino de una voluntad común.

KELLY VA A TRABAJAR

Teníamos el acuerdo al inicio de nuestro matrimonio de que Kelly se dedicaría al hogar y yo sería el proveedor. Pero después de un tiempo Kelly se aburría y quería trabajar. Eso nos hizo llegar a un nuevo acuerdo. Ella solo quería un trabajo de medio tiempo y eso fue lo que encontró. Hemos ido ajustando este acuerdo con el paso de los años. Kelly ama dedicarse a su familia y también ama trabajar y tener otras responsabilidades. Hemos acordado compartir las responsabilidades de la casa y establecer roles claros. Vamos a dedicar todo un capítulo al papel y a las responsabilidades del hombre y de la mujer en el matrimonio. Estoy seguro de que será muy sanador para muchos.

TRATO CON EL SEXO OPUESTO

Una de las cosas que acordamos desde que nos casamos fue que limitaríamos nuestras amistades con el sexo opuesto por el bien de nuestro matrimonio. Nunca he desconfiado de Kelly ni ella ha desconfiado de mí. Pero creemos que nadie está exento de caer en tentación y por un descuido se podría destruir un matrimonio.

Algunos acuerdos fueron:

No ir a un café, comida o cualquier encuentro social a solas con alguien del sexo opuesto. En el trabajo, si hay una junta con una persona del sexo opuesto y no hay más personas presentes, lo haremos con la puerta abierta o en una oficina con ventana abierta y alguien del equipo presente que pueda observarnos. No debemos tener conversaciones personales donde compartimos emociones o cosas privadas con alguien del sexo opuesto. No permitir amistades inapropiadas. No seguir a exnovias o novios en redes sociales. Evitar mensajes y chats personales con personas del sexo opuesto.

Quizá nos llames anticuados, pero hasta el día de hoy, por la gracia de Dios, hemos sido fieles el uno al otro. Es importante que cada matrimonio llegue a sus propios acuerdos para su propio bienestar duradero.

SEXO, DINERO Y ROCK AND ROLL

Hay algunos temas que son tan importantes y profundos que dedicamos capítulos enteros a hablarles de nuestros acuerdos en esas áreas. Vamos a hablar de la educación de los hijos, de la sexualidad, del dinero y otros temas centrales. Así que sigue leyendo.

Una de las cosas que estamos de acuerdo en estar en desacuerdo es la forma de colocar el rollo de papel higiénico en el baño. Sí, escuchaste bien. Según Andrés, el rollo se debe de colocar de cierta manera. Según él existe una manera correcta e incorrecta de ponerlo.

La forma correcta es cuando el papel se instala de tal manera que se desenrolla por la parte superior, hacia el frente. La incorrecta es supuestamente desenrollarlo por la parte inferior y hacia atrás. No sé si me explico. Ese es solo un ejemplo para mostrarles el nivel de nuestras peleas al principio de nuestro matrimonio. Pero lo que quiero decirles es que decidí rendir mi forma de colocar el rollo y por más de veinte años he colocado este valioso objeto como le agrada a Andrés. Esa decisión permitió que hubiera paz en la casa (y el baño). La verdad es que ahora yo también soy creyente en la existencia de una forma correcta de colocar el rollo de papel higiénico.

Al inicio de nuestro matrimonio estábamos de acuerdo en estar en desacuerdo con respecto a la cantidad de dinero que dábamos a la iglesia a la que pertenecemos hasta hoy. Andrés siempre ha sido un hombre de fe, generoso y valiente. Yo soy más cautelosa y me gusta dar pasos seguros. Cuando estábamos comprometidos, Andrés me dijo cuánto de nuestras pocas finanzas íbamos a entregar a Dios y yo no estuve de acuerdo. No entendía cómo iba a ser posible que entreguemos la cantidad que él tenía en mente. Además, tengo que reconocer con honestidad de que en ocasiones yo tenía otros planes para nuestro dinero. Pero decidí respaldarlo al ver su determinación, convicción y fe. Hoy puedo decir que nunca nos ha faltado nada; al contrario, Dios siempre nos ha bendecido y jamás nos ha dejado de sorprender con su sustento. Ha sido todo un proceso para mí, pero hoy ya no estoy en desacuerdo con Andrés con respecto a ese tema. Más bien, estoy más de acuerdo que nunca en dar generosamente y sin reservas a Dios y es mi anhelo seguir creciendo en esa área de generosidad cada día en nuestra vida.

CAPÍTULO NUEVE

El rol del hombre y el rol de la mujer

En el capítulo anterior hablamos de la importancia de ponernos de acuerdo. El primer acuerdo de una pareja tiene que ver con el propósito del matrimonio y lo que cada uno va a hacer para alcanzar ese propósito. Un equipo de básquetbol tiene cinco jugadores que tienen como propósito ganar cada partido. Hay que ganar más partidos que los otros equipos para ganar el campeonato. Para ganar más partidos hay que anotar más puntos que el contrincante en cada partido. Finalmente, cada miembro del equipo tiene una posición y un rol específico que desempeñar en cada juego. Cada uno sabe lo que hace y lo que hacen los demás.

Algo similar sucede en el matrimonio. El hombre y la mujer son parte del mismo equipo. Sin embargo, el jugador de básquetbol sabe exactamente qué busca, pero no es igual de claro en el equipo matrimonial. Por eso deben hacerse la siguiente pregunta: «¿Qué es ganar para nosotros?». Un matrimonio necesita hablarlo, aclararlo y ponerse de acuerdo con respecto a su significado. Es casi como una declaración de misión para una organización. Cuando Kelly y yo estábamos eligiendo las invitaciones de nuestra boda, queríamos incluir un versículo de la Biblia en las invitaciones. Las parejas eligen citas, frases, versos, proverbios o versículos.

Nosotros queríamos un versículo bíblico. Existen muy buenos versículos en la Biblia, pero nosotros queríamos elegir uno que fuera muy significativo y personal. Mientras buscábamos y hablábamos entre nosotros, llegamos a un pasaje de la carta de Pablo a los Efesios:

«Y a Aquel que es poderoso para hacer todo mucho más abundantemente de lo que pedimos o entendemos, según el poder que obra en nosotros, a él sea la gloria en la iglesia y en Cristo Jesús por todas las generaciones, por los siglos de los siglos. Amén». (Ef 3:20-21, NBLA)

Ese fue el versículo que incluimos en nuestra invitación. Los dos acordamos que el propósito de nuestro matrimonio sería el siguiente:

«Nuestro matrimonio y nuestras generaciones darán la gloria a Dios. Y viviremos con la fe de que Dios es poderoso y hará mucho más abundantemente de lo que le podemos pedir o entender».

No lo teníamos anotado, pero esa era nuestra misión y propósito. Es bueno escribir este libro y poder dejar en claro y por escrito el propósito de nuestro matrimonio. Es posible que te suene algo vago o general el darle la gloria a Dios, pero para nosotros significa que queremos tener la clase de matrimonio, relación y vida que refleje la naturaleza de Dios.

Dios es fiel y lo glorificamos siendo fieles.
Dios es amoroso y lo glorificamos siendo amorosos.
Dios es un Dios de promesa, y lo glorificamos cumpliendo nuestras promesas.
Dios es compasivo y perdonador y lo glorificamos perdonando.
Dios es íntegro y lo glorificamos con integridad.

Por otro lado, darle gloria a Dios es darle nuestro reconocimiento al Señor. Kelly hornea un pastel de zarzamora extraordinario. Todos los que vienen a casa en el Día de Acción de Gracias saben que ella va a hornear esa delicia. Después de degustarlo todos le dicen a Kelly: «Qué rico te quedó». «No sé cómo lo haces, gracias, estuvo maravilloso». Todas esas frases también son como «glorificar» o «dar gloria» porque se reconoce la calidad del trabajo realizado. Nuestro deseo es que las personas reconozcan la obra de Dios en nosotros a través de la forma en que vivimos nuestro matrimonio. Dios es glorificado cuando las personas observan lo bueno que es Dios a través de nuestra relación y familia. Nuestro propósito de matrimonio es que Dios sea glorificado y eso es lo que nos motiva a salir adelante cuando pensamos que ya no hay salida. Este propósito nos impulsa a trabajar por el bien del matrimonio y de nuestros hijos.

Nuestro propósito: Dar gloria a Dios.

Entiendo que algunos no se identificarán con esta misión, pero les pregunto: «¿Cuál es el propósito de su matrimonio? ¿Han conversado para establecer un propósito común? ¿Lo conocen bien los dos?».

LOS ROLES DEL HOMBRE Y DE LA MUJER

Kelly y yo creemos en los roles tradicionales del hombre y la mujer en un matrimonio, pero los vemos de una manera bastante diferente a cómo muchos lo ven. Por ejemplo, Kelly también trabaja y ambos tomamos las decisiones en la casa. Creemos en la igualdad del hombre y la mujer y también en compartir tareas y responsabilidades. No creemos en el machismo ni tampoco en el feminismo. Creemos en una relación de iguales, donde cada uno tiene ciertas responsabilidades y liderazgo particulares. Podría parecer que estamos contradiciendo los roles tradicionales en el matrimonio, pero creo que más bien muchos los han confundido a lo largo de la historia humana. Un estudio más exhaustivo de la Biblia, el libro que más se ha usado para establecer los roles del matrimonio, nos muestra que se trata de una relación de equipo y no de la opresión de uno sobre el otro.

A manera de establecer una base de lenguaje y conversación, usaremos un pasaje bíblico tomado de una de las cartas de Pablo la cual se usa tradicionalmente para definir los roles dentro del matrimonio.

«Sométanse unos a otros, por reverencia a Cristo. Esposas, sométanse a sus propios esposos como al Señor. Porque el esposo es cabeza de su esposa, así como Cristo es cabeza y Salvador de la iglesia, la cual es su cuerpo. Así como la iglesia se somete a Cristo, también las esposas deben someterse a sus esposos en todo. Esposos, amen a sus esposas, así como Cristo amó a la iglesia y se entregó por ella para hacerla santa. Él la purificó, lavándola con agua mediante la palabra, para presentársela a sí mismo como una iglesia radiante, sin mancha ni arruga ni ninguna otra imperfección, sino santa e intachable. Así mismo el esposo debe amar a su esposa como a su propio cuerpo. El que ama a su esposa se ama a sí mismo, pues nadie ha odiado jamás a su propio cuerpo; al contrario, lo alimenta y lo cuida, así como Cristo hace con la iglesia, porque somos miembros de su cuerpo. "Por eso dejará el hombre a su padre y a su madre, y se unirá a su esposa, y los dos llegarán a ser un solo cuerpo". Esto es un misterio profundo; yo me refiero a Cristo y a la iglesia. En todo caso, cada uno de ustedes ame también a su esposa como a sí mismo, y que la esposa respete a su esposo» (Ef 5:21-33).

La clave de todo el pasaje es «sométanse unos a otros, por reverencia a Cristo». Significa que por amor a Cristo los dos nos sometemos voluntariamente el uno al otro. El esposo a su mujer y la mujer a su esposo. Solo así se pueden entender bien los roles que el apóstol Pablo enseña para el matrimonio. Solo así se puede desarrollar un matrimonio en donde los dos se sienten amados y encuentran su máximo potencial.

La mujer tiene una profunda necesidad de sentirse amada, valorada y cuidada. El hombre tiene una profunda necesidad de sentirse admirado, respetado y valorado. La inseguridad varonil está muy relacionada con su búsqueda de admiración y respeto. La inseguridad de la mujer se relaciona con su búsqueda de amor incondicional, ternura y cuidado. El hombre quiere ser admirado por quién es y la mujer quiere ser amada tal y como es. Someternos unos a otros va a producir una relación en donde las necesidades de los dos se buscan satisfacer realmente.

Explicaremos en un momento la manera práctica en que nos sometemos unos a otros en el matrimonio. Pero antes debemos hablar del liderazgo en el matrimonio. La Biblia enseña en repetidas ocasiones, tanto en el Antiguo como en el Nuevo Testamento, que el hombre es el líder en el matrimonio. El lenguaje que usa es el de «cabeza», que implica ser líder en la relación. Cualquier institución u organización, incluyendo el matrimonio, no puede tener dos cabezas. Esto produce división porque es como si hubiera dos visiones distintas. Por el contrario, para mantener la unidad debemos tener una misma visión y un solo líder. Sin embargo, este concepto genera un problema para muchos porque su concepto de liderazgo es erróneo y, por lo tanto, se aplica mal o simplemente rechazamos el concepto de líder en el matrimonio. Por ejemplo, algunos piensan que ser líder es sinónimo de dictador, que uno manda y el otro calla. De ninguna manera eso es ser líder en el matrimonio. Justamente, Pablo entrega en esa carta tres principios de liderazgo en el matrimonio:

1. UN LÍDER TOMA DECISIONES PARA EL BIEN DE TODOS

Jesús amó a su iglesia y se entregó él mismo por ella para salvarla. Por lo tanto, ser líder significa que me entrego a mí mismo para buscar el bien de mi esposa y de mi familia. Eso es amor, entregar la vida. Jesús tomó la decisión que resultó en el mejor bien para su iglesia y eso es exactamente ser líder. El esposo toma decisiones que son lo mejor para la esposa y la familia y no simplemente lo mejor para él o su preferencia personal.

Algunos creen que el esposo debe manejar el dinero de la casa porque es el líder. Pero eso no es cierto. Él debe decidir que junto con su esposa establecerán un presupuesto que involucre el bien de todos y deberá decidir con su esposa quién manejará el presupuesto que ambos establecieron. Suele suceder que uno de los dos es mejor para administrar las finanzas. Tenemos unos amigos que tienen un gran matrimonio. Él no sabe cómo arreglar nada en la casa, no sabe de herramientas, no sabe de pintura, en fin, no sabe de nada. Pero ella sí y le encantan esas tareas. Entonces ellos han decidido que ella se encarga de todo lo relacionado con las reparaciones, remodelaciones y arreglos de la casa. Conocemos otra pareja donde el esposo no sabe nada de carros y la esposa sí sabe de mecánica de autos. Entonces ella se encarga del mantenimiento adecuado de los vehículos. El punto es que los roles del matrimonio se ajustan o cambian de acuerdo con la realidad de cada pareja. Un buen líder tomará en cuenta los dones, capacidades, disposición de tiempo y juntos decidirán las ocupaciones para ese matrimonio y familia.

El director ejecutivo de una gran empresa no necesariamente maneja el dinero, sino que elige a la persona más idónea para manejar las finanzas. Lo mismo ocurre en el matrimonio. Cada uno tiene distintos dones y cada uno debe usar esos dones para el bien de todos. Nunca un líder será un dictador que grita órdenes. Ejercer un liderazgo sano significa tomar en cuenta todas las necesidades y decidir lo que es mejor para todos. Kelly y yo hemos pasado mucho tiempo conversando con el fin de establecer con claridad nuestras decisiones. No tomamos por separado ninguna decisión familiar de fechas, propiedades, finanzas, horarios y asunto similares. Siempre hablamos, oramos, y tomamos una decisión juntos. Ningún líder toma decisiones sin escuchar a las personas de su equipo, siempre escucha los diferentes puntos de vista y se preocupa por tomar la mejor decisión para el equipo.

Ser un buen líder también requiere que se asuma la responsabilidad de la decisión tomada. Aunque la decisión fue consensuada, igual yo asumo la responsabilidad como líder. No voy a echar culpas si algo sale mal. El otro día estábamos en el aeropuerto y había dos filas para pasar por la seguridad. Yo estaba distraído resolviendo un tema en el teléfono y Kelly me preguntó: «¿Qué fila tomamos». Le dije que ella decidiera y escogió la fila más lenta. Cuando me di cuenta le pregunté por qué no eligió la fila más rápida. Me contestó: «No me di cuenta, además me dijiste que eligiera. No me puedes culpar por una decisión que me pediste que tomara». Ella tuvo razón porque un líder toma la decisión y luego no culpa a los demás si algo no sale bien. Un líder asume la responsabilidad. Así como Jesús asumió la responsabilidad por nuestros fracasos y asumió la responsabilidad de solucionar el problema, los líderes no debemos echar culpas, sino buscar solucionar los problemas y asumir la responsabilidad.

— Kelly

Me siento muy agradecida con Andrés por la forma en que administra muchas áreas tan importantes de nuestra familia. Su administración financiera y del presupuesto es extraordinaria, incluyendo el manejo de nuestros ahorros e inversiones. Se cerciora de que nuestro seguro médico esté al día y se encarga de que se paguen a tiempo todas las cuentas de la casa. Administra el mantenimiento de los autos y de la casa, así como la organización de logística de traslados y agenda familiar. Me encanta que lo haga con esa eficiencia porque tengo que reconocer que no soy muy organizada en este sentido, además soy bastante olvidadiza. No sería lo mismo si yo estuviera a cargo. Andrés también se encarga de poner las cosas en el auto cuando tenemos que salir de viaje. Recuerdo que Andrés no estaba en casa durante uno de los viajes y a mí me tocó poner las cosas en el auto. Pensé: *¿Qué tan difícil puede ser?* Déjame decirte que si no tienes ese don particular, pues será *muy* difícil hacerlo bien. Tenía artículos cayéndose por todos lados, hasta tenía algunos debajo de mis pies. Lo que pasó es simplemente que no pude acomodarlos bien y por eso rodaron por todas partes. Andrés llegó y pudo reordenar nuestras maletas y pertenencias de una forma maravillosa. Traté de grabar la imagen visual en mi mente para una futura ocasión, pero ya se borró de mi mente. Le agradezco al Señor por estar casada con un hombre que sabe cómo hacer las cosas bien.

Pero algo que sí me gusta y considero que es uno de mis dones, es decidir y organizar nuestro tiempo familiar semanal. Lo disfruto mucho y siempre lo tengo presente. Me fascina preparar todo lo necesario para las comidas en casa cada día, organizar lo que llamamos nuestra «noche de película» para toda la familia (los viernes por la noche), pasteles calientes suecos (receta de la abuelita de Andrés) los sábados por la mañana y postre y pizza casera los fines de semana. Me gusta mucho organizar la preparación de los festejos de los días especiales como la Navidad, el Día de Acción de Gracias, los cumpleaños, entre otras cosas. Es mi especialidad y deleite todo lo que tenga que ver con lograr que una casa se sienta como un hogar. No todo lo que te he comentado sucede así porque lo acordamos desde un principio, sino que simplemente fuimos conociéndonos más y más y descubriendo nuestros dones particulares que fueron un aporte a nuestra relación de pareja.

2. UN LÍDER DA EL PRIMER PASO

El segundo principio que nos muestra Efesios es que Jesús purifica a la iglesia mediante el lavamiento de la Palabra. Purificar podría entenderse como la recuperación del diseño y propósito original. Por ejemplo, el otro día estábamos revisando un edificio para unas instalaciones de la iglesia y la persona que lo rentaba tenía guardado allí un auto antiguo que perteneció a su abuelo. Estaba lleno de polvo, las llantas pinchadas y el motor averiado. El dueño me dijo: «Este es un excelente auto, pero necesita mucho amor para que vuelva a funcionar». Bueno, eso es purificar porque es más que limpiar, es dar mucho amor para que encuentre nuevamente su función y desempeño óptimo. Es obvio que no puedo exigirle al auto que funcione, necesito darle amor y cuidado para que vuelva a rodar.

Un líder no exige que se le otorgue honor, un líder otorga honor a los demás. Con su ejemplo de honra creará un ambiente de honra en la casa. Un líder no exige que se le tenga paciencia, un líder se muestra paciente frente a los demás hasta crear una cultura de paciencia en las relaciones. Un líder no exige comprensión, sino que aprende a comprender primero hasta que su ejemplo produce una actitud comprensiva en la otra persona. Un líder habla palabras como «te amo»; «¡qué guapa estás hoy!»; «me encanta tu cuerpo, Dios te hizo perfecta para mí»; «gracias por la comida»; «admiro como trabajas y además eres la mejor mamá que conozco»; «gracias por ser tan fiel y dedicada a mí y a todas tus responsabilidades en la vida». Las palabras de amor y honor purifican la autoestima de una persona. Un líder entiende que su esposa necesita mucho amor para que ella pueda brillar y encontrar su máximo potencial.

Jesús nos purifica cuando toma la iniciativa de decirnos cuánto nos ama, cuánto nos valora y cuán importantes somos para él. Nos habla de nuestro propósito, no de nuestros errores. Nos habla de nuestro futuro y no de nuestro pasado. Es paciente, fiel y generoso con nosotros. Nos empezamos a restaurar cuando experimentamos esa clase de amor y también recuperamos nuestro diseño original y volvemos a ser amables, alegres, fieles, generosos y libres. Entonces, todo lo que un hombre desea ver en su matrimonio, primero tiene que ejemplificarlo con sus palabras y sus acciones. Aunque su esposa o hijos no sigan su ejemplo, el líder sigue purificando con sus palabras y con su ejemplo. Siempre he tenido el hábito de hacer ejercicio, ya sea deportes o rutinas en el gimnasio. Sin embargo, mi esposa no compartía esta afición y, durante un tiempo, tampoco lo hacían mis hijos. Al principio, intenté obligarlos a hacer ejercicio, pero esto solo empeoró la situación. Finalmente, decidí seguir haciendo ejercicio yo mismo y liderar por ejemplo sin decir nada. Ahora, todos hacen ejercicio de manera habitual.

Hemos visto a parejas donde la esposa está apagada, perdió el brillo, la motivación y las fuerzas para vivir. Todos los casos que conozco tienen una misma razón para ese apagamiento: el esposo le habla mal, la vive criticando, solo le señala todos sus errores, la culpa de todo y la menosprecia con sus palabras. Además, el esposo tiene la osadía de decir que el matrimonio sería mejor si ella solamente «agarra la onda». Ese esposo no ha entendido el significado bíblico del liderazgo. Un líder no va a criticar a su esposa, un líder edifica la identidad de su esposa y purifica su autoestima con sus palabras. La ayudará a recuperar su estado de ánimo y su valor propio con palabras de honor.

Creo que Andrés cree más en mí que yo misma. Yo también creo que es lo mismo de mi parte con él. Creo que así debería ser. Fuimos invitados a tomar el liderazgo de nuestra Iglesia Más Vida a inicios del 2005. Éramos muy jóvenes y todo era un reto para nosotros. Andrés comenzó a predicar más y más y yo era feliz liderando el área de la música en la iglesia. Andrés comenzó a invitarme a predicar. Como dije, él cree mucho en mí. El problema es que yo jamás hablaba en público, soy tímida y tampoco tengo estudios bíblicos formales como él, ni había tomado cursos de predicación. Entonces, aunque en el fondo de mi corazón anhelaba hacerlo, no me sentía capacitada y nos peleábamos cada vez que me «tocaba», antes y después de hacerlo. Le decía a Andrés que era su culpa que no tuviera más tiempo para prepararme, que me sentía presionada a ser alguien que yo no creía que fuera y muchas cosas más. Era súper estresante cada vez que me tocaba hacerlo. Un domingo después de que había traído el mensaje y habíamos discutido otra vez, Andrés me dijo: «Ya no te voy a invitar a predicar. Creo en ti y creo que lo puedes hacer, pero a partir de hoy no te lo voy a pedir; más bien, me avisas cuando quieras predicar». Andrés dejó de presionarme, pero levantó mi autoestima porque dejó en claro que él creía que yo tenía la capacidad para hacerlo y la valentía para darle mi opinión. Andrés jamás me minimizó o criticó durante este proceso que viví y que todavía estoy viviendo de aprender a predicar. Me enseña con amor y ternura, siempre animándome y diciéndome que lo hice de forma extraordinaria (aunque a veces no haya sido tan espectacular).

La verdad es que Dios ha usado a Kelly para enseñarme a hablar bien. Yo no era un buen líder con mis palabras. Yo tiendo a criticar o señalar lo que no está bien. Sin embargo, Kelly me ha enseñado a decir «te amo» todos los días, a entregar palabras de admiración y de honor. Como líder me ha tocado arrepentirme, aprender de ella y ahora tomar la iniciativa de hablarle bien. Es un trabajo en proceso, pero estoy aprendiendo por la gracia de Dios.

Algo en lo que sí he liderado de manera natural es con el ejemplo de generosidad. No estoy tratando de presumir, solo reconozco que es uno de los dones con los que Dios me ha dotado. No exijo generosidad de mi esposa o mi familia, pero siempre he tomado la iniciativa de ser generoso con ellos y con las personas. Tenemos la cultura de generosidad en nuestra familia por la gracia de Dios. También Dios me ha enseñado a perdonar y pedir perdón y ahora tomo la iniciativa de pedir perdón a Kelly y a mis hijos cuando me equivoco. También tomo la iniciativa de perdonar con rapidez. Esta actitud nos ha permitido crear una cultura familiar en donde se reconocen nuestros errores y perdonamos los errores de los demás. También he tomado la iniciativa de no tolerar críticas hacia personas en la sociedad, la iglesia y en la familia en general. No criticamos por raza, género, preferencias, política y muchos otros aspectos que causan tantas divisiones y dolor. Hemos creado una cultura donde valoramos a las personas sin prejuicios por la gracia de Dios.

Un líder purifica a su esposa y a su familia cuando toma la iniciativa, siempre dando el primer paso con sus palabras y su ejemplo.

Un líder purifica a su esposa y a su familia cuando toma la iniciativa, siempre dando el primer paso. Hace años atrás me di cuenta de que mis hijos hablaban mal de ellos mismos. Decían cosas como «No me gusta mi pelo», «No me gusta mi nariz», «Siento que soy bajito» y cosas similares. Kelly y yo nunca les hemos criticado por su aspecto físico. Por el contrario, siempre les hemos hablado con palabras de bien. Dios me hizo ver en oración como muchas veces yo decía frente a ellos: «No me gusta mi piel tan blanca», «No me gustan mis brazos tan delgados», «No me gusta cómo me sale la barba» y cosas similares con respecto a mi físico. Ellos estaban repitiendo lo que veían en mí. La verdad es que *reproducimos* lo que somos. **Expresamos lo que hablamos, pero reproducimos lo que somos.** Aunque yo les expresaba que ellos eran increíbles, yo estaba reproduciendo mis inseguridades en ellos a través de mis palabras y actitudes. Tuve que empezar el proceso de sanar mi autoestima personal y mis inseguridades para liderar y purificarlos con mi ejemplo.

3. UN LÍDER CUIDA Y NUTRE

Recuerdo cuando estaba buscando rentar nuestro primer departamento. Yo podía quedarme donde fuera, pero ahora iba a ser responsable por Kelly. Busqué mucho hasta encontrar uno que iba a requerir más esfuerzo de mi parte porque era más caro, pero donde Kelly iba a estar mucho mejor. Si por mí fuera, viviría a las afueras de la ciudad cerca del campo y solo vendría a la ciudad por trabajo o para hacer algo necesario. Pero Kelly se sentiría miserable si no viviéramos en la ciudad. A ella le gusta hacer mil cosas, ver personas, ir por un café o hacer mandados para la familia. Sería una tortura para ella vivir lejos de la ciudad. Entonces, nos quedamos viviendo en la ciudad porque un líder cuida y nutre.

Tenemos unas macetas con rosales en la entrada de la casa. Hubo un tiempo que se morían y no florecían. Me di cuenta de que no les estaba dando el sol. Así que las ubicamos de tal manera que recibieran la luz solar. Pero aun así no florecían. Mi suegro me dijo que los rosales requieren de poda constante. Me enseñó cómo podarlos y la forma en que se debían cortar las rosas florecidas. Así es como nuestros rosales han ido mejorando mucho. Eso es el resultado del cuidado y la nutrición. Es buscar que la otra persona florezca y alcance su potencial en todas las áreas de su vida.

Efesios nos enseña que el esposo ama y cuida a su esposa, así como ama y cuida a su propio cuerpo. Hace unos meses me sometí a una cirugía para reparar una hernia. No era nada grave y los especialistas me dijeron que podía seguir una vida normal con la hernia. Pero había dos problemas. El primero es que existía el riesgo de que la hernia afectara mis intestinos y se generara una emergencia médica. El otro problema es que no podía hacer el tipo de deporte y rutinas de ejercicio a los que estaba acostumbrado. Es decir, podía vivir con la hernia, pero no podía alcanzar todo mi potencial con la hernia. Tenía que cuidar mi cuerpo para disfrutar de mi potencial. Lo mismo ocurre cuando nos dicen que necesitamos mejorar nuestra dieta para evitar el colesterol alto o cuando necesitamos caminar para mejorar nuestra circulación. Obedecemos las indicaciones porque nos cuidamos para alcanzar nuestro potencial.

El esposo debe hacer lo mismo por su esposa: cuidarla y nutrirla. La forma más básica es la provisión de un techo, comida y vestido. Para algunos esto es muy obvio y ya lo están supliendo (aunque hay más tipos de cuidado de los que hablaremos más adelante). Pero para otros el cuidado y la nutrición parece anticuado y fuera de lugar en nuestra sociedad. Entiendo que vivimos en una sociedad en donde los dos trabajan en muchos de los matrimonios. Kelly también trabaja, le gusta trabajar y juntos hacemos nuestro presupuesto y acordamos el manejo del dinero. Pero me estoy refiriendo al compromiso de provisión del hombre. Mi convicción es que mi esposa trabaja porque quiere, no porque tenga que trabajar. Mi convicción es que debo proveer para las necesidades básicas de mi hogar sin que ella tenga que trabajar. Si ella trabaja es porque quiere y juntos podemos considerar otras metas que podemos alcanzar con nuestros ingresos. Pero quisiera reiterar que mi convicción como hombre y líder es que debo asegurar la provisión básica y por qué no, más que básica para mi casa.

En el capítulo sobre finanzas discutiremos más sobre el trabajo y si es posible que la mujer sea la proveedora principal del hogar, entre otros temas. Por cierto, conocemos varios matrimonios donde la mujer gana más que el hombre y creemos que es válido y aceptable. Pero no estamos hablando de eso. Estamos hablando de la responsabilidad que recae sobre nosotros como líderes y que asumimos para proveer para nuestra esposa y familia. Si el día de mañana los dos nos quedamos sin trabajo, yo asumiré como líder la responsabilidad de mover cielo y tierra para proveer para mi esposa y familia.

Pero cuidar y nutrir es más que proveer techo, comida y vestido. Es también cuidar y nutrir en lo espiritual y emocional. Un libro que recomendamos es *Los cinco lenguajes del amor* por Gary Chapman. Él explica que para cuidar y nutrir en lo emocional a nuestra pareja necesitamos aprender su lenguaje de amor. Es decir, podemos amar a alguien, pero la otra persona podría no experimentar o sentir nuestro amor. Por eso es común que la esposa pregunte: «¿Aún me amas?». También podría decir: «Es que no siento que me amas». Todos damos y recibimos amor de cierta manera. Gary Chapman dice que los cinco lenguajes del amor son:

- Palabras de afirmación
- Tiempo de calidad
- Dar regalos
- Actos de servicio
- Contacto físico

Creo que Kelly anhela experimentar todos esos lenguajes de amor y tengo que confesar que yo también los anhelo. Todos necesitamos esos cinco lenguajes, pero todos tenemos uno o dos que consideramos más importantes. Para Kelly es dar regalos y actos de servicio. Para mí son palabras de afirmación y tiempo de calidad. En nuestro matrimonio se manifiesta porque a mí me gusta que me digan: «Qué bien predicaste» o «Qué bien te ves». Por lo tanto, me sale fácil decirle a Kelly: «Qué bien te ves» o «Qué bien cantaste hoy en la iglesia». Pero Kelly recibe más amor cuando le entrego una flor de manera espontánea, cuando limpié la cocina o cuando le compré un regalo. Ella se siente muy amada con esas acciones. Entonces, aunque a mí no me sale natural enviar un mensaje de texto, comprar una flor, elegir un buen regalo, arreglar la casa y más actos de servicio, igual tengo que entender que ser líder es cuidar y nutrir a Kelly emocionalmente. Por lo tanto, yo necesito y me esforzaré en amarla de la manera en que ella se siente amada.

Muchos casos de adulterio en el matrimonio se deben a que uno de los dos no se siente amado, sino que, por el contrario, se siente ignorado, abandonado o descuidado. Si encuentran a alguien que sabe nutrir sus emociones habrá problemas. Claro, nunca hay una justificación para el adulterio, pero es importante entender que cultivar la fidelidad en el matrimonio requiere de cuidar y nutrir emocionalmente a la otra persona.

Creo que nunca terminas de conocer a tu pareja, porque todo ser humano siempre está cambiando. Por ejemplo, hace pocos días conocí algo nuevo de Andrés. Sí, después de más de veinte años de casados identifiqué un ángulo nuevo de su lenguaje de amor que no conocía. Andrés no solo se siente amado con palabras de afirmación, sino con palabras de afirmación *que resaltan los detalles* de algo que hizo o logró. Es decir, no solo le encanta que le diga que predicó bien, sino que se siente súper amado cuando le comparto en detalle cuál parte o frase del mensaje fue el que me gustó o llamó mi atención. No basta decirle que me agradó como organizó un viaje, sino qué parte o detalle de todo ese viaje me gustó más. Quizá para algunos este descubrimiento no parece algo grande, pero para mí sí lo fue. Aprendí una nueva manera de demostrar mi amor a mi esposo y una nueva forma de asegurarme de que se sienta amado. ¡Qué maravilloso! Te invito que vivas con una constante actitud de aprendizaje y descubrimiento de tu pareja. ¡Es muy divertido!

También un líder cuida y nutre espiritualmente a su esposa y familia. La mayoría sabe que profeso la fe cristiana y me considero seguidor de Jesucristo. Mi intención no es convencerte de ser cristiano, pero sí mi intención es que veas el principio de la necesidad espiritual que tenemos todas las personas. El esposo-líder entiende y busca satisfacer esta necesidad. Por lo tanto, más allá de la fe que profeses, un líder va a procurar dar un ejemplo de esa fe y cuidará y nutrirá la espiritualidad de su esposa y familia. En mi caso, yo no obligo a nadie en mi casa a creer lo que yo creo, pero sí creo en ir a la iglesia los domingos y que me acompañe mi familia. Aunque no crean lo mismo que yo, igual podemos ir juntos como familia y adorar juntos. Pero, por encima de esa práctica familiar, creo que cuidar y nutrir espiritualmente a mi esposa y familia es dar ejemplo personal de fe y orar por ellos. Es necesario que ellos vean que soy congruente con lo que creo y la forma en que vivo. También es importante que sepan que estoy orando por ellos. Casi cada mañana salgo con mis perros Pancho y Tiny a caminar y orar. Tengo toda una rutina de conversación con Dios que incluye mi oración diaria por mis hijos y por mi esposa. Creo en el poder de la oración a favor de ellos y creo que muchas de las bendiciones que experimentamos es porque Dios escucha las oraciones que Kelly y yo hacemos a favor de nuestra familia.

4. SOMETERNOS LOS UNOS A LOS OTROS

Seguro se están preguntando: «¿Y la mujer qué debe hacer?». Efesios dice que la mujer debe someterse y respetar a su marido. Pero para entender esas palabras correctamente, debemos regresar a leer el verso 21, donde dice que debemos someternos los unos a los otros. El esposo se somete a la esposa y la esposa al esposo. Hay asuntos y temas en los que yo debo hacer caso a la voz de Kelly porque ella tiene más sabiduría que yo en esas áreas. Sin embargo, también hay cosas en las que ella me hace caso porque soy más sabio en otras áreas. Es decir, nos sometemos mutuamente porque el sometimiento es una avenida de dos vías para el esposo y la esposa. Entonces, ¿qué significa que la esposa se someta y respete a su esposo? Primero lo que no significa:

No significa que la esposa deba obedecer en silencio todo lo que pida el esposo como si fuera una esclava. Tampoco significa que la esposa pierda su voluntad y ahora debe estar siempre de acuerdo con todo lo que piensa y dice su esposo. Mucho menos significa que la esposa deba hacer cosas ilegales que le exija su esposo o acceder a prácticas sexuales exigidas por el esposo. No significa que la esposa deba entregarle todo su dinero para que él decida qué hacer o cuánto darle. No significa que la esposa tolere que su esposo la golpee y la maltrate física, verbal y psicológicamente. No significa que la esposa deba tolerar que el esposo tenga otras parejas sexuales. No significa que la esposa deba vestir solo al gusto del esposo. No significa que la esposa solo pueda tener las amistades permitidas por su esposo. Tampoco significa muchas de las cosas que han dicho tantas personas por tanto tiempo.

Lo que sí significa es reconocer que el esposo tiene una posición de liderazgo en el matrimonio y en la familia, y que hay un orden divino para el matrimonio. Trabajamos en equipo y llegamos a conclusiones juntos, la esposa reconoce que se requiere del acuerdo de los dos, pero el esposo es el responsable final por las decisiones y el liderazgo de la familia. Así como el esposo puede ser un dictador, la esposa también podría ser absolutamente independiente y buscar resolver por su cuenta o querer ignorar o dejar a un lado al esposo. Sin embargo, reconocerlo como líder significa que lo considera, le comparte su opinión, su perspectiva particular y lo que está observando que requiere atención.

Alguien una vez dijo que la mujer tiene el instinto natural de observar y detectar un problema y el hombre es bueno para buscar soluciones. No sé si es el caso con todos los matrimonios, pero sí en nuestro caso. Kelly empieza a decir cosas como «Ya no pasamos tiempo juntos», «Veo a nuestro hijo desanimado, creo que algo está pasando», «Siento que algo no está bien en la escuela, debemos ver qué está ocurriendo» o «Creo que regañas mucho a nuestros hijos durante la comida». Kelly es muy buena para diagnosticar y yo soy bueno para buscar soluciones. Pero Kelly no trata de resolverlo sola, sino que me incluye al darme su opinión y busca mi liderazgo. Ella lo podría resolver por sí sola, pero me incluye y quiere que juntos encontremos una solución. Aunque debo admitir que a veces no tengo la mejor actitud, siento que tengo mejores cosas que hacer o que estoy muy ocupado, realmente aprecio que me incluya en las soluciones y decisiones de la casa.

Es interesante que, por un lado, una de las tendencias del esposo sea ignorar su responsabilidad. Por otro lado, una de las tendencias de la esposa es tomar la responsabilidad y dejar a un lado al esposo. Es evidente que el esposo debe trabajar para ser un mejor líder e involucrarse y tomar decisiones con su esposa por el bien de todos. La esposa debe reconocer su liderazgo e informarle de las situaciones particulares del hogar y respetar su punto de vista. Así como hay esposos que tratan a su esposa como inferiores, también hay esposas que tratan como inferiores a su esposo. Por lo tanto, creo que someterse mutuamente significa que los dos tenemos un rol de iguales, pero diferente en el matrimonio y vamos a respetar nuestras posiciones particulares, también vamos a valorarnos, escucharnos, incluirnos y decidir juntos lo mejor para nuestro matrimonio y familia.

5. ADMIRACIÓN Y RESPETO

También el rol de la mujer en el matrimonio tiene que ver con el respeto hacia su esposo. Así como el esposo lidera con amor, cuidado, ejemplo, la esposa sirve a su esposo con respeto. ¿Qué significa esto? Tiene mucho que ver con la admiración. Nadie más conoce todos los errores y debilidades del esposo que la esposa. Ella lo ve en sus mejores y peores momentos. A mí todos me ven en la plataforma donde parezco siempre un ganador, pero Kelly conoce mis inseguridades. Ella es la que me escucha cuando me he comparado con otros amigos, sabe cuáles son mis áreas débiles y algo que es súper sanador para mí es que ella todavía me sigue admirando, tratando con cariño y respeto. Me sigue diciendo que soy el mejor hombre que conoce, que soy un gran líder, un gran esposo, un gran predicador y que me admira mucho. Ella me sana con sus palabras de respeto y admiración.

Es mi convicción que la esposa debe de ser la mayor «porrista» de su esposo. No debe ser su mamá y mucho menos alguna otra amiga. Yo soy la admiradora número uno de mi esposo. Él tiene que saberlo y jamás dudarlo. Mi responsabilidad es mantenerlo así toda nuestra vida. Admiro a Andrés por el hombre que es en público y en privado. No se ha ganado mi admiración y respeto por ser perfecto, sino por ser realmente genuino. No es fácil ser una figura pública ni ser ese hombre a quien otros miran para encontrar consejo sabio, provisión, amor y seguridad. Pero Andrés lo hace con tanta gracia. Mientras más conozco sus fortalezas y debilidades, más lo admiro. Podrías pensar que soy exagerada o cursi pero no, es verdad porque lo confirma su testimonio de vida y además porque he determinado en mi corazón que no dejaré de alentarlo en tiempos de salud y enfermedad, en abundancia o en escasez, hasta que la muerte nos separe.

Me acuerdo de que estábamos comiendo en casa de los papás de Kelly cuando recién nos casamos. Mi suegro me preguntó: «Andrés, ¿has descubierto algo de Kelly que no sabías?». Le respondí que Kelly es muy obstinada, demasiado obstinada. Si ella tiene una opinión no va a cambiarla fácilmente. Cuando estaba recién casado pensaba erróneamente que la esposa debía cambiar su opinión y simplemente seguir el deseo de su esposo. Ahora entiendo que no es así. Creo que ella es obstinada porque Dios sabía que yo necesitaba alguien con convicciones fuertes para que juntos tomemos las mejores decisiones para nuestro matrimonio y familia. Habrá cosas en las que yo tengo que seguir su dirección, otros momentos en los que ellas tendrá que seguir mi liderazgo y también habrá ocasiones en las que tenemos que encontrar un camino juntos. Somos un equipo en donde no hay ganadores ni perdedores en el matrimonio. Ganamos juntos o perdemos juntos. Yo la sigo amando y tratando de ser un líder que lidera con el ejemplo por la gracia de Dios. Ella me sigue admirando e incluyendo en su vida y en la familia. Estamos aprendiendo lo que significa someternos el uno al otro.

> **Solo hay dos roles básicos en el matrimonio:**
> **liderar con amor y amar con respeto.**

Kelly va a decir algo más en este capítulo, pero antes quiero concluir diciendo que solo hay dos roles básicos en el matrimonio: liderar con amor y amar con respeto. Los demás roles y responsabilidades del hombre y de la mujer se definen en cada matrimonio dependiendo de los dones, las habilidades y las etapas de la vida de cada uno, tomando en cuenta lo que es mejor para el matrimonio y la familia durante cada época que nos toca vivir juntos. Sé que suena simple y quisieran que les diera una lista de cuarenta cosas para el hombre y otras similares para la mujer, pero creo que lo que necesitan es conversar mucho, conocerse cada vez más, experimentar sin descanso, amarse sin límites, respetarse sin tregua y crear una cultura de acuerdos para encontrar lo que mejor funciona para su matrimonio.

Desde una edad muy temprana estuve muy dispuesta a orar y tomar mis propias decisiones. Tenía mucho cuidado de tomarlas sobre la base de las enseñanzas de la Biblia y en lo que yo percibía que Dios me guiaba a hacer. Sin embargo, cuando me casé surgió en mí una actitud equivocada. No estoy segura porque lo creía o donde lo aprendí, pero equivocadamente pensé que ya no me correspondía hacer observaciones, ni buscar dirección de parte de Dios para nuestras vidas y matrimonio. Pensaba que Andrés me iba a comunicar todo: lo qué íbamos a hacer, cómo lo íbamos a hacer y cuándo lo íbamos a hacer. Suena cómodo, ¿verdad? De hecho, era cómodo. Por un breve período de tiempo abandoné mi responsabilidad e iniciativa para aportar ideas y buscar la voluntad de Dios para nosotros. Esto realmente no fue sano y no nos ayudó como matrimonio joven a trabajar en equipo.

No recuerdo qué es lo que pasó, pero Andrés me «descubrió» en mi nuevo estilo de vida y con ternura, pero también con firmeza y un poco de desesperación, me dijo: «Kelly, *necesitamos* escuchar a Dios *juntos*. Tomar decisiones y responsabilidad *juntos*». Desde ese momento me «obstiné» (como Andrés lo explicó antes) a vivir creyendo que los dos tenemos un rol de iguales, pero diferentes en el matrimonio. Eso significaba que vamos a valorarnos, escucharnos, incluirnos y decidir juntos lo que es mejor para nuestro matrimonio y familia. Somos un equipo que ganamos y perdemos juntos. Sin embargo, creo firmemente que si nos sometemos mutuamente vamos a experimentar muchas más victorias que fracasos. Por experiencia propia, he visto que parejas que entienden su rol como de iguales, donde cada uno aporta algo diferente, tienden a enamorarse más cada día, en cada una de las etapas de la vida que el Señor les concede vivir.

Algunos todavía están preguntando: ¿quién va a administrar las finanzas?, *¿quién va a encargarse de los quehaceres de la casa?, ¿quién va a cocinar?, ¿quién va a organizar las salidas familiares?, ¿quién va a corregir a los hijos?, ¿quién va a ir a las juntas de la escuela?, ¿quién se encarga de organizar Navidad y los regalos de la familia?* Y mil preguntas más. La respuesta es que cada pareja decide junta qué es lo mejor para ellos dependiendo de la temporada, los dones y convicciones que tienen. ¿Ya tienen claros sus roles en el matrimonio?

CAPÍTULO DIEZ

El poder de la sincronía

Quizá te has dado cuenta de que estamos hablando mucho sobre ponerse de acuerdo y tomar decisiones juntos. Sin embargo, no podremos estar de acuerdo si no tomamos el tiempo para ponernos de acuerdo. Sé que no parece la gran revelación, pero créeme que se trata de una de las cosas más importantes que vas a leer en este libro y quizá de lo más importante que vas a aprender en el matrimonio.

Hace años estaba aconsejando a una pareja que tenía muchos problemas, pero todos ellos tenían la misma raíz: no estaban de acuerdo en casi nada. La razón básica era que ya no pasaban tiempo juntos. Nunca tenían una cita de pareja semanal, no buscaban tiempo para pasar un par de noches solos sin hijos, no conversaban sobre sus problemas. Seguían juntos, pero no estaban unidos. Les invité a pasar unas noches en un hotel cerca de la ciudad. El propósito era que se fueran juntos, sin hijos, y pasaran unos días simplemente para disfrutar la compañía el uno del otro. Regresaron animados y con ganas de seguir adelante. Pero cuando regresaron a su rutina no hicieron ningún cambio ni el más mínimo esfuerzo para pasar tiempo juntos. Como consecuencia, creció el desacuerdo. La relación terminó, afectó a sus hijos y les causó problemas muy profundos a ellos y muchas personas a su alrededor. Lo que me causa más tristeza es que la solución era mucho más sencilla de lo que pensaban: solo necesitaban «sincronizarse» más. Compartiremos algunas prácticas muy sencillas que Kelly y yo hemos puesto en acción y nos han ayudado a caminar en acuerdo y poder atravesar dificultades enormes durante tantos años.

SINCRONIZAR EL CORAZÓN

Yo creo que cada pareja necesita una noche a la semana para estar solos y dos o tres lunas de miel al año. Lo que quiero decir es que deben salir juntos y sin hijos a algún café, restaurante, cine o aventura cada semana y por algunas horas. Cada año deberían tener dos o tres fechas en las que pasan dos, tres o más noches solos y fuera de casa. Sé que suena imposible, pero quiero que recuerdes que todo lo que valoras en esta vida toma tiempo, esfuerzo y dinero. Tu matrimonio es la relación más importante en tu vida después de tu relación con Dios. Tu matrimonio solo va a tener el nivel de éxito que tú decidas invertir para conseguirlo.

No puedo dejar de enfatizar que la cita de pareja semanal es demasiado importante. Es el momento de apartar tiempo para conversar, tomarnos de la mano, vernos a los ojos y pasar tiempo juntos. Pero tengo que confesar que no era una experiencia positiva cuando empezamos este hábito de la cita semanal. Kelly y yo nos arreglábamos, esperábamos que todo tenía que ser perfecto, romántico y casi de película. Una de las metas (no expresadas, pero sí esperadas) era que la noche terminara en sexo. Pues parece que pasaba todo lo contrario a lo esperado. Uno de los hijos se alteraba demasiado y hacía un gran berrinche, algo demasiado estresante justo antes de salir por la puerta. También Kelly me preguntaba: «¿Cómo me veo?», y yo le decía: «Bien». Ella contestaba: «¿Solo bien? ¿Qué es lo que no te gusta? ¿Es mi pelo?». Así la noche empezaba mal. Por una u otra razón algo pasaba y ya íbamos enojados en el carro. Una cita que debía de ser para mejorar el matrimonio era más bien tortura y ¡ni siquiera habíamos llegado al restaurante! Nos sentábamos en la mesa y mientras mirábamos el menú y decidíamos qué pedir, a mí se me ocurría tomar el celular para ver si tenía mensajes. Error garrafal, Kelly me miraba con unos ojos matones y agregábamos un nivel más de tortura a la cita matrimonial.

La verdad es que muchas veces antes de empezar a cenar ya estábamos más peleados que antes de salir.

Bueno, uno sigue adelante como soldado abnegado en la guerra y sigue luchando por cumplir el propósito de la cita semanal de pareja. Mientras comemos y durante la sobremesa todo se mantiene en un silencio total. Kelly me dice: «Cuéntame algo». Le respondo: «¿Qué quieres que te diga?». Su respuesta no se deja esperar: «Siempre veo que tienes temas de conversación con todos, pero conmigo nunca tienes de que hablar». De inmediato respondo: «Con otros hablo de trabajo; más bien, quiero escucharte a ti, ¿qué me quieres decir?». En ese momento termina la conversación y solo se siente un silencio incómodo. Pedimos la cuenta y nos regresamos a la casa frustrados. Le pagamos a la niñera y cada uno se duerme en su lado de la cama.

Entiendo totalmente porqué muchas parejas no crean el hábito de un tiempo semanal juntos. Pero hemos aprendido con Kelly qué sí se puede tener un tiempo semanal valioso. Tomen en cuenta los siguientes *tips*:

1. Organicen la hora, el lugar y contraten a la niñera con tiempo. Solo unos días antes es suficiente para programarlo todo.

2. No esperen algo romántico, pero sí busquen hacer que la cita sea especial. Estoy hablando de arreglarse un poco mejor y hacer el momento especial, pero no necesariamente presionarse para que sea súper romántico. Deben tener en cuenta de que es especial porque están saliendo juntos, quieren verse bien y pasar un buen rato. Acuérdense de sus salidas cuando eran novios.

3. No tengan demasiada expectativa en la conversación. Solo hablen de lo que cada uno quiera hablar. Dense permiso para hablar de cosas tan sencillas como un problema en el trabajo, un buen momento con los hijos o quizás algo profundo como la inseguridad ante el futuro. Es importante dejar que fluya la conversación y que cada uno aporte escuchando y conversando. Es como lo que hacemos con los amigos. Si uno de ustedes se equivoca o saca el celular, supérenlo con rapidez y regresen a la conversación.

4. Compartan sus corazones. Sean honestos con lo que les pueda estar molestando, lo que están soñando, les emociona o les preocupa. Simplemente compartan lo que está en sus corazones. Kelly y yo hemos descubierto que si somos honestos para hablar y damos permiso a que la otra persona se exprese sin juicios, nos conoceremos a un nivel mucho más profundo.

5. La culminación no es sexo. Hablaremos más de esto en el capítulo de sexualidad, pero cuando se piensa que el premio por una buena cita es sexo, están poniendo demasiada presión a la cita. Nosotros resolvimos que estará bien si se da el sexo después de la cita, pero si no pasa nada también será una buena cita. El sexo no será la meta, sino la sincronía del corazón.

6. Enfrentarán oposición. Hay demasiados enemigos del matrimonio y parece que todo se junta para arruinar una cita de parejas. Procuren ser pacientes y flexibles. La meta no es una cita perfecta o cumplir con una expectativa romántica, sino que es simplemente estar juntos.

7. El cine es bueno, pero tener una buena conversación es mejor. Está bien si van al cine, pero hagan espacio para conversar antes o después de la función. También podrían salir otro día de la semana para conversar. En el cine comparten una experiencia juntos, pero cuando conversan comparten sus corazones.

8. Perseveren semana tras semana. No me acuerdo de cuántas veces Kelly me dijo: «Ya no quiero que volvamos a tener una cita de pareja», y cuantas veces le prometí nunca más hacerlo. Pero seguimos perseverando con nuestras citas semanales. La verdad es que ahora las disfrutamos mucho. A veces reímos, otras lloramos y algunas veces solo disfrutamos la comida. A veces hablamos de otras personas o tomamos grandes decisiones de vida. Pero lo que hemos aprendido es que la clave es insistir en pasar tiempo juntos cada semana.

Regresé de muchas citas llorando, pensando que nuestro matrimonio se había acabado. El problema era que ponía mucha presión sobre esos momentos y sobre Andrés. Soy muy «novelera» y quería que todo (hasta el beso) fuera como en las películas. Anhelaba que el restaurante, la iluminación, la música y la mesa fueran perfectos. Esperaba que Andrés estuviera de un humor perfecto y si todo esto no fuera suficiente, también quería que estuviera perfectamente atento a mí todo el tiempo. Ese era el problema. ¡Nunca nada puede ser realmente perfecto!

Mientras un día me arreglaba para otra cita potencialmente desastrosa, sentí una profunda convicción y determiné en mi corazón que ya no iba a esperar que nuestra cita fuera perfecta. Mi meta sería no estresarme por las cosas externas y simplemente disfrutar a Andrés sin mayores expectativas. ¡Fue liberador! Cuando quitas la presión de tus citas románticas, entonces les agregas diversión. Decidí que, aunque el restaurante, la iluminación, la música, la mesa, el humor o la atención no fueran «perfectos». Igual iba a ser un tiempo «perfecto» para nosotros.

«No solo de una luna de miel vivirá el matrimonio, sino de muchas lunas de miel por el resto de sus vidas» (Primera carta de Andrés y Kelly).

¡Más lunas de miel!

Además de las citas semanales, Kelly y yo hemos descubierto que tener dos o tres lunas de miel al año para pasar dos, tres o más noches sin hijos ha sido una gran experiencia de unidad. Podemos divertirnos juntos, portarnos como recién casados, no preocuparnos de los hijos y reencontrarnos como esposos y amantes. No tiene que ser un lugar lejano y caro. Cada etapa de la vida y cada pareja ofrecen diferentes posibilidades. Sin embargo, el principio definitivamente funciona en todos los casos. Conozco parejas que salen a acampar juntos. Kelly nunca lo haría, pero algunas parejas les encanta hacerlo. Otras parejas viajan a otro país y disfrutan de nuevos paisajes juntos. También hay de las que van a un hotel local o en una ciudad cercana y simplemente pasan un par de noches para disfrutarse el uno al otro. Cada uno puede armar su plan, pero créannos, es muy necesario. En diferentes etapas de nuestras vidas hemos tenido que hacer diferentes cosas dependiendo de nuestras posibilidades. Pero tenemos la firme convicción de que una de las razones por las que nuestro matrimonio ha sobrevivido y va mejor que nunca es porque hemos tomado muchas lunas de miel juntos.

No puedo negar que hay mil razones por las cuales no se puede tener varias lunas de miel al año. Por ejemplo, conseguir una niñera confiable, presupuestarlas y ahorrar para lograrlo, apartar el tiempo en el trabajo y muchas dificultades más. Sin embargo, piensa en todas las veces que has tenido que hacer algo loco por alguien más como tus padres, amigos o tu jefe. ¿No crees que vale mucho más la pena hacer el esfuerzo e invertir en tu matrimonio? Te puedo asegurar que muchas de las luchas que están batallando son el resultado de no tomarse el tiempo suficiente para sincronizar sus corazones. Necesitan hacer algo juntos, sin hijos, pero ¡ya!

— Kelly

Si fuera posible, yo tomaría una luna de miel con Andrés ¡cada mes o cada semana!

Estar a solas con él, sin agenda, es mi actividad favorita. Hace un par de años fuimos a dejar a nuestro hijo mayor, Jared, a la universidad en Estados Unidos. Sabiendo que esto iba a ser difícil emocionalmente, planeamos un tiempo a solas luego de este viaje. Andrés escogió un hotel muy bonito, no muy lejos de donde habíamos dejado a nuestro hijo. Estábamos emocionalmente agotados y necesitábamos mucho estar cerca el uno del otro. Recuerdo que nos encerramos en la habitación, nos metimos a la cama y nos abrazamos, lloramos, reímos, recordamos la infancia de Jared, vimos series en Netflix y pedimos mucha comida con ¡servicio al cuarto! Fue divertido, romántico, sencillo y muy sanador. Pero, sobre todo, nos unió mucho en una temporada de muchos cambios que pudo habernos separado el uno del otro.

SINCRONIZAR LAS AGENDAS

Nuestra agenda es una de las grandes áreas de conflicto en nuestro matrimonio. Kelly siempre se quejaba de que organizaba compromisos, viajes de trabajo y asuntos de la iglesia sin que ella se enterara. Como consecuencia, ella no tenía suficiente tiempo para organizarse y ser parte de los planes. Además, siempre teníamos malentendidos porque, por ejemplo, ella pensaba que era una fecha y yo creía que era otra. Entre responsabilidades de la casa, compromisos familiares, compromisos de trabajo y eventos de la iglesia siempre había falta de comunicación. La confusión provoca conflictos innecesarios.

La confusión provoca conflictos innecesarios.

Se nos ocurrió la idea de tener una junta de trabajo matrimonial. Agendamos cada semana una junta con nuestra oficina, donde estamos los dos presentes. En esa reunión vemos todo lo que viene en la semana y el mes, los planes para el trimestre y algunos otros asuntos para el resto del año. Cada semana estamos sincronizando las agendas. Entre los compromisos de Kelly, los míos, los familiares y los de trabajo vamos armando una agenda en común. Tenemos un calendario compartido en Google al que todos tenemos acceso. Así sabemos todo lo que viene y lo que está sucediendo.

Solo queremos animarlos a compartir un mismo calendario en la aplicación que prefieran y que puedan tener una junta semanal breve donde sincronicen agendas. Acuerden y agenden la cita semanal de pareja, la fecha de las lunas de miel, de las vacaciones familiares. Pónganse de acuerdo con cuál lado de la familia pasarán la Navidad y la de Año Nuevo. Hablen de los planes de la semana, compromisos de trabajo, sociales y personales. Tampoco dejen afuera del calendario los compromisos deportivos de los hijos, la junta de padres de familia en la escuela y la cita con el dentista, el peluquero o con el salón de belleza. Una conversación semanal para sincronizar la agenda de los dos es una de las actividades que más ha ayudado a nuestro matrimonio para alejar la confusión y fomentar la unidad sincronizada del matrimonio. Esperamos les sirva también a ustedes.

SINCRONIZAR LA CASA

Además de una cita semanal, debemos tener juntas de trabajo. Así como organizamos una reunión con alguien en la oficina, también debemos organizar una reunión con la esposa o el esposo para conversar sobre aquello que está saliendo bien o mal en la casa, con los hijos, con las finanzas y con tantos temas que conciernen al matrimonio. Tengo que aclarar que esto es diferente a organizar la agenda semanal, trimestral y anual. Esta reunión es, más bien, para resolver asuntos matrimoniales y familiares. La manera en que Kelly y yo lo hemos hecho es bastante sencilla y práctica. Cuando nos damos cuenta de que tenemos un tema por resolver o llegar a un acuerdo que va a requerir platicar, agendamos una junta para conversar específicamente de ese tema. No es cada semana, sino que surge en base a las necesidades presentes y futuras. A veces es a menudo y otras veces pasa mucho tiempo sin tenerlas. Pero si nos comprometemos a tener un tiempo donde hablemos y resolvamos el problema o reto que estemos enfrentando, ya sea la situación de un hijo, un problema financiero, alguna decisión sobre el futuro, escribir un libro sobre noviazgo y matrimonio y todo aquello que requiera nuestra atención y resolución.

Muchas veces el desacuerdo no viene por falta de voluntad, sino por falta de comunicación. Teníamos reuniones de trabajo que tenían que ver con los hijos y con las cosas de la casa cuando los hijos eran más pequeños. Conversábamos desde cómo sentíamos que iban en la escuela, qué aspectos de su vida teníamos que cuidar o que teníamos que trabajar con cada uno de ellos. La verdad es que estar casado, administrar un hogar juntos, coordinar los horarios, las tareas de cada uno, tener hijos, definir quien coordina el pago de impuestos y todo lo demás es un trabajo de tiempo completo. Se requiere de un compromiso para trabajar en equipo. Cuando estamos aconsejando parejas solemos darnos cuenta de que sus problemas no son de otro mundo, simplemente no tienen una cultura de trabajar juntos y llegar a acuerdos.

Tenía un compañero de habitación cuando estaba en el instituto bíblico. Entre nosotros teníamos que coordinar el horario para dormir y muchas cosas más. Me acuerdo de que una vez él estaba sentado en su escritorio solo con sus calzoncillos puestos y tenía otro en la mano que usaba como un paño para secarse el sudor. Era al mismo tiempo de lo más asqueroso y chistoso que me ha tocado observar. Pienso que aún para convivir con otro estudiante se hace necesario coordinar juntos los detalles de limpieza y horarios. ¡Cuánto más tendremos que sincronizar las tareas y horarios de la familia con nuestro cónyuge! Yo tenía la costumbre de arrojar los calcetines en la dirección del cesto de la ropa sucia, pero no siempre entraban al cesto de la ropa sucia. Estaban cerca, pero no adentro. Kelly me decía: «¿Qué te cuesta meterlos al cesto? No quiero tocar tus calcetines sucios y meterlos al cesto solo porque te dio flojera hacerlo. ¿Puedes, por favor, meterlos al cesto de la ropa sucia?». Creo que, en el 99 % de los casos, mis calcetines están dentro del cesto de la ropa sucia. Pero tuvimos una conversación.

Mi punto es que debemos darle mucha importancia a sincronizar juntos nuestro corazón, nuestras agendas y el proyecto de matrimonio y casa. Todo eso requiere trabajo, tiempo y enfoque. Considera que muchos de los retos que se viven en el matrimonio están relacionados con la falta de comunicación y de pasar tiempo juntos. Solo pasar tiempo juntos ayuda mucho a resolver asuntos pendientes. Quiero animarte a que se den cuenta de que no están tan mal, solo es falta de sincronía. ¿Has visto el nado sincronizado en las olimpiadas? ¿Te imaginas las horas de práctica para lograr la coordinación para que todos hagan los mismos movimientos durante los cinco minutos que dura su ejercicio en público? Ahora piensa que tu matrimonio dura toda la vida. Es lógico que para «nadar en sincronía» se requiera tiempo juntos coordinando para lograr unidad en el propósito del matrimonio. Kelly y yo creemos que ustedes pueden lograrlo. ¡Persevera!

CAPÍTULO ONCE

El mejor sexo del mundo: primera parte

Habíamos disfrutado de un gran momento de intimidad sexual y después nos pusimos a conversar sobre lo divertido y alegre que es el sexo en el matrimonio. Esa conversación la tuvimos hace unos años y recuerdo que queríamos compartir con todos que el sexo en el matrimonio es el mejor sexo en el mundo. También conversamos sobre algunos casos de amigos casados que sufrían mucho en el área sexual. Algunos que pasaban meses sin tener sexo, otros que ya no disfrutaban de la intimidad sexual y unos más que hasta se habían divorciado o habían sido infieles por la falta de satisfacción e intimidad sexual. Dijimos que algún día escribiríamos nuestra experiencia y aprendizaje sobre el sexo. Ese día ha llegado.

Kelly y yo disfrutamos de una vida sexual activa, íntima, placentera y divertida. Tenemos más de veintitrés años de casados, seguimos buscándonos mutuamente y encontrando nuevas maneras de expresar y recibir amor a través del sexo. Hemos descubierto las mejores posiciones para nosotros, los mejores horarios, cómo tocarnos, cómo salir de una mala racha, las cosas que matan el sexo y las que ayudan, qué decir, qué palabras evitar y muchas cosas más que queremos compartir con ustedes en este capítulo.

Cantar de los Cantares es uno de los libros poéticos en la Biblia. Fue escrito por el rey Salomón y está desarrollado como una conversación entre Salomón y la Sulamita, en donde expresan su amor como novios y después como esposos. Se trata de un libro milenario y es posible que el lenguaje con el que fue escrito no diga mucho a simple vista, incluso hasta podría sonar aburrido y arcaico, pero si lo examinamos de forma más detallada, entendiendo la cultura y el lenguaje de ese tiempo, nos daremos cuenta de que es un libro muy romántico y también te sorprenderás al descubrir que es muy explícito en cuanto al sexo. Habla literalmente de posiciones sexuales, de tocarse íntimamente, de besarse, de las partes íntimas del cuerpo masculino y femenino, de cómo se divierten en la recámara y del deseo y entrega que sienten el uno por el otro. Es tan detallado que las familias judías no permitían a sus hijos leerlo hasta que tuvieran la edad apropiada.

Algunos enseñan erróneamente que Dios creó el sexo solo para tener hijos. Si eso fuera verdad, entonces porqué le dio a la mujer un clítoris, cuyo único propósito es que sienta placer durante el acto sexual. Para qué diseñó el pene con muchas fibras nerviosas e híper sensible al tacto. Muchas partes de la piel sienten placer cuando se acarician o besan, los labios y lengua propician la excitación sexual al besarse en la boca, el hombre siente atracción a través de la vista y la mujer se siente excitada cuando escucha las cosas correctas de parte de su esposo.

Si Dios fue el diseñador de todo nuestro cuerpo, entonces la única explicación posible es que diseñó el sexo para expresar y recibir amor, para experimentar placer, intimidad, alegría y consuelo. Claro, también para procrear hijos y multiplicarnos. Esto podría sorprenderte, pero en la Biblia no hay mil prohibiciones para el sexo, solo hay tres reglas básicas:

1. Es para el matrimonio entre un hombre y una mujer.
2. Es para el beneficio de los dos.
3. Todo se vale mientras estén de acuerdo el esposo y la esposa y mientras no incluyan a nadie más en su actividad sexual.

El sexo es sagrado entre ustedes dos. Eso es todo. No hay más reglas.

Regla 1: Es para el matrimonio entre un hombre y una mujer

«Jesús respondió: —¿No han leído las Escrituras? Allí está escrito que, desde el principio, "Dios los hizo hombre y mujer". —Y agregó—: Esto explica por qué el hombre deja a su padre y a su madre, y se une a su esposa, y los dos se convierten en uno solo. Como ya no son dos sino uno, que nadie separe lo que Dios ha unido». (Mateo 19:4-6, NTV)

A través de las enseñanzas de Jesús podemos ver claramente la voluntad de Dios para la humanidad. En el pasaje que acabamos de leer, Jesús está citando el libro de Génesis (Gn 2:24) cuando Dios creó al hombre y la mujer. Estas mismas palabras también las repite el apóstol Pablo en Efesios 5:31. Dios dijo lo mismo tres veces en diferentes épocas. Esto se debe a que su diseño para el sexo es entre un hombre y una mujer dentro de un pacto de matrimonio.

Es posible que algunos que están familiarizados con las historias bíblicas se pregunten por qué Salomón y otros personajes tuvieron múltiples esposas o cómo entendemos cuando la esposa de Abraham le dio una sirvienta para tener hijos con ella. Y más preguntas por el estilo. Lo primero que debemos saber es que la Biblia no esconde nada, es decir, nos cuenta las historias reales de hombres y mujeres con sus aciertos y fracasos. Eso no significa que Dios apruebe todo lo que hacían, sino, más bien, significa que la Biblia es honesta al describir la vida de sus personajes, nos enseña que Dios restaura vidas, nos tiene paciencia sin importar de dónde venimos y nos usa, aunque no seamos perfectos. Aún cuando la Biblia nos narra historias reales y a veces contrarias al diseño original, Dios expresa un ideal y un diseño para el sexo en las Escrituras y nosotros creemos que la salud sexual y matrimonial la encontramos cuando honramos ese diseño ideal y original.

Kelly y yo decidimos que, sin importar cuántos hayan fracasado en esta área, nosotros seguiríamos el ideal de Dios para nuestra sexualidad y solo tendríamos intimidad sexual entre nosotros. Estas decisiones han creado un fundamento de confianza mutua que ha dado como resultado libertad y entrega en nuestra sexualidad. Kelly se entrega a mí porque me tiene confianza yo me entrego a ella porque le tengo confianza. Hemos hecho un pacto de exclusividad sexual entre ella y yo. Los beneficios de practicar el sexo solo dentro del matrimonio son muchos, entre ellos:

- Confianza
- Libertad
- Paz mental
- Conciencia limpia
- Salud fuerte
- Intimidad
- Integridad
- Alegría

Es muy posible que luego de haberte mencionado nuestras convicciones y compromiso de fidelidad y confianza, te preguntes: *¿pero no tienen tentación de tener sexo fuera de su matrimonio?* La tentación sexual es algo que experimentan todos los hombres que conozco. Una tentación es el deseo de hacer algo que no está permitido, como tener relaciones con alguien que no es tu esposa, creer que tendrías más satisfacción si lo hicieras con alguien más o si tu esposa tuviera el cuerpo como el de alguna celebridad. Las mujeres también experimentan tentación sexual, pero cada mujer experimenta la tentación de diferentes maneras.

No es pecado sentir tentación o atracción sexual hacia alguien más, pecado es crear fantasías, obsesiones, o acciones que van más allá de la tentación. La clave es frenar la tentación en la etapa de tentación y cambiar el canal en tu mente. En una ocasión estaba hablando con un consejero mucho mayor que yo y le comentaba que tenía temporadas donde batallaba más con pensamientos y tentaciones. Él me dijo que era completamente normal y parte de nuestra naturaleza, incluso es parte de nuestro impulso reproductivo. Me animó a que, en lugar de sentirme culpable por la tentación, debería enfocar mi deseo sexual hacia mi esposa. Mi mentor y pastor, que lleva más de sesenta y cuatro años casado, me dijo que la tentación es parte de la vida, pero la solución era acercarme más a mi esposa. No podemos evitar la tentación, pero sí podemos decidir qué hacemos con ella.

Empecé a seguir su consejo. Ya no me sentiría culpable por la tentación, sino que me acercaría más a Kelly y enfocaría mi deseo sexual en ella. Decidí que, sin importar la tentación, iba a seguir respetando el diseño de Dios y solo tendría relaciones sexuales con mi esposa. Me di cuenta de que mantener una relación sexual sana con mi esposa requería trabajo, humildad, perdón, conversación e intencionalidad. Entendí que el sexo es solo parte de un todo y que para que el sexo fluyera, debía aprender a invertir tiempo en escucharla, en pedir perdón y perdonar, en tratarla con honor y amabilidad, en darle palabras de afirmación y detalles, en abrir mi corazón con ella y mucho más. Así somos los humanos, emocionales, intelectuales, espirituales y sexuales. Una relación sexual sana requiere realizar una inversión sacrificada y saludable en la intimidad emocional, intelectual y espiritual con la otra persona. A muchos les parece demasiado trabajo y, entonces, lo que sucede es que buscamos sexo sin intimidad y placer sin comunión. Cuando enfocas tu deseo sexual hacia tu cónyuge no solo experimentas placer, sino también intimidad, comunión y cercanía. Kelly me da mucho más que placer, me conoce tal y como soy y la conozco tal y como es. Es una intimidad de cuerpo, corazón y alma.

Cuando alguien solo busca placer y no entiende el carácter integral de la sexualidad, eso lo lleva al adulterio, la pornografía, las aventuras de una noche o los chats con desconocidos. Muchos buscan sexo sin comunión. Pero fuimos creados para conocer y ser conocidos, amar y ser amados en totalidad. Mark Manson escribió un libro titulado *El sutil arte de que te importe un caraj**. Allí cuenta que por años buscó experimentar el concepto de libertad que promueve hacer lo que uno quiera. Provenía de una familia rica, podía viajar y vivir donde quisiera y la habilidad de acostarse con quien quisiera. Tenía múltiples parejas sexuales en una sola semana, hasta el punto de que, a veces, ni se acordaba quien era la persona con quien despertaba. Sin embargo, reconoce que empezó a sentir un vacío. El placer ya no lo llenaba, era como droga, pero no producía satisfacción. Entonces intentó lo opuesto. Buscó a una mujer y se comprometió a estar solo con ella. Cuenta de los retos que significa enamorar a la misma mujer una y otra vez, de sentir que se está perdiendo de algo «allá afuera», de tener que perdonar y reconocer sus propios errores, de servir a la otra persona y no solo enfocarse en lo que uno quiere. También habla de las recompensas de que alguien conozca tus defectos y aun así te ama, pero, del mismo modo, conocer los defectos de la otra persona y seguir amándola. La gran satisfacción que produce ser conocido tal y como eres, conocer a la otra persona tal y como es, y amar y ser amado completamente. Manson concluye que esa es la verdadera libertad y que no debe importarte lo que la sociedad opine o piense, sino que tú mismo debes decidir cómo quieres vivir. Sea cual sea la decisión que tomes, cada una de ellas viene con sacrificios y recompensas.

Si decides no comprometerte a tu matrimonio y ser infiel y buscar otras parejas sexuales, eso va a darte algunas recompensas de placer y adrenalina, pero también vas a pagar un alto precio y perderás:

- Intimidad
- Confianza
- La satisfacción de amar y ser amado sin condiciones
- El sentir de un hogar
- Tu paz mental
- El respeto de tus hijos

Si decides comprometerte por completo a tu matrimonio, ser fiel y enfocar tu deseo sexual solo hacia tu cónyuge, entonces recibirás grandes recompensas:

- Intimidad
- Amor incondicional
- Amistad profunda
- Satisfacción duradera
- Placer sin culpa
- Conciencia limpia
- Una creciente madurez e integridad personal
- Humildad relacional
- Una familia unida

Pero también es necesario reconocer que tal compromiso viene acompañado de grandes sacrificios:

- Perdonar las ofensas
- Superar los defectos del cónyuge
- Ceder para ponerme de acuerdo con mi cónyuge
- Lidiar con mis inseguridades

- Cambiar los hábitos que afectan la relación
- Decir no a todas las demás oportunidades
- Sentir que me pierdo de algo más «allá afuera».

La pregunta que debes responder es: «¿Qué recompensas y sacrificios prefieres?». Nada en la vida es únicamente recompensas. Todo en la vida tiene además costos y sacrificios. En todos estos años hemos podido observar muchos ejemplos de matrimonios con varias décadas que han permanecido amándose el uno al otro. Luego de comparar el nivel de felicidad, satisfacción y paz personal de esos matrimonios con otras personas que han elegido la ruta de no-compromiso, yo he elegido las recompensas y sacrificios del matrimonio y de practicar el sexo solamente dentro de mi matrimonio.

Lo que quiero dejar en claro con este primer principio sobre el sexo es que tiene que ver más con la relación que con el placer personal. Más adelante veremos que sí hay mucho placer, más del que te imaginas, pero el sexo es más grande que placer personal, es una herramienta para construir una gran relación de amor. Presta atención al círculo relacional que aparece abajo. Hay más virtudes relacionales que podríamos incluir, pero la idea es pensar en cómo se relacionan unas con otras sin un orden numérico. Más bien, están conectados uno con otro. Si tenemos sexo, pero no hay romance, pronto no habrá sexo. Si tenemos buena conversación, pero no servimos al otro con acciones prácticas, se produce una ofensa. Si invertimos tiempo, pero no tenemos sexo, nos falta intimidad. Si mostramos respeto, pero no nos perdonamos por ofensas pasadas, se pierde la comunión. El matrimonio es una relación que requiere una inversión completa de nuestra persona. Para tener la clase de sexo que anhelas, necesitas comprender que es parte de un todo. Tener sexo ayuda a la conversación y la conversación ayuda al sexo. La honestidad ayuda al sexo y el sexo ayuda a la honestidad. Todo ayuda a la intimidad y la comunión relacional.

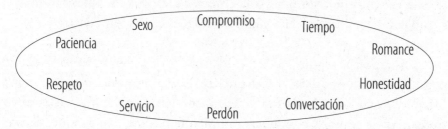

Sexo · Compromiso · Tiempo · Paciencia · Romance · Respeto · Honestidad · Servicio · Perdón · Conversación

Si te has decidido a practicar el diseño de Dios para el sexo y quieres comprometerte a enfocar tu sexualidad solo dentro de tu matrimonio, lo más seguro es que necesitarás un proceso de arrepentimiento, es decir, dar una vuelta de 180 grados en tus pensamientos y acciones. Veamos a continuación algunas actitudes, pensamientos y conductas. Aquí te sugerimos algunas oraciones de arrepentimiento:

Me arrepiento de toda actividad sexual que practiqué antes de casarme y aún después de casarme que haya sido fuera de mi matrimonio. Cancelo toda influencia espiritual y emocional que recibí por esas experiencias. Recibo de parte de Dios una memoria inocente y una mentalidad correcta acerca del sexo en mi matrimonio.

Me arrepiento de toda infidelidad hacia mi cónyuge, y con la ayuda de Dios decido terminar con toda práctica sexual fuera del matrimonio, como el adulterio, fantasías sexuales, pornografía, chats y llamadas sexuales, coqueteo y toda interacción sexual que no sea con mi cónyuge.

Decido creer que no necesito más sexo del que me puede ofrecer mi cónyuge y voy a aprender a desarrollar el contentamiento sexual. Con la gracia de Dios voy a enfocar todos mis deseos sexuales hacia mi cónyuge.

Rechazo la idea de que tendría mejor sexo si no estuviera casado con mi cónyuge. Con la ayuda de Dios vamos a experimentar una gran satisfacción sexual dentro de nuestro matrimonio.

Me arrepiento de ver a mi esposa o esposo como un objeto sexual y con la ayuda de Dios hoy voy a empezar a verle como un ser humano con necesidades reales y con cualidades extraordinarias.

La lista podría seguir. Necesitas identificar qué pensamientos y cuáles conductas están opuestas al disfrute del sexo comprometido en el matrimonio y, cuando los identifiques, entonces debes arrepentirte al cambiar tu manera de pensar y conducta. También te recomendamos que, de una manera prudente, lo confieses a tu cónyuge. Si no sabes cuánto debes confesar o no a tu cónyuge, habla primero con algún mentor o consejero con quien tengas confianza para que te oriente en qué y cómo decirlo. Me acuerdo cuando, en una ocasión, le confesé a Kelly que estaba teniendo tentaciones y pensamientos equivocados y que necesitaba acercarme más a ella porque quería honrar mi compromiso de fidelidad matrimonial. No quería darle ningún lugar a esas tentaciones y quería frenarlas y confesarlas antes de que sucediera algo inapropiado. Fue un momento poderoso. Kelly lo tomó muy bien, aunque fue difícil para ella y también para mí. Fue muy restaurador y clave para llevar nuestra relación a otro nivel. Ella también me ha confesado alguna vez que estuvo distante sexualmente porque estaba enojada conmigo por alguna situación y le costaba perdonarme. Arrepentirse y confesar es un gran sacrificio, pero vale la pena hacerlo porque los resultados son unidad e intimidad relacional.

La Biblia nos enseña claramente que honrar el diseño de Dios para el matrimonio y el sexo nos lleva a experimentar el favor y la bendición de Dios. Por el contrario, deshonrar a Dios nos limita y nos puede meter en muchos problemas con Dios y los demás.

«Honren el matrimonio, y los casados manténganse fieles el uno al otro. Con toda seguridad, Dios juzgará a los que cometen inmoralidades sexuales y a los que cometen adulterio» (Hebreos 13:4, NTV).

Dios juzgará a los que practican el sexo fuera del matrimonio. Por otro lado, si honramos el diseño de Dios y practicamos el sexo solo dentro de nuestro matrimonio, entonces encontraremos una increíble satisfacción:

«Sea bendita tu fuente, y regocíjate con la mujer de tu juventud, amante cierva y graciosa gacela; Que sus senos te satisfagan en todo tiempo, Su amor te embriague para siempre» (Proverbios 5:18-19, NBLA).

Dios no quiere amargar tu vida sexual, sino, al revés, Él quiere que experimentes gozo, satisfacción y te embriagues de amor. Créele a Dios, experimenta sus promesas para tu vida y tu sexualidad. Honrar a Dios en tu sexualidad te abrirá puertas de bendición y te encontrarás con un favor divino increíble. Yo estoy seguro de que, en gran parte, Dios nos ha bendecido mucho porque hemos decidido honrar su voluntad en cuanto al matrimonio. Este es el primer principio para una gran vida sexual: **Practícalo solo dentro de tu matrimonio.**

Kelly

Recuerdo que tenía entre catorce o quince años cuando le dije al encargado de jóvenes de la iglesia a la que asistía que quería mantenerme virgen hasta el matrimonio. Pensé que me felicitaría, pero fue todo lo contrario. Se rio en mi cara y burlándose me dijo: «Eso dicen todos los jóvenes, pero nunca lo logran». Su reacción me sorprendió mucho y solo hizo que mi determinación fuera más fuerte. No fue fácil, pero fue posible por la gracia de Dios. Me mantuve virgen hasta el día en que me casé con Andrés el 21 de agosto de 1999.

No es mi intención presumir o hacer sentir mal a nadie que no mantuvo su virginidad hasta el matrimonio con mis palabras. Creo firmemente en un Dios que restaura nuestra sexualidad y sana cualquier tipo de quebranto. Solo estoy tratando de resaltar el hecho de que, para la sociedad en general, pareciera imposible mantenerse sexualmente para una sola persona, y no solo hasta el día de la boda, sino también durante el matrimonio. Habrá personas que te van a criticar por no tener otras parejas sexuales y tratarán de convencerte de que es imposible la felicidad y el disfrute sexual con una sola persona. Pero Andrés y yo queremos darte esperanza de que sí es posible y sí se puede ser feliz al tener sexo con una sola persona, dentro del matrimonio y por el resto de tu vida.

Regla 2: Es para el beneficio y satisfacción de los dos

«El esposo debe satisfacer las necesidades sexuales de su esposa, y la esposa debe satisfacer las necesidades sexuales de su marido. La esposa le da la autoridad sobre su cuerpo a su marido, y el esposo le da la autoridad sobre su cuerpo a su esposa. No se priven el uno al otro de tener relaciones sexuales, a menos que los dos estén de acuerdo en abstenerse de la intimidad sexual por un tiempo limitado para entregarse más de lleno a la oración. Después deberán volverse a juntar, a fin de que Satanás no pueda tentarlos por la falta de control propio» (1 Corintios 7:3-5, NTV).

Uno de los sentimientos más increíbles que alguien puede experimentar es estar al lado de su esposa después de haber tenido sexo y los dos han tenido orgasmos. Abrazarse o solo tomarse de la mano y respirar agitadamente, cansados y satisfechos al mismo tiempo. En ese momento nos invaden emociones de alegría, paz, placer, consuelo y descanso. El sexo es definitivamente para el beneficio y satisfacción de los dos.

En el pasaje que acabamos de leer en la carta de Pablo a los corintios del Nuevo Testamento nos enseña que se debe satisfacer las necesidades sexuales, el esposo las de su esposa y la esposa las de su esposo. Además, enfatiza que seamos generosos con nuestro cuerpo y no privarnos el uno al otro, al menos que sea por acuerdo mutuo. Para algunos es sorprendente escuchar este lenguaje porque creen que la Biblia es machista y que la mujer está obligada a hacer todo lo que el marido quiere, aunque para ella sea incómodo o una tortura. Muchos interpretan erróneamente este pasaje como si dijera: «El cuerpo de la esposa le pertenece al esposo y ella está obligada a hacer todo lo que él quiera cuando él quiera». Esa afirmación está muy fuera de contexto y no tiene nada de verdad. Lo cierto es que el sexo es para el beneficio y satisfacción de ambos igualmente.

Tres consideraciones para que el sexo sea mutuamente satisfactorio:

Primero el otro

La enseñanza de Corintios sobre la relación sexual matrimonial nos permite ver que la indicación es que los dos deben satisfacer las necesidades sexuales del otro. Primero dice que el marido debe satisfacer las necesidades de su esposa y luego la esposa debe satisfacer las necesidades de su esposo. Una de las decisiones que tomé y que me propuse era que Kelly tuviera primero un orgasmo y después yo. Al principio fue muy difícil porque no podía lograr que ella tuviera un orgasmo. Por más que intentaba no llegaba ella primero. El libro *El acto matrimonial*[1] nos permitió darnos

---

[1] Tim LaHaye, Bervery LaHaye y Olga Varady, *El acto matrimonial: la belleza del amor sexual* (Barcelona, España, CLIE, 2007).

cuenta de que muchas mujeres necesitan ser estimuladas manualmente en el clítoris para llegar a un orgasmo. La verdad fue un reto encontrar el clítoris y después aprender el arte de llevarla al orgasmo. Aprendí que no solo es tocarla, sino encontrar un ritmo, hablarle al oído cosas bonitas, darle besos en los oídos y el cuello para ir construyendo el momento.

Hay ocasiones en que, por la manera en que llevamos el momento, yo primero tuve un orgasmo, pero seguimos y me enfoco en Kelly para que también tenga un orgasmo. Siempre quiero que ella disfrute de nuestra experiencia sexual al igual que yo. En ocasiones Kelly toma la iniciativa y crea el momento para la intimidad y hay otros momentos en donde yo tomo la iniciativa. Sin embargo, sostengo el principio de *Primero Kelly* y ella el de *Primero Andrés*. Los dos ponemos primero al otro. Una relación generosa siempre va a ser saludable.

No siempre alcanza el tiempo para que los dos tengamos un orgasmo. Nuestra costumbre es que los dos experimentemos satisfacción y si de vez en cuando le toca solo a uno, se entiende y somos generosos. Tengo que reconocer que es Kelly quien me dice: «Solo tenemos tiempo para ti, no te preocupes, después que regreses me toca a mí». El punto es que el sexo se vuelve mucho más agradable cuando practicamos este principio de poner primero a la otra persona, porque los dos saben que experimentarán satisfacción. Esa actitud permitirá que los dos queramos hacerlo más seguido.

Tanto Kelly como yo ya sabemos lo que nos excita, tenemos una dinámica en la que los dos estamos buscando que el otro tenga placer, y sabemos disfrutar el momento cuando estamos recibiendo placer por parte del otro. Escuchamos a muchas parejas quejarse porque el esposo solo entra y sale como si fuera un trámite bancario y la esposa permanece pasiva esperando a que termine porque siente la obligación de que tenga un orgasmo para que no le vaya a ser infiel con otra mujer. Ninguno de los dos merece esa forma de actuar. Ambos merecen que el otro asuma el compromiso de conocer las necesidades sexuales de su pareja y buscar satisfacerlas.

Para lograr lo anterior necesitan hablar y ser honestos sobre cuáles son sus necesidades sexuales. Kelly me ha mencionado sus necesidades claramente: «Necesito que me trates bonito durante el día. Necesito que no vayas tan rápido. Que me beses un rato. Que me abraces y me acaricies. Que me hagas sentir deseada y bonita». Ella me enseñó a darle un orgasmo porque me iba diciendo: «Allí sí siento placer, allí no siento placer o en ese lugar me molesta». Me ha dicho cómo le gustan los besos en sus orejas y cuello y así he ido aprendiendo a conocer sus necesidades y su cuerpo para poder satisfacer sus necesidades sexuales. Los dos merecen conocerse bien para tener esa clase de satisfacción sexual.

Es de suma importancia que hablen y sean honestos el uno con el otro. Estas preguntas pueden ayudarles en su conversación: «¿Practicamos una cultura de honestidad y de poner primero al otro? ¿Cada uno de nosotros conocemos nuestras necesidades y nuestro cuerpo?». Si eres honesto con tu cónyuge al manifestarle lo que necesitas y le ayudas a que conozca tu cuerpo y tus gustos, van a experimentar los dos una mayor satisfacción. Es posible que sea un proceso alcanzar ese disfrute, pero con el tiempo verás el fruto de poner primero al otro.

Realmente no sabía qué esperar con respecto al sexo cuando me casé con Andrés. Sospechaba que quería hacerlo mucho pues ya lo había expresado en una sesión de consejería prematrimonial (¿Recuerdan … «siete veces por semana»?). También sabía que era muy romántico y me daba unos besos increíbles (bueno, ¡todavía siguen siendo increíbles!). Confiaba en que disfrutaría el sexo porque estábamos leyendo el libro *El acto matrimonial* y daba mucha esperanza al respecto y lo describía como algo demasiado hermoso. Además, nuestros consejeros fueron muy positivos sobre este tema y les creía porque era obvio que tenían un gran matrimonio. Pero tengo que confesar que nunca pensé que lo disfrutaría tanto y eso se lo atribuyo a Andrés. Me produce demasiado placer y me hace saber que yo le brindo placer también. Desde nuestra primera vez en la intimidad, Andrés siempre me dio la prioridad y me hizo sentir «perfectamente hermosa», aunque sé que no lo soy, pero para él sí lo soy. Me ha convencido con palabras y actos, cada vez que tenemos intimidad, que le fascino tal como soy y le trae mucho placer estar conmigo.

Generosos con el cuerpo

Pablo también escribe en Corintios que tanto la esposa como el esposo deben dar autoridad sobre su cuerpo a su cónyuge. Este pasaje es revolucionario para los tiempos del apóstol. La costumbre era que el hombre tuviera dominio sobre su esposa y punto. Pero aquí está diciendo algo radical, que la mujer elige ser generosa con su cuerpo y entregarse a su esposo, y que el esposo toma la misma decisión de generosidad con su cuerpo y se entrega a su esposa. Es una decisión personal, no es una obligación ni una exigencia. Ni el esposo ni la esposa pueden decir: «Tú me perteneces». Más bien, la actitud correcta de cada uno de ellos es: «Voy a ser generoso con mi cuerpo para tu beneficio y satisfacción».

No es ningún secreto que los hombres se estimulan por medio de la vista. Kelly ha aprendido esto y casi a diario se cambia de ropa frente a mí mientras estoy lavándome los dientes o en algún momento que coincidamos. Ella es generosa al enseñarme su piel. Pero esto es un gran reto para ella porque, como la mayoría de las mujeres, tiene inseguridades con su figura y su cuerpo y enseñar su cuerpo le produce vergüenza. Pero estoy muy agradecido que, con el paso de los años, Kelly ha decidido ser generosa y enseñarme su cuerpo con mucha frecuencia. Eso también ha contribuido con una relación sexual sana en nuestro matrimonio. Hay momentos cuando ella está cansada, pero puede percibir mi deseo. Le digo: «No te preocupes, duerme, después lo hacemos», pero me dice: «No, cómo crees, me desvelo para otras cosas y cómo no lo voy a hacer por ti». Es muy generosa.

Si los hombres son estimulados por medio de la vista, las mujeres, aunque también lo son un poco por la vista, son más estimuladas por el oído, por lo que escuchan. No por nada existe el dicho mexicano «verbo mata carita». Una mujer quiere sentirse amada, deseada, bonita y especial. Una vez durante la noche estaba buscando besar a Kelly y crear el ambiente para tener sexo, pero ella no estaba respondiendo bien. Le pregunté: «¿Qué tienes?». Ella me respondió: «Lo que pasa es que durante el día me has hablado feo y me siento mal por eso. Además, no me has dicho nada bonito en el día». La verdad es que yo no entendía nada. Yo pensaba que el sexo era sexo y que no estaba conectado con la manera en que le hablaba durante el día. Pero para Kelly no es así. Por lo tanto, entendí que ser generoso con mi cuerpo también significa ser generoso con mi trato, mis palabras y con mostrarle amor durante el día.

Ella se ha entregado a mí con alma y cuerpo. Cuando estamos teniendo sexo ella me abraza y se excita, no tiene timidez al mostrar su excitación y deleite, me permite abrazarla, tocarla, acariciarla y disfrutar todo su cuerpo. Hemos escuchado a parejas decir que les enseñaron que una mujer debe comportarse y no debe mostrar su excitación sexual. ¡Eso es mentira! El hombre y la mujer pueden ser generosos con sus cuerpos y entregarse sin timidez y sin reservas. Quizá algunos que nos leen tuvieron una experiencia traumática de abuso o negativa que les impide ser generosos con su cónyuge al entregar su cuerpo. Les sugerimos que sean honestos y lo hablen, que tomen pasos en la dirección correcta y sanen lo que tengan que sanar. Si requieren terapia, consíganla, pero hagan todo lo que sea necesario para ser generosos con su cuerpo.

Es importante aclarar que el esposo no puede exigir a su esposa, ni la esposa a su esposo (vamos a hablar sobre acuerdos en un momento más), sino que, más bien, el entregar el cuerpo es una decisión personal. Yo decidí que mi cuerpo le pertenece a Kelly y no voy a entregar mi satisfacción sexual a ninguna persona. Si Kelly tiene ganas y yo no tengo ganas (que sí ha ocurrido alguna vez), voy a poner todo de mi parte para que me den ganas, porque quiero ser generoso con mi esposa. Si tengo un problema de espalda baja y me causa dolor tener sexo, voy a tratar de resolverlo con el médico, haciendo ejercicio o perdiendo peso. Haré todo lo que sea necesario para poder ofrecerle a mi esposa la mejor versión de mí mismo. El principio es entregar nuestro cuerpo generosamente a nuestro cónyuge. ¿Te imaginas cómo sería tu matrimonio si tu esposa o esposo te entregara su cuerpo generosamente? ¿Te imaginas si los dos tuvieran esta cultura de entregarse y poner primero al otro?

Esposas, desconozco la razón, pero pareciera común que el hombre quiera tener sexo muy tarde en la noche. Justo cuando por fin terminaste de cumplir con todas tus tareas, te cepillaste los dientes, te pusiste todas tus cremas faciales y, en ese mismo instante, cuando cierras los ojos y suspiras como diciendo «misión cumplida»... de repente, sientes una mano en tu pierna o un beso en la oreja. ¡Es obvio que quiere sexo! Los hombres generalmente no saben cómo disimular. Me ha sucedido una gran cantidad de veces. Desde el inicio de nuestro matrimonio me propuse nunca decirle «no» a Andrés cuando buscara tener intimidad conmigo. Ni siquiera cuando estoy muy cansada.

Con frecuencia tengo el deseo y el ánimo de hacerlo, pero hago todo en mi poder para ponerme de humor y despertarme cuando no tengo deseos. Me levanto rápido al baño, oro por fuerzas, prendo la luz, tomo agua, vuelvo a la cama y pongo mi mano intencionalmente en donde sé que lo excita y hago lo que sea para aprovechar el momento. ¿Por qué? Porque amo a Andrés con todo mi corazón y quiero ser generosa y siempre estar disponible para él… cuando sea. No solo en el horario que más me convenga o desee, sino en el horario que sea mejor para él. Por cierto, el sexo espontáneo a la medianoche es ¡increíble!

Generosos con el tiempo

Finalmente, leemos en el pasaje de Corintios que no debemos dejar de frecuentarnos en intimidad, al menos que nos pongamos de acuerdo para tener un tiempo específico donde uno de los dos quiere pasar más tiempo en oración. Confieso que nunca le he pedido eso a Kelly. No tengo todavía ese nivel de espiritualidad. Pero el principio tiene que ver con que seamos generosos con el tiempo. Dar de nuestro tiempo para satisfacer las necesidades sexuales del otro, pero también ser generosos al esperar o pausar el sexo durante un tiempo si la otra persona necesita espacio. Por ejemplo, el sexo es complicado en algunas etapas del embarazo. Aunque muchas veces durante el embarazo es una experiencia bonita para los dos, sí hay momentos donde no es cómodo para la esposa. También hay un tiempo de espera después de dar a luz. Algunas veces hay otras razones médicas o emocionales. No podemos exigir sexo cuando la otra persona no puede; eso es parte de la generosidad del tiempo. Pero debemos asegurar que sea de mutuo acuerdo y no producto de una manipulación o por castigar al otro por un tiempo sin sexo. Debe ser por mutuo acuerdo y por una temporada en específico.

Pero del otro lado de la moneda del tiempo, quiero hablar de algunas prácticas que aprendimos para aprovechar el tiempo y tener sexo más seguido. Se acuerdan de que les contamos de la cita romántica semanal, donde suponíamos que todo tenía que ser perfecto para que culminase en una gran explosión sexual, pero, al revés, todo nos salía mal y nos íbamos a dormir amargados y sin tener sexo. Pues aprendimos que se puede encontrar un balance entre ser espontáneos y planificadores. Si solo tienes planes puede ser que casi nunca salgan bien o que no se presente el momento adecuado tal como lo habían planeado. Si solo es espontáneo, entonces no serán intencionales en planificar momentos románticos especiales. Entonces hemos aprendido a invertir nuestro tiempo de manera espontánea y también planeada para tener sexo.

A veces sucede que estamos cambiándonos para salir en la mañana y, de pronto, a uno de los dos nos da ganas y nos abrazamos, besamos y nos miramos como si nos preguntáramos: «¿Qué tal si tenemos uno *rapidín*?». A veces ese momento solo alcanza para uno de los dos. A veces terminamos de comer, estamos recogiendo la mesa y uno de los dos tiene ganas. Les decimos a nuestros hijos que tenemos que retirarnos a nuestra habitación a platicar algunas cosas y que no nos molesten. Otras veces nos acostamos en la noche para ver juntos la televisión y una cosa lleva a la otra. La verdad es que hemos abrazado la belleza de la espontaneidad en el sexo. Además, también hemos entendido que nunca habrá un momento perfecto y que es bueno aprovechar los momentos cuando hay algo de electricidad sexual entre nosotros. Para ser espontáneos tenemos que ser *flexibles*. Eso significa que a veces hay que cambiar algo que teníamos para ese momento o que, si estoy molesto por algo, tengo que ponerlo a un lado y platicarlo después para no perder la espontaneidad de la oportunidad que se está presentando. Creo que cuando estemos viejos no nos lamentaremos de haber pasado mucho tiempo juntos, sino de no haber sido generosos con nuestro tiempo.

Me acuerdo claramente cuando Kelly y yo nos dimos cuenta de la importancia de ser espontáneos. Habíamos tenido una mala racha en nuestra relación sexual y nuestros planes de cita nunca salían como pensábamos. Nos preguntamos: «¿Qué tal si, además de tener planes especiales, aprovechamos los momentos que se presenten en el día?». Uno de los retos eran los hijos porque eran pequeños. Pero acordamos acostarlos en su cuna, aunque lloraran y cuando fueron más grandes acordamos tenerlos entretenidos con algún juego o alguna actividad que nos permitiera darnos el tiempo para nosotros. Siempre vamos a tener situaciones que intentan impedir la intimidad sexual. Antes de casarse hay demasiadas oportunidades para el sexo y después de casarse hay demasiados obstáculos. ¿Será que es algo que Dios quiere para nosotros y por eso enfrentamos tanta oposición de todos lados?

No todo es espontáneo, sino que también hacemos planes románticos. Nuestros planes incluyen salir a cenar al menos una vez por semana. También vamos a tomar un café o a desayunar. Nos arreglamos más o menos, salimos y nos tomamos de la mano, nos miramos a los ojos y hablamos de lo que sea (ya lo expliqué en los capítulos anteriores). También nuestros planes incluyen preparar una cena o aperitivos en la casa, ponernos los pijamas, servirnos una copa de vino, ver una serie juntos y luego ser intencionales en crear un momento para la intimidad sexual. Hemos aprendido a no dejar que los pequeños desajustes en el plan o los malentendidos en el día saboteen nuestros planes. Si vas en un viaje a la playa y se pincha una llanta, no te regresas a la casa, sino que cambias la llanta y sigues el viaje. Es igual con los planes románticos y sexuales. Si algo pasó, lo superas y listo, continúas con los planes. No permitan que pequeños detalles arruinen los planes para mejorar su relación sexual. Sean generosos con su tiempo.

— *Kelly* —

Solo quisiera decir que, mientras más tiempo tenemos de casados, más creativos y determinados nos hemos vueltos. ¿Tenemos diez minutos para hacer el amor? ¡Pues vamos a reírnos y echarle ganas! Siempre es posible tener intimidad de una u otra manera. Estas aventuras y nuevos descubrimientos son parte de la belleza del sexo matrimonial.

Antes de comenzar con la tercera regla para el sexo «todo se vale», que muchos podrían estar esperando porque estaremos hablando del sexo oral, anal, de las distintas posiciones sexuales y muchas cosas por el estilo, quisiera primero mostrarte algo que pudiera cambiar tu vida sexual para siempre:

Necesitas soltar las experiencias pasadas y las expectativas equivocadas para disfrutar de un gran sexo en tu matrimonio.

Empecemos con las experiencias pasadas. Una experiencia puede ser negativa o positiva, pero los dos tipos de experiencias pueden convertirse en un gran obstáculo. Por ejemplo, si antes de tu actual matrimonio tuviste una o varias experiencias sexuales positivas, el peligro radica en que compares a tu esposo o esposa con esa experiencia pasada que tuviste. Lo que tienes que hacer es entregarle a Dios esa experiencia positiva y pedirle que cancele todo vínculo espiritual, emocional, mental y físico que se creó con esa otra persona porque debes saber que tener sexo crea un vínculo profundo con la otra persona. No lo pienses como solo una noche casual, sino que se creó un vínculo. Entonces tenemos que entregarle la experiencia a Dios y cancelar ese vínculo. Si crees en Cristo Jesús, pídele que su sangre derramada en la cruz limpie tu vida de ese vínculo y experiencia pasada. Dile a Dios que decides crear nuevos recuerdos y rehúsas comparar tu matrimonio con esa experiencia pasada. No te condenes si en algún momento vuelves a tener pensamientos de comparación, simplemente sigue firme en tu decisión y vuelve a entregárselo a Dios. Sin duda, llegará el momento cuando dejará de ser un problema para ti.

Podría tratarse de una experiencia negativa, como un abuso sexual, una relación pasada donde se te obligó a hacer cosas que no querías o fuiste rechazado(a) después de tener sexo y sentiste que no tienes nada bueno que ofrecer. Algunos fueron criticados por su cuerpo, otros recibieron malas enseñanzas sobre el sexo y creen que es algo sucio y solo para tener hijos. Cualquiera que haya sido tu experiencia negativa, créeme que lo siento mucho.

Así como entregamos las experiencias positivas a Dios, también le podemos entregar las negativas. Podemos entregarle el dolor, las heridas, los recuerdos y los traumas. Podemos confesarle lo que nos pasó y cómo lo sentimos. También podemos perdonar a las personas que nos hicieron daño. Cuando yo tenía doce años, un adulto con problemas mentales me sentó en sus piernas sobre su miembro masculino. Estábamos los dos vestidos, pero aun así fue una experiencia difícil que yo no entendí en su momento, pero me afectó. Tuve que perdonarlo y soltarlo. También tenía unos doce o trece años cuando una amiga mucho mayor que yo empezó a besarme y tocarme en varias ocasiones. Gracias a Dios no llegó a más. Tuve que perdonar, soltar y pedir que la sangre de Cristo derramada en la cruz limpiara mi conciencia, mi memoria y me devolviera mi inocencia. El Espíritu Santo puede restaurarnos por completo. Soy consciente de que muchos han experimentado cosas mucho peores, pero también he sido testigo de cómo Dios ha sanado las experiencias más traumáticas. En algunos casos es necesario el acompañamiento de un terapeuta profesional para ayudarte a desenredar todas las emociones y poder ser libre. Pero vale la pena ser libre para disfrutar tu matrimonio.

Todos llegamos con expectativas equivocadas. De nuevo, a los doce años, un amigo mayor me prestó unos videos pornográficos. Mis papás estaban fuera de la casa y vi cosas que hubiera deseado nunca haber mirado. Durante varios años miraba revistas y videos de ese tipo con amigos. Eso fue creando ideas o expectativas falsas sobre lo que es el sexo. Dios me liberó de una adicción a la pornografía a los dieciocho años. Antes de casarme con Kelly, acudí a terapia para sanar más a fondo todo el impacto negativo que me había causado ver pornografía. Los científicos afirman que la pornografía es una droga muy potente y provoca daños mentales, emocionales y físicos. Quiero sugerirte que sanar experiencias pasadas también incluye recuperarse de los efectos de la pornografía.

Escuchamos hoy decir con frecuencia que los hombres esperan que su esposa tenga el cuerpo de una modelo de ropa interior, sea flexible como una bailarina y esté dispuesta a hacer múltiples veces al día todo lo que hace una estrella porno. La esposa nunca les dará eso porque, en realidad, tienen expectativas equivocadas de la sexualidad. Las esposas también tienen expectativas equivocadas al pensar que su esposo va a ser tan romántico como Tom Hanks en sus películas románticas (*Sleepless in Seattle*, *You've Got Mail*, etc.), tendrá el aliento y el olor perfecto de Brad Pitt (no sé cómo huele, pero se me ocurrió que lo pueden pensar), tan sensible y creativo como Justin Bieber y tan bueno en la cama como George Clooney (de nuevo, no sé nada, solo son artistas considerados atractivos para las mujeres). Tengo que decirte que nunca tu esposo va a ser así. El punto es que tenemos expectativas equivocadas y para disfrutar del mejor sexo posible en tu matrimonio necesitas *morir* a todas tus expectativas y, más bien, *crear* una nueva historia propia con tu pareja.

Es sumamente importante recalcar que es necesario arrepentirse de expectativas equivocadas. Reconócelas, confiésalas a Dios (y si es necesario también a tu esposa o a alguien de confianza), cambia de rumbo y reemplaza tus expectativas por la aventura de crear algo nuevo y único. Le tuve que confesar a Kelly que vi pornografía cuando fui joven y que me arrepentí y dejé esas expectativas erróneas sobre el sexo a un lado. Gracias a Dios, Kelly y yo hemos podido desarrollar nuestra propia cultura sexual. No leemos el *Kama Sutra*, no vemos pornografía para excitarnos, no tenemos los mejores cuerpos, somos reales, somos nosotros mismos y estamos creando experiencias y hábitos en nuestra sexualidad que son únicos y maravillosos para nosotros.

Regla 3: Todo se vale

Todo está permitido siempre y cuando el esposo y la esposa estén de acuerdo, no involucren a terceros en sus actividades sexuales y respeten las dos primeras normas.

- **Primera regla:** El sexo solo se practica en el matrimonio entre un hombre y una mujer exclusivamente.

- **Segunda regla:** El sexo tiene como objetivo beneficiar a ambos al entregarse mutuamente con generosidad.

Todo se vale en el sexo dentro del matrimonio si es que respetamos las primeras dos reglas. Ahora sí, en el próximo capítulo les vamos a enseñar cómo crear acuerdos para la sexualidad porque todo se vale, siempre y cuando estamos de acuerdo.

CAPÍTULO DOCE

El mejor sexo del mundo: segunda parte

Todo se vale en el sexo.

Recuerdo que antes de casarnos preguntábamos a nuestros consejeros y mentores si había algo que no debíamos de hacer o practicar en el sexo. Teníamos el deseo de honrarnos el uno al otro, ser felices en nuestra vida sexual y no queríamos equivocarnos. Su respuesta nos sorprendió porque nos dijeron que podíamos hacer lo que quisiéramos siempre y cuando estuviéramos de acuerdo. Yo esperaba una lista de diez cosas prohibidas. Más bien nos dieron un consejo: «Pónganse de acuerdo».

La clave es tener «acuerdos», es decir, los dos tienen que estar de acuerdo en cuanto a la forma en que expresarán su sexualidad. Ninguno de los dos puede exigirle al otro que haga algo sexualmente que no desea hacer. Cada uno tiene diferentes convicciones y diferentes gustos en cuanto a qué es cómodo o incómodo durante el sexo. Tenemos que respetar las convicciones y aquello que es cómodo para la otra persona. Si tú quieres hacer algo y tu cónyuge tiene la convicción de que eso está mal, necesitas respetar su consciencia. Si tu cónyuge te dice que esa actividad es incómoda, dolorosa o le causa vergüenza, necesitas respetar su decisión. La segunda regla afirma que la sexualidad debe ser beneficiosa y satisfactoria para los dos. No podemos exigir cierta actividad sexual a nuestra pareja, todo tiene que ser de mutuo acuerdo.

Algunas veces Kelly me ha dicho: «Eso no me gusta, me incomoda», entonces el acuerdo es que *no lo vamos a hacer*. Quiero respetar su convicción y su comodidad. En otras oportunidades Kelly me dice: «Lo podemos intentar». Entonces el acuerdo es *solo intentar y evaluar*. También Kelly me ha dicho en otros momentos: «Sí me gustó, pero con estos límites». En tal caso el acuerdo es: *practicarlo con los límites acordados*. El punto es que los acuerdos deben respetar las convicciones y la comodidad de los dos.

Es normal que uno de los dos sea más atrevido que el otro en el área sexual. Algunas mujeres tienen un impulso sexual más fuerte que los hombres y viceversa. Algunos hombres me dicen que su esposa quiere sexo con más frecuencia y viceversa. Es usual que el que tiene un impulso sexual más fuerte va a querer intentar o probar cosas nuevas en el sexo. El otro quizá va a querer ir a lo seguro. Ser generosos significa que el que tiene un alto impulso sexual va a limitarse un poco y el que tiene un bajo impulso sexual va a tratar de desarrollarlo un poco más. Los dos pueden ceder un poco en sus requerimientos y crear algo que funciona para ambos. Recordemos que Dios diseñó el matrimonio para nuestro bien, protección y crecimiento. Si nuestra pareja es diferente en el área sexual es porque Dios está tratando de ayudarme, protegerme y hacerme madurar. Por lo tanto, no puedo exigir al otro que sea como yo, sino que tengo también que aprender del otro.

Algo que nos ayudó mucho a llegar a tener «acuerdos» fue desarrollar la capacidad de conversar sobre el sexo mientras estamos teniendo sexo. Solemos preguntar cómo se siente el otro. Tampoco es solo preguntar, sino tener la iniciativa y decir, por ejemplo: «Esto me encanta, hay que hacerlo más seguido» o «Esto no me gusta nada, paremos y cambiemos de posición». El asunto es aprender a retroalimentarnos de forma constante sobre cómo nos estamos sintiendo. Hazle saber a tu pareja si lo estás disfrutando porque lo motivarás. También dile si no lo estás disfrutando porque le servirá de aprendizaje y podrá hacer cambios.

Dios te dio la pareja sexual ideal para ti. Esto debes creerlo, meterlo muy profundo dentro de tu corazón y recordártelo a ti mismo una y otra vez cuando te sientas frustrado.

Un último punto antes de contestar las preguntas calientes. Dios te dio la pareja sexual ideal para ti. Esto debes creerlo en lo más profundo de tu corazón y recordártelo a ti mismo una y otra vez cuando te sientas frustrado. Dios me dio la pareja sexual ideal para mí. Un pastor anciano y viudo me dijo que Dios lo confrontó una vez porque estaba presionando a su esposa a hacer algo que ella no quería y él se sentía frustrado con la relación sexual. Se arrepintió y le dijo a Dios: «Voy a contentarme con lo que mi esposa me pueda dar sexualmente». Luego fue donde su esposa, le pidió perdón y le dijo: «Voy a contentarme y estar satisfecho con lo que tú puedas y quieras darme sexualmente». Este pastor anciano me dijo que eso sanó mucho su relación y que el sexo fue mucho más disfrutable para los dos. El contentamiento es una virtud bíblica que se aplica a todo. No es conformismo, es elegir gozarme y aprovechar al máximo lo que Dios me ha dado. Elige el gozo y también decide estar contento con tus finanzas, familia, cuerpo, matrimonio, con lo que tu cónyuge te da sexualmente, con tus amigos y, en realidad, con todo lo que Dios te ha dado por pura gracia. Cuando tu esposa o esposo sepa y sienta que estás feliz con lo que te puede ofrecer sexualmente, ese conocimiento va a producir más libertad y deleite para los dos.

TEMAS CANDENTES

Frecuencia

La frecuencia debe ser motivo de conversación y negociación a menos que haya un tema de salud o indicación médica. Algunos quieren sexo todos los días y otros lo quieren una vez al mes. Quizá puedan llegar a un acuerdo de intentarlo tres veces por semana. Si los dos están abiertos a ser espontáneos y hacer planes, es muy factible que lleguen a tener sexo tres veces por semana. Para el que tiene un alto impulso sexual le parecerá poco y para el que tiene bajo impulso sexual le parecerá mucho. Esta búsqueda es parte de haber tomado la decisión de ser generosos con el cuerpo y es muy posible que, con el tiempo, puedan llegar a un acuerdo que beneficie y satisfaga a los dos.

Hay semanas en las que Kelly y yo tenemos sexo casi a diario. Especialmente durante nuestro viaje de aniversario, cuando estamos solos en algún lugar o incluso en casa cuando tenemos una de esas semanas calientes. Hay semanas en las que tenemos sexo tres veces por semana, que es como nuestro promedio. También hay períodos en los que solo tuvimos una vez o simplemente no se pudo por diferentes razones. Sin embargo, hemos aprendido a responder de dos maneras cuando pasan algunas semanas en que casi no hemos tenido sexo. Primero, *no lo tomes como algo contra ti*. No nos enojamos con el otro, ni tenemos sospechas. Simplemente fue una racha de ausencia de sexo. Simplemente tratamos de seguir siendo intencionales en buscarnos mutuamente. Casi siempre se soluciona cuando volvemos a ser intencionales. Pero si sigue pasando tiempo y no regresamos a tener sexo como lo hacemos habitualmente, entonces *lo conversamos*. Kelly o yo solemos iniciar la conversación.

Nunca empieces la conversación culpando a la otra persona. Más bien, puedes decir algo así: «He notado que no hemos tenido sexo últimamente y quisiera saber si todo está bien. Quizá solo yo lo he sentido así, pero tú ¿cómo sientes nuestra frecuencia de intimidad sexual?». Podría ser que uno de los dos ha estado bajo mucho estrés o demasiadas ocupaciones. Podemos disculparnos y ajustar nuestros tiempos para estar más cerca. A veces resulta que uno de los dos ha estado enojado con el otro. Allí corresponde conversar, pedir perdón y perdonar. En ocasiones hay algo que realmente está causando fricción en el matrimonio, es más que un enojo u ofensa y puede haberse convertido en un patrón de conducta. Por ejemplo, tengo la mala tendencia de ser perfeccionista y mostrarles a todos cuando se están equivocando. Ha habido momentos donde Kelly se siente muy lastimada por mi actitud. No solo toca conversar en situaciones así, sino dar pasos para cambiar y restaurar la relación. En ocasiones uno de los dos se ha sentido incómodo con su cuerpo e imagen personal. Eso ha requerido de una conversación que permita reforzar la confianza el uno al otro.

Hemos aconsejado parejas que nos han contado que la falta de frecuencia en la actividad sexual es porque algo oculto estaba sucediendo, quizá guardando el secreto de una deuda, de una relación inapropiada, una adicción o algún otro secreto. También obstaculiza la intimidad matrimonial alguna herida, trauma o adicción que posiblemente requiere terapia profesional para superar el problema. Es muy importante para la salud integral del matrimonio ser consciente de la necesidad de conversar y llegar a acuerdos en cuanto a la frecuencia sexual.

La sana frecuencia sexual en un matrimonio es al mismo tiempo un *termómetro* y un *termostato*. Un termómetro mide la temperatura y un termostato regula la temperatura ambiental de una casa. La frecuencia sexual nos ayuda a evaluar la temperatura relacional y también nos ayuda a ajustar la temperatura y salud relacional. Una frecuencia sana contribuye para que la pareja goce de una relación sana y esta última contribuye para tener una frecuencia sana. A veces tenemos que trabajar en la relación y otras veces tenemos que trabajar en la frecuencia.

Caricias

Cantar de los Cantares habla de las caricias y besos que recorren el cuerpo entero. A Kelly y a mí nos gusta mucho acariciarnos por todo nuestro cuerpo. Nos gusta tocarnos y sentirnos el uno al otro. Descubrimos al inicio que nos daba un poco de vergüenza, pero tuvimos que superarla y confiar en que nos amamos tal y como somos. También debimos confiar en que nuestro cuerpo es un deleite para la otra persona y permitir que ella sienta placer acariciando mi cuerpo y permitirme sentir placer mientas me acarician.

Hemos aprendido que los besos y caricias son muy necesarios y requeridos para el juego previo. Los besos y las caricias son necesarias para excitarnos mutuamente. La verdad es que el hombre se excita casi de inmediato, casi es como encender un cerillo o un encendedor. Al instante está excitado y listo, pero la mujer es más como un carbón o como leña porque requiere de todo un proceso para encenderse. Antes yo veía el juego previo como un mal necesario y lo consideraba casi como una pérdida de tiempo. Yo quería llegar al clímax de inmediato. Sin embargo, tenía la convicción de que sería generoso con mi tiempo y quería satisfacer a Kelly. Por eso buscaba acariciarla y besarla, pero aun así Kelly tenía que pedirme más besos, caricias o que no vaya con tanta prisa. Ya he aprendido que el juego previo no solo es para el bien de Kelly, sino también para mí. Los dos llegamos a niveles más altos de intimidad y clímax cuando hemos tenido un juego previo bueno, divertido y que lo disfrutamos tanto Kelly como yo.

Es importante que inviertan tiempo en acariciarse, besarse, conocerse y explorar el cuerpo de su cónyuge. Pasen tiempo en el juego previo y disfrútenlo. Procura tener una higiene adecuada porque el mal aliento o un olor inapropiado podría apagar de inmediato el juego previo. Si te das cuenta de que tienes mal aliento o mal olor, trata de lavarte un poco antes del juego previo. Es posible que a algunas parejas les molesta más que otras, pero es un asunto de prudencia y respeto mutuo.

Atrévete a valorar y a disfrutar dar y recibir las caricias de tu pareja porque son importantes y poderosas. Evita la prisa y si estás cansada(o) o distraída(o), recuerda que tu cónyuge es tu prioridad y mayor regalo. Hazle saber a tu esposo(a) que estás disfrutando de ese momento íntimo al poner todo de tu parte y mostrando interés y deleite a través de tu atención y tus gestos faciales.

En un par de ocasiones, al principio de nuestro matrimonio, percibía como si Andrés se aburriera o distrajera mientras me abrazaba y besaba, lo que me hacía pensar que quizá ya quería pasar al siguiente nivel. Procuré ser transparente y le dije lo que había notado. Mientras conversábamos de esto, me di cuenta de que nunca fue así, sino que era yo la que estaba imaginando cosas que no eran ciertas. Pero si no lo hubiera expresado, me hubiera quedado con una creencia equivocada que quizá nos hubiera perjudicado en el futuro.

Palabras

Todavía no hablaremos de las posiciones porque primero necesitas saber que las palabras son tan importantes como los besos, las caricias y las posiciones. Las palabras son muy importantes y pueden cambiar todo para bien o para mal. Nos ha pasado algunas veces que se me ocurre decir algo imprudente justo cuando estamos bien entrados y casi por iniciar la acción. Bueno, toda la acción se acaba en ese mismo momento. No hay nada peor que eso. Debemos entender la importancia de las palabras *durante el día, en el juego previo, durante el sexo y después del sexo.* Con Kelly seguimos aprendiendo el valor de las palabras, pero no solo en la habitación, sino durante todo el día. Tampoco estamos hablando de palabras meramente informativas, sino también palabras de aprecio, gratitud o piropos:

- Te amo.
- Te ves muy guapa el día de hoy.

- Te extraño.
- Ya quiero verte.
- Esos pantalones te quedan increíble.
- Gracias por trabajar tanto.
- Gracias por la comida increíble.
- Ya quiero estar contigo.
- Te traje este detalle porque me acordé de ti.
- Un mensaje de texto.
- Una llamada.
- Unos abrazos espontáneos durante el día.
- Tengo muchos antojos de ti hoy.

Por supuesto, podemos usar palabras y frases mucho más íntimas, pero les evitaré la pena de leerlas aquí. Sé creativo y con palabras construye la identidad y la confianza de tu cónyuge. Hay poder de vida y de muerte en tus palabras. Si edificas a tu pareja con tus palabras, se va a sentir más atraída(o) hacia ti porque sentirá que estás genuinamente interesado(a), se sentirá valorada(o), que puede descansar en tu presencia y que es deseada(o) y amada(o). Eso es de lo más excitante para una persona y podrás notar que las palabras amorosas y buenas no solo benefician a la mujer, sino que también son necesarias para la afirmación del hombre.

Las palabras serán siempre importantes todo el día, en el juego previo y durante el sexo. No voy a repetir las cosas que nos decimos Kelly y yo porque son muy privadas, pero sí nos hablamos durante el sexo. Déjame decirte que cuando descubres las palabras y las conversaciones que le gusta escuchar a tu pareja durante el sexo, eso lleva la experiencia sexual a otro nivel y es realmente sorprendente. Algunos podrían estar pensando que un matrimonio cristiano no debería sentir tanto placer en su relación sexual, pero yo pienso lo contrario. Creo que es bueno que las personas sepan que el mejor sexo lo podemos tener cuando honramos el diseño de Dios para la sexualidad.

Posiciones

No sabemos cuántas posiciones existen, pero nosotros hemos probado muchas. Algunas nos gustaron y otras no. Nuestro acuerdo es que no practicamos una posición que le disgusta a uno de los dos, pero también estamos abiertos a probar posiciones, aunque sea una vez y luego lo vamos conversando: «¿Cómo lo sentiste? ¿Bien, súper o no tanto?». «Me duele». «Me incomoda». Lo que digamos de la experiencia definirá si seguimos o nos detenemos. La posición misionera era la única que teníamos cuando recién nos casamos y era súper divertida. Hasta el día de hoy nos encanta, pero una sola posición por mucho tiempo puede llegar a causar algo de dolor muscular y por eso nos volteábamos y empezábamos a probar varias posiciones. Creemos que es bueno tener una actitud aventurera y, al mismo tiempo, hablar en cada paso del camino porque así nos vamos guiando para encontrar lo que más nos gusta a los dos y también para encontrar cómo perfeccionar una posición agradable.

Hay algunos materiales didácticos no-pornográficos que ayudan a las parejas a descubrir posiciones o maneras de tocarse que ayudarían a aumentar el placer. Si creen que necesitan algo así, asegúrense de que sea un material sano, balanceado, que no sea pornográfico y también deben saber que existe material cristiano. Nuestra sugerencia es que lo busquen juntos y que se decidan juntos por algún material. Kelly y yo solo leímos juntos *El acto matrimonial* y fue suficiente instrucción. Pero es posible que algunas parejas necesiten un poco más de ayuda.

Quisiera reiterar que la pornografía no debe ser utilizada como educación sexual ni como motivación sexual. La pornografía termina destruyendo la intimidad sexual de un matrimonio y estudios recientes demuestran que produce una adicción más fuerte que la adicción a la cocaína. Además, la pornografía viola la primera regla bíblica sobre el sexo: «Solo debe ser hecho dentro del matrimonio entre un hombre y una mujer». La pornografía es involucrar a otros hombres y mujeres en nuestra recámara. No necesitas pornografía para aumentar tu creatividad en las posiciones. Necesitas probar, experimentar y conversar mucho con tu pareja. Juntos lo van a descubrir.

> «Como el manzano más selecto del huerto es mi amante entre los jóvenes. Me siento bajo su sombra placentera y saboreo sus deliciosos frutos» (Cantar de los Cantares 2:3, NTV).

Sexo oral

Muchos expertos literarios y teólogos judíos y cristianos concuerdan que este versículo y otros parecidos en Cantar de los Cantares hablan del sexo oral tanto de la mujer como del hombre. Este podría convertirse en el preciso momento en donde algunos quieren cancelarnos y cerrar el libro, mientras que otros estarán felices porque estamos hablando de esto. Antes de continuar quisiera ser muy claro al afirmar que cada uno tiene su propia convicción personal y cada uno sabe qué es cómodo para él o para ella. Por lo tanto, el hecho de que Salomón y la sulamita tuvieran aparentemente sexo oral no significa que deban hacerlo. Este versículo no es un mandato, ni tampoco es necesariamente un modelo para las relaciones sexuales en el matrimonio. Es solo un ejemplo de una manifestación permitida en el matrimonio. Quisiera insistir en algo que hemos venido repitiendo a lo largo del capítulo, se trata de una práctica que debe realizarse de mutuo acuerdo. Si uno de los dos no lo desea, entonces no lo practiquen. Para otras parejas que simplemente no lo habían intentado, ahora podrían probar o experimentar, pero recuerden, no se puede obligar, insistir, exigir o manipular. Conversen con sinceridad y lleguen a tener un acuerdo.

No pudimos tener sexo por coito durante los primeros días de casados. Lo bueno es que habíamos leído que era algo común en muchas parejas y no nos estresamos. Aprendimos que algunas parejas tardan algunos días en lograrlo. Ese también fue nuestro caso. Nos tocamos y besamos y así experimentamos el sexo los primeros días. Escúchenme por favor, de ninguna manera estamos diciendo que nuestra experiencia particular es para todos, y también esperamos que no se nos juzgue por lo que compartimos. Solo estamos diciendo que puede ser una manera de experimentar el sexo cuando no se puede de otra manera. Lo importante es que todo se haga de mutuo acuerdo sin transigir la convicción o la comodidad del otro, y respetándonos mutuamente. Los acuerdos se tienen que evaluar y modificar si es necesario con el paso del tiempo. Hay temporadas en que van a acordar algo y luego quizá cambien de parecer. Es parte de crecer y entender que los acuerdos van avanzando con el matrimonio. Kelly y yo queremos animarlos a que lo conversen, que dejen la vergüenza a un lado y hablen del tema. Esta práctica puede ayudar, por ejemplo, a algunas parejas en donde uno de ellos tiene falta de movilidad.

Algunas palabras de advertencia. Primero, nunca prefieras sexo oral al sexo tradicional (introducción del pene en la vagina). El sexo tradicional produce una unión e intimidad especial entre dos cuerpos que Dios diseñó para un acercamiento mutuo: «Los dos serán una sola carne» (Mateo 19:5). Esa debe ser la base de nuestra interacción sexual en el matrimonio y el sexo oral podría ser solo una práctica adicional que se añada a esa base tradicional. En segundo lugar, una vez más, debemos de ser libres de expectativas equivocadas. Son muy comunes las escenas de sexo oral en la industria pornográfica. Debes recordar que se trata de una actuación exagerada para provocar morbo y vender. Necesitas olvidar esa fantasía errónea y no exigir a tu cónyuge que haga algo así. Más bien, si concuerdan en sexo oral, entonces deja que tu cónyuge lo haga de manera natural y de la forma en que se sienta cómoda. Juntos irán descubriendo lo que es mejor para ustedes. En tercer lugar, podría parecer demasiado obvio como para mencionarlo, pero aun así debo insistir en la fidelidad matrimonial. Sexo oral es sexo. Por lo tanto, no puedes tener sexo oral con otra persona y decir que no tuviste sexo. ¡Es sexo! Es adulterio tener sexo oral con otra persona fuera de tu matrimonio.

— Kelly

Se desencadenó en mi cuerpo un descontrol hormonal muy fuerte después del nacimiento de nuestro primer hijo. Eso me provocó menstruaciones mensuales que duraban hasta tres semanas. Me hicieron muchos estudios y tratamientos hormonales para poder corregir esa situación, pero no se logró hasta después de varios años. Obviamente, este problema afectó nuestra vida sexual. Era muy incómodo y triste porque no podíamos tener intimidad de la forma en que estábamos acostumbrados. Andrés me amó en este proceso y nunca me reprochó nada, pero me sentía muy desalentada al no poder ofrecerle mi cuerpo a Andrés de la forma en que disfrutaba hacerlo.

Fue durante estos años que decidimos descubrir otras formas sanas de tener intimidad en donde los dos estábamos totalmente de acuerdo. Estábamos determinados a seguir teniendo intimidad y nada nos iba a detener ni separar. Dios nos ayudó a ser creativos mientras sanaba mi cuerpo. Creo que nuestro aprecio mutuo e incluso nuestro amor aumentó durante esa temporada difícil. El punto que quisiera enfatizar es que hay ocasiones en que situaciones físicas limitan el sexo con tu pareja, pero eso no significa que sea necesario ignorarse o apartarse. Si los dos están de acuerdo, busquen alternativas para disfrutarse mutuamente y dejen que ese período distinto añada más riqueza y sazón a su relación.

Sexo anal

La Biblia no aprueba ni prohíbe esa práctica. Lo que sí prohíbe en varias ocasiones es el sexo entre dos personas del mismo género, es decir, entre dos hombres o dos mujeres. Los hombres homosexuales practican el sexo anal, por lo que muchos maestros de la Biblia concluyen que no está permitido en el matrimonio. Sin embargo, si somos estrictos, no hay un texto bíblico en donde se prohíba o se permita claramente esta práctica sexual en un matrimonio heterosexual. Aunque se trata de una práctica sexual que entra dentro del principio de mutuo acuerdo de la pareja, muchos líderes espirituales advierten en contra del sexo anal. Además, existen riesgos médicos debido a que, por un lado, el ano es una región con mucha bacteria que puede causar infecciones para los dos y, por otro lado, la piel en el recto se desgarra con facilidad. Esto hace que se trate de una práctica sexual poco recomendada. Algunos la llaman pecado y otros la consideran como falta de sabiduría. Ustedes tendrán que decidir por ustedes mismos al respecto.

Kelly y yo no podemos decirte qué hacer porque se trata de una práctica que los dos tendrán que conversar y estudiar. Sí podemos decirte que hemos sabido de parejas que enfrentan grandes problemas porque el esposo exige sexo anal y la esposa lo rechaza. A veces el esposo ya no quiere tener sexo tradicional con la esposa, solo sexo anal. También se ha convertido en un problema de abuso y humillación fuerte, hasta el punto de llegar a una separación. Más allá de la prohibición o no prohibición bíblica, si es médicamente sabio o no, lo más importante es si la esposa lo desea o no, si se siente cómoda o incómoda o va en contra de sus convicciones. Si ella lo rechaza, entonces *no lo deben practicar*. Algunas esposas se llegan a sentir violadas por sus maridos cuando practican el sexo anal porque se sienten obligadas y no quieren negarse por temor a perderlo o que busque otra pareja. Queremos animar a que levanten la voz las mujeres que se sienten obligadas a tener esta práctica contra su voluntad. No debes tolerar esa conducta y si tu esposo no respeta tu convicción y comodidad, es algo que él tiene que resolver. Quizá necesitan ayuda de algún consejero o tu esposo debe practicar el contentamiento y aprender a disfrutar el sexo que su esposa sí le puede dar.

Quizá debemos leer este pasaje para concluir la conversación sobre sexo anal:

«Todo es lícito, pero no todo es de provecho. Todo es lícito, pero no todo edifica. Nadie busque su propio bien, sino el de su prójimo» (1 Corintios 10:23, NBLA).

Si alguna práctica sexual no es para el bien de mi prójimo (cónyuge), aunque pudiera ser lícito, no es de provecho, no nos conviene y no nos edifica. Nosotros no podemos recomendarte el sexo anal, ni tampoco te lo podemos prohibir. Pero conociendo todos los riesgos que conlleva y las dificultades que ha creado en muchos matrimonios, creo que quizá sería mejor evitarlo.

Juguetes sexuales

Estoy tratando de pensar en alguna referencia bíblica para los juguetes sexuales. Quizá en primera de... *naaah*, no hay un versículo que hable de juguetes sexuales. He sabido de parejas que usan diferentes artefactos o se disfrazan de algún personaje para aumentar la sensación de placer sexual. Kelly y yo no usamos ningún juguete sexual. No necesitamos más juguetes porque somos en realidad el juguete sexual el uno del otro. Pero no juzgamos ni tampoco creemos que debamos decir que los juguetes sexuales están prohibidos, porque, como dijimos, no encontramos en la Biblia ni una prohibición ni un permiso para ellos. Nuevamente, el tema de los juguetes sexuales debe ser una decisión de mutuo acuerdo.

Estoy usando la Biblia como nuestra guía porque al inicio del capítulo sobre sexo señalamos que Kelly y yo somos cristianos, creemos que Dios nos creó y diseñó el sexo para nuestro bien y el bien de la raza humana. Quizá tengas otra fe, pero si aprendes de la perspectiva cristiana podría ampliar tu concepto sobre la sexualidad y aclarar tus convicciones personales.

Como la Biblia no aprueba o prohíbe el uso de juguetes sexuales o de disfraces, tampoco lo haremos nosotros. Sin embargo, te queremos animar a ser honesto y a que juntos contesten estas preguntas:

1. ¿Por qué necesitamos usar disfraces o juguetes?
2. ¿De dónde aprendimos esto?
3. ¿Puedo disfrutar del sexo con mi cónyuge sin juguetes sexuales con la misma intensidad?

4. ¿Estoy dispuesto a probar una temporada sin juguetes?

5. ¿Es realmente necesario usar juguetes o es solo es una diversión extra?

6. ¿En algún momento me siento usado(a) o incómodo(a) con los juguetes sexuales?

7. ¿Sentimos paz en el corazón de que esto agrada a Dios?

8. ¿Sentimos que esto nos une más como pareja o se ha vuelto menos íntimo el tiempo de interacción sexual?

Estas preguntas pueden iniciar una conversación honesta sobre las razones para el uso de los juguetes sexuales. Solo ustedes dos pueden tomar una decisión al respecto. Nosotros no los juzgamos ni tampoco deseamos que se sientan condenados. Es un tema entre ustedes y Dios. Solo queremos animarlos a priorizar la intimidad relacional por encima de un fetiche o por encima de «ayudas externas». No nos cansaremos de repetir que deben usar el principio de conversar para llegar a un acuerdo mutuo. Por último, queremos animarlos a soltar expectativas incorrectas y no permitir que las prácticas de otros influyan en lo que ustedes quieren construir en su vida sexual.

Masturbación

Si eres cristiano o vienes de una familia de fe que cree en Jesucristo y en la Biblia, seguro habrás escuchado que la masturbación es pecado. De nuevo, no hay ningún pasaje bíblico que aprueba o prohíbe la masturbación. Recuerdo un chiste entre estudiantes del instituto bíblico que bromeaban diciendo que según este versículo sí aprueba la masturbación: «Todo lo que te viniere a la mano para hacer, hazlo según tus fuerzas» (Eclesiastés 9:10, RVR1960). Creo que Kelly me va a regañar por este chiste, pero estamos entre amigos. Es obvio que es un chiste malo y si sigues leyendo, el pasaje habla de trabajo, sabiduría, ciencia y crear cosas. No habla de masturbación. En cambio, sí hay algo que Jesucristo dijo que debería ponernos a pensar:

«Ustedes han oído que se dijo: "No cometerás adulterio". Pero Yo les digo que todo el que mire a una mujer para codiciarla ya cometió adulterio con ella en su corazón» (Mateo 5:27-28, NBLA).

El adulterio en el corazón no es adulterio consumado, pero sí es una forma de infidelidad a nuestra pareja. Estamos obteniendo placer sexual de alguien más fuera de nuestro matrimonio. Algunos dicen que es imposible masturbarse sin pensar en otra persona. Por lo tanto, aplican las palabras de Jesús para prohibir la masturbación. Sin embargo, si no piensas en nada o si solo piensas en tu cónyuge, técnicamente hablando no sería pecado la masturbación. Pero también, técnicamente hablando, los dos deberían estar de acuerdo porque se trata de una actividad sexual y debe ser para el beneficio y satisfacción de los dos, según el principio enseñado por Pablo a los corintios (1 Corintios 7). El principio se mantiene: si a uno no le parece que el otro se masturbe, el otro no debe practicarlo. Aunque técnicamente no sea pecado, para él o ella sí podría serlo ya que viola el acuerdo de pareja para la sexualidad. De nuevo, es algo que deben de hablar con honestidad y llegar a acuerdos que ambos respeten.

Las parejas que practican la masturbación tienen menos intimidad sexual y tienen menos unidad en su relación. Es por lo general una práctica que aísla al uno del otro. Pero también algunas parejas han mencionado que cuando están de viaje tienen sexo por videollamada y se masturban, pero con la salvedad de que están viéndose el uno al otro y el sexo lo practican entre ellos.

Tanto solteros como casados, hombres y mujeres tienen una adicción a la masturbación. Muchos confiesan que piensan en otras personas o ven imágenes de otras personas y ese tipo de masturbación es practicar el sexo fuera del matrimonio entre un hombre y una mujer. Por lo tanto, es violar el diseño de Dios para la sexualidad. Quisiera animarte a que hables con alguien si estás atrapado en esta adicción. Si eres casado, habla con tu cónyuge, pide ayuda, oración, hablen juntos y busquen mejorar su vida sexual y ayudarse mutuamente. Les recomendamos leer los libros *La batalla de cada hombre*[1] y *La batalla de cada mujer*.[2] Son libros que ayudan en esta área a hombres y mujeres, tanto solteros como casados. Yo les recomiendo probar un «ayuno de masturbación y pornografía» por un mes que permita tomar pasos hacia la ruptura de la necesidad o adicción

---

[1] Stephen Arterburn, Fred Stoeker y Mike Yorkey, *La batalla de cada hombre* (Miami, FL: Editorial Unilit, 2013).

[2] Shannon Ethridge y Stephen Arterburn, *La batalla de cada mujer* (Miami, FL: Editorial Unilit, 2008).

a la masturbación. También es importante que rindas cuentas con alguien y pídele a Dios la gracia y libertad que necesitas. El Señor no quiere que seas esclavo a una adicción, mucho menos de una adicción sexual que te está robando el disfrute de la intimidad con tu cónyuge.

Hemos escuchado de casos de personas viudas que ya no tienen a su cónyuge y por eso se masturban con la imagen de su cónyuge fallecido. Esto es entre ellos y Dios. Si tu convicción te lo permite y tienes paz, no tengo nada que decirte, pero si es algo que percibes que no es correcto, deberías seguir tu conciencia.

Cuando la Biblia no aprueba o prohíbe algo debemos preguntarnos dos cosas:

1. ¿Entra esto en la ley del amor? Es decir, ¿estoy mostrando amor a mi prójimo o lo estoy ofendiendo?
2. ¿Mi conciencia me condena o no?

La respuesta a esas preguntas nos ayuda a navegar los temas donde la Biblia no aprueba ni prohíbe alguna práctica. Si ofende a tu prójimo y si tu conciencia no te lo permite, no lo debes hacer. Pero si es algo que beneficia a mi prójimo y mi conciencia me lo permite, entonces lo puedo hacer.

También hay matrimonios donde uno de ellos tiene una discapacidad o algo semejante que les impide practicar el sexo y han llegado a acuerdos en cuanto a la masturbación que honra a la pareja y que se enfoca en el cuerpo de su cónyuge. Creo que puedes ver el principio de *crear acuerdos* en cada una de estas secciones porque son el fundamento de la salud del matrimonio. Somos *uno solo* y necesitamos acuerdos para caminar en esa unidad.

De nuevo, yo no soy quien te dirá qué hacer o no. Estoy seguro de que muchos maestros de la Biblia estarán de acuerdo y otros en desacuerdo conmigo. Prefiero que en los temas donde no hay una clara aprobación o prohibición bíblica, cada uno tenga la libertad de desarrollar sus propias convicciones. Para los casados eso significa desarrollar una *convicción común*. Lo repito nuevamente, si estás de acuerdo con la masturbación, pero tu cónyuge no lo está, entonces no lo practiquen. ¡Así de sencillo!

Sexo por videollamada

Esta pregunta me la han hecho muchas personas y creo que ya sabes lo que diré. Claro que lo deberías de hacer… No, espera, lo que quise decir es que deben conversar bien para llegar a un acuerdo. Les confieso que sí he traído el tema con Kelly. Nos ha tocado viajar mucho y no es nada divertido estar lejos de mi esposa. Pero Kelly no se siente cómoda con el sexo por videollamada hasta ahora. Entonces no lo hacemos. Tenemos que aprender a contentarnos con lo que Dios nos ha dado en el sexo con nuestro matrimonio. Eso sí, es maravilloso reencontrarnos después de un viaje. Pero sí conozco a varias parejas cristianas que lo practican y es una práctica que definitivamente no está prohibida en la Biblia. En teoría se trata de una forma de sexo dentro del matrimonio; entonces, si los dos tienen paz, pues adelante. Solo asegúrense de usar una aplicación privada, lo último que quisieran es que sus hijos encuentren a sus papás divirtiéndose en YouTube.

Quizá Kelly puede pensar en otras preguntas que hemos recibido a lo largo de los años. Pero más que contestar todas las preguntas, quisiéramos recordarte una vez más el principio de los *acuerdos*. Si los dos respetan las convicciones y la comodidad de la otra persona, y si los dos muestran generosidad de cuerpo y de tiempo, si son honestos para decir lo que sí les gusta y lo que les disgusta, si disfrutas lo que sí puede darte en lugar de frustrarse con lo que el otro no puede darte, entonces van a crear una intimidad sexual extraordinaria y envidiable. Kelly y yo estamos orando por ustedes. Nuestro deseo es que tengan algo similar y mejor a lo que tenemos nosotros. Nos divertimos mucho y cada vez más experimentamos lo que significa ser *una sola carne*.

Solo quisiera añadir dos consejos:

Número uno. Andrés ya lo mencionó, pero lo quiero enfatizar una vez más. Nunca se debe de forzar u obligar a tu esposa(o) contra su voluntad a tener sexo, de cualquier tipo, en ningún momento y bajo ninguna circunstancia. He conversado con mujeres que me han dicho que sus esposos las han obligado a tener intimidad y realizar actos desagradables, cuando estaban borrachos o enojados, incluso bajo amenaza o actuando con violencia. Eso *no está bien y no debe suceder* en el matrimonio ni en ningún tipo de relación. Si te están maltratando u obligando a actos sexuales o a cualquier otra cosa en contra de tu voluntad, por favor levanta la voz y busca ayuda urgente.

Número dos. No usen el sexo como recompensa o manipulación. Hemos conversado con matrimonios en donde uno de los dos o a veces los dos, usan la intimidad como manipulación para obtener algo u obligar a su pareja para que realice ciertas acciones en el día a día. Esposas que exigen regalos, dinero, viajes o un «comportamiento impecable» del esposo a cambio de sexo. Esposos que exigen que ellas se vistan de una forma particular, la preparación de su comida favorita, que deje de compartir con cierta amiga o no use la tarjeta de crédito, a cambio de tener sexo. *Esto no es correcto* y no fortalece para nada la relación matrimonial. El sexo no se otorga a cambio de perfección, sino que se regala y disfruta simplemente por amor.

CAPÍTULO TRECE

Finanzas familiares

«El mundo del generoso se hace cada vez más grande. El mundo del tacaño se hace cada vez más pequeño». (Pr 11:24, traducción libre THE MESSAGE)

Una de las conversaciones más importantes que tuvimos con Kelly antes de casarnos fue sobre nuestras prioridades financieras. Yo tenía un ingreso muy limitado y había que contar cada peso. Yo había asumido el compromiso de aportar un porcentaje de mis ingresos a nuestra iglesia y también un porcentaje para sostener algunos misioneros que trabajan en otros países. Kelly se sorprendió cuando le comenté de este compromiso, pero me dijo que ella estaba de acuerdo y que juntos nos íbamos a esforzar para ser generosos.

Nuestro ingreso era tan limitado que Kelly tenía que comprar las cosas de la casa en una tienda subsidiada por el gobierno que no vendía productos de muy buena calidad. Recuerdo que nuestra cita romántica era ir a comer al McDonald's o Burger King cada quince días. A veces también nos alcanzaba para tomar un café en algún lugar del centro. Teníamos un automóvil viejo, pero que estaba en buenas condiciones. Hasta hoy recordamos ese auto con mucho cariño y agradecimiento. Rentábamos un departamento en un cuarto piso sin ascensor y nos tocaba subir todas las cosas por las escaleras. El esfuerzo se hizo mayor cuando tuvimos a Jared porque era subir y bajar con él más todas las cosas del supermercado. Era toda una odisea. El lado positivo es que nos manteníamos en forma y delgados subiendo y bajando tantos escalones. La verdad es que nunca tuvimos el afán de prosperar en términos financieros, solo disfrutábamos la vida con gratitud y así ha sido siempre.

Nuestro mundo ha crecido mucho desde que nos casamos. Tenemos tres hijos, el mayor (Jared) felizmente casado, hemos podido plantar varias iglesias, Dios nos ha abierto puertas para participar como conferencistas en muchos países, escribimos libros, tenemos una casa y mejores autos, amigos increíbles, muchas experiencias de vida, una dinámica familiar extraordinaria, no nos falta nada y seguimos disfrutando la vida. Como dijo el apóstol Pablo, hemos aprendido a contentarnos con mucho o con poco (Fil 4:11). Nuestro mundo realmente ha crecido más de lo que podíamos imaginar y nuestro deseo es que el mundo de cada matrimonio también crezca.

Cuando hablamos de que nuestro mundo ha crecido, no solo nos referimos a dinero o cosas materiales, sino que hablamos de todo lo que representa una vida abundante:

- Unidad
- Gracia
- Alegría
- Amor
- Paz
- Perdón
- Sabiduría

- Vida espiritual
- Madurez
- Oportunidades
- Familia
- Amistades
- Trabajo

Estamos hablando de todo lo que representa tu mundo como persona, matrimonio y familia. Dios quiere y puede proveerte de todo lo que necesitas para alcanzar el propósito que tiene para tu vida. Créeme que vas a necesitar mucho más que dinero para lograr tu propósito en la vida. Pero la manera en que manejas tu dinero puede prepararte para una provisión sobrenatural o limitarte muchísimo. Hablaremos de algunos principios para el manejo de las finanzas familiares, pero también te recomendamos buscar libros y estudiar diferentes recursos sobre las finanzas para que se eduquen bien y puedan ambos tener la misma compresión de este tema tan importante.

Cada miércoles íbamos al supermercado para comprar todo lo necesario para la casa. Era mi día favorito de la semana y me encantaba hacerlo. Incluso hoy me gusta *ir* a hacer las compras en la tienda y no en línea como se acostumbra en estos días. Recuerdo que una calculadora de color morada colgaba en mi cuello porque necesitaba ir sumando cuánto dinero iba gastando mientras acumulaba productos en el carrito. No teníamos tarjeta de crédito y el efectivo era muy poco. No podía pasarme ni en un peso en los gastos.

Andrés ya les mencionó que iba a una tienda subsidiada por el gobierno. No estaba ubicada en una buena zona de la ciudad, por lo que siempre procuraba llegar temprano y estacionarme cerca de la entrada principal para no estar preocupada por la seguridad del auto ni la mía. No era un supermercado bonito ni los empleados se caracterizaban por su amabilidad, pero yo la pasaba muy bien e iba súper feliz. La razón principal para mi felicidad era porque iba *muy* agradecida con Dios por ayudarnos a encontrar un lugar en donde nos alcanzaba para comprar todo lo que necesitábamos en nuestro pequeño hogar. La gratitud por lo que Dios te ha dado cambia realmente la perspectiva de cualquier situación y época de tu vida.

PRINCIPIOS FUNDAMENTALES PARA EL MANEJO DE LAS FINANZAS EN EL MATRIMONIO

1. Nuestro dinero

El primer principio es que tenemos un solo presupuesto, así como somos una sola carne. Alguien nos aconsejó siempre hablar de «nuestro dinero». No es su dinero y mi dinero, es nuestro dinero. No importa si uno gana más que el otro, si uno solo trabaja o si uno viene de una familia más adinerada. Todo el dinero es de ambos cuando uno se casa. Eso significa que para decidir el presupuesto de la casa necesitamos juntar todos los ingresos y ponernos de acuerdo sobre los egresos. También significa que no tenemos secretos financieros, ni ahorros ni ingresos ocultos. Todo el dinero está sobre la mesa y existe un solo presupuesto.

Dios bendice la unidad y la honestidad. Hay una bendición especial sobre sus vidas cuando un matrimonio se une en torno al manejo del dinero. Es muy triste e injusto ver casos en donde uno de los cónyuges muere y el otro descubre una gran cantidad de deudas desconocidas que deberá pagar por años. También es injusto ver que la mujer sufre para estirar cada peso y pasa por muchas limitaciones personales, pero el hombre se da una vida de lujos. Me acuerdo de que una vez me compré un teléfono inteligente nuevo y Kelly me preguntó: «¿Y para mí no hay teléfono nuevo?». Le respondí: «Solo me alcanzó para uno». Ella dijo que estaba bien, pero pude notar su desilusión. Kelly nunca ha exigido nada y siempre ha sido muy responsable con el dinero. Yo sentí una profunda convicción de que nunca más me compraría un celular si no le podía comprar también uno a ella. Esa regla se mantiene para comprar zapatos o cualquier otra cosa. A veces solo le compro a ella y eso me gusta porque creo que se trata de igualdad. Es indudable que los hombres y las mujeres son diferentes. Nuestros gustos al comprar también son distintos. A mí me gustan más los juguetes de hombres, como una parrilla para asar carne, mientras que a Kelly le gustan los zapatos. No se trata de averiguar qué cuesta más, ni andar comparando quién gastó más o menos, sino que los dos sintamos que el dinero es nuestro y qué hay un equilibrio y balance en el manejo de las finanzas que permita satisfacer las necesidades y también los gustos de ambos.

En cierta ocasión estábamos en una reunión donde se buscaba reunir fondos para un proyecto cuando teníamos como cinco años de casados. Algunas personas estaban comprometiéndose con distintas cantidades para el proyecto. Yo levanté la mano y me comprometí con una cantidad fuerte de dinero. Era una cantidad que no teníamos, pero yo tenía la fe de que podríamos reunir esa suma en unos seis meses. Cuando me volví a sentar junto a Kelly, ella estaba furiosa. Llegamos a la casa y ella no podía ocultar su enojo porque tomé una decisión sobre nuestro dinero sin consultarle. Mi estrategia inicial fue atacarla. Traté de darle vuelta a la situación diciéndole que le faltaba fe y que además era tacaña. Tuve que reconocer después de mucha discusión que me había equivocado, me arrepentí y le pedí perdón. Le dije que podía romper el compromiso si ella no estaba de acuerdo. Ella me respondió que tenía fe para que podamos dar la mitad de lo que había prometido, y si yo todavía quería dar toda la suma, entonces debería buscar una manera de resolverlo, como quizás vender el auto que usaba, o alguna solución que no afecte a la familia por una decisión que tomé sin consultarles. Decidí honrar mi promesa por completo y vendí mi auto para juntar el dinero. Viajé en transporte público por un tiempo y Kelly se mostró compasiva conmigo y me prestaba algunas veces su carro. Dios fue bueno y poco tiempo después cumplimos por completo con el compromiso. No tuvimos que limitar las finanzas familiares y pudimos comprar otro auto. Pero yo reconozco que me equivoqué y a través de buenas y malas experiencias hemos aprendido el valor de considerar el dinero como *nuestro*.

2. Crear un presupuesto anual

Hay muchos libros que tratan sobre cómo crear un presupuesto y también sobre cómo pagar deudas y vivir libre de ellas. Algunos autores que recomendamos son Dave Ramsey, Rachel Cruze y Andrés Panasiuk. Se enseñan diferentes ángulos y enfoques para crear un presupuesto, pero lo más valioso de ese ejercicio es que deben hacerlo los dos juntos. En el matrimonio siempre hay uno que es mejor para administrar el dinero, a veces es el hombre y otras la mujer. Es bueno que lo conversen y asignen al responsable de liderar la conversación sobre el presupuesto.

Algunos rubros que se incluyen en el presupuesto son:

1. Donaciones a iglesias, organizaciones sociales, etc.
2. Fondo de emergencia.
3. Renta o Hipoteca.
4. Utilidades de la casa (agua, luz, internet).
5. Comida, despensa.
6. Seguro médico.
7. Gastos médicos y medicamentos no cubiertos por el seguro.
8. Escuelas, útiles escolares.
9. Ropa.
10. Ahorros para proyectos de corto y mediano plazo: compra de carro, televisión, terreno, etc.

11. Ahorros para proyectos de largo plazo y plan para el retiro.
12. Inversiones.
13. Mantenimiento de auto(s) y combustible.
14. Mantenimiento de la casa.
15. Vacaciones.
16. Entretenimiento: cine, comer fuera, etc.
17. Maquillaje y productos de mujer (créeme se necesita este rubro).
18. Regalos de cumpleaños y Navidad.
19. Dinero de libre disponibilidad para ella y para él.
20. Caja chica.

Es muy posible que se me hayan olvidado algunos rubros, pero lo que queremos que veas es que hay que tomar muchas decisiones. Realmente hay solo tres secciones de gasto principales:

- Lo que damos.
- Lo que gastamos.
- Lo que ahorramos.

El presupuesto nos ayuda a determinar cuánto y cómo damos, gastamos y ahorramos. Pero más que nada, el presupuesto nos ayuda a definir nuestras prioridades y no hay nada más revelador de las prioridades de una persona que el presupuesto. Si tienes en cuenta eso, entonces no te sorprendas si tienen discusiones fuertes al momento de hacer el presupuesto. Es normal ese tipo de fricción porque están hablando de cosas muy cercanas a sus corazones. Es muy importante que no se ataquen, sino que se escuchen, hablen con honestidad y juntos decidan cómo usar el dinero.

Kelly me pedía que compráramos cortinas para la casa en uno de los primeros presupuestos que hicimos juntos. Su pedido era porque teníamos unas sábanas colgadas en las ventanas de los cuartos. Yo le decía que las sábanas eran más que suficientes y que las cortinas eran un lujo. La verdad es que prefería comprar una televisión nueva o un estéreo para el auto, pero ella pensaba que la televisión era un lujo y las cortinas una necesidad. Terminamos integrando el proyecto de las cortinas al presupuesto porque para ella era importante. Me tocó esa vez ceder, así como hubo otras oportunidades en que ella ha cedido. Esa es la cultura de acuerdos en un presupuesto.

Un presupuesto acordado produce mucha unidad en el matrimonio, mientras que un manejo de las finanzas sin acuerdos puede producir mucho daño. Me acuerdo una ocasión cuando Kelly estaba muy triste y me pidió muy formalmente hablar conmigo. Me dijo que había calculado mal algunos gastos y que había tratado de ajustar las asignaciones de su presupuesto para resolverlo, pero simplemente no podía y tenía un faltante grande. Se sentía muy apenada y responsable. Tuvimos una discusión fuerte y tengo que admitir que no debí molestarme tanto. Después recapacité y decidí usar de mi asignación en el presupuesto para cubrir el faltante que Kelly había acumulado. Nos dimos cuenta de que no fue que Kelly gastó mal el dinero, sino que no habíamos diseñado bien el presupuesto y ella tuvo que resolver ese vacío. Aprendimos que un presupuesto se tiene que evaluar constantemente y si hay una asignación importante que no se consideró, entonces se debe de ajustar cuánto sea necesario. Por un lado, tenemos que ser estrictos para cumplir con el presupuesto que establecimos, pero, por otro lado, tenemos que evaluarlo con honestidad y corregir las partidas defectuosas.

Kelly y yo recomendamos ampliamente asignar un monto de dinero libre para ella y para él. Dinero del que pueden disponer sin tener que preguntar al otro. ¿Quieres otro par de zapatos? No tienes que pedir permiso, cómpralos si cuentas con el dinero en tu asignación libre. ¿Quieres ahorrar tu dinero libre varios meses y comprarte unos palos de golf? Cómpralos, es dinero para tu libre disposición. ¿Quieres apoyar a alguien? Adelante. Este rubro es importante porque nos da un sentido de libertad que nos ayuda mucho a no sentirnos resentidos con la pareja. Aunque los dos hemos determinado la cantidad que le toca a cada uno y los parámetros generales de gasto, tener dinero libre permite cierta independencia que es muy sana en el matrimonio. Yo estoy en contra de que las esposas tengan que pedir dinero para cada pequeño gasto personal o de la casa. Eso es una forma de abuso de parte del hombre. También se dañaría emocionalmente la identidad del varón si es que tuviera que pedir permiso hasta para comprar un café.

Por último, queremos animarlos a persistir en la elaboración y el mantenimiento de un presupuesto conjunto. Muchas parejas nunca terminan de hacer un presupuesto porque se pelean tanto en el proceso, que pareciera mejor seguir con sus prácticas antiguas. Prefieren continuar con sus dificultades financieras que ponerse de acuerdo. Vale la pena persistir hasta alcanzarlo, pero si necesitan un tercero, un consejero, algún coach en finanzas, consíganlo y reciban la ayuda que necesiten, pero persistan. Sus hijos serán muy bendecidos por sus buenas decisiones financieras y su futuro se los va a agradecer mucho. Hay parejas que crean un presupuesto, pero después de tres meses lo abandonan porque se les hace muy difícil mantenerlo. La realidad es que se necesita todo un año de experimentar con pruebas y errores hasta tener un panorama claro de cuál debe ser su presupuesto para cubrir sus necesidades y para juntos construir el futuro que anhelan. Tengan paciencia, traten de seguir lo más que puedan el presupuesto, dialoguen mucho, evalúen cada trimestre o cada mes si es necesario y ajusten todo lo que sea necesario ajustar. Al final del año tendrán más experiencia y herramientas para crear cada vez mejores presupuestos. Creemos de todo corazón que Dios quiere ayudarles a tener un mundo cada vez más grande para ustedes, sus hijos y las generaciones que les sigan.

3. Asignar responsables

Una vez nos cortaron la luz y fue el caos total. Yo estaba enojado, Kelly preocupada, la tensión era alta porque era viernes en la tarde y no había personal en la compañía de electricidad para reconectarla hasta el lunes. Se iba a dañar la comida en el refrigerador y Kelly acababa de ir al supermercado. Gracias a Dios un amigo trabajaba en la compañía y pudimos pagar y reconectar la luz el mismo día. ¿Quién fue el culpable? Yo, Andrés. Se me olvidó pagar la factura a tiempo. Era mi responsabilidad.

Responsables de la provisión del hogar. Uno de los aspectos principales para que el manejo del dinero funcione bien es asignar las responsabilidades para cada uno. Sin embargo, antes de hablar de las responsabilidades con respecto a los egresos, quiero hablar de las responsabilidades de los ingresos. Nosotros creemos que nuestro proveedor es Dios. Él nos provee de aliento, dones y talentos, intelecto, oportunidades, fuerzas, trabajo y, en realidad, nos provee todo lo que tenemos. Tú puedes elegir creer lo que quieras, pero nosotros creemos que Dios es nuestro proveedor y por eso creemos en el modelo bíblico de provisión. La Biblia señala con claridad que el varón tiene, con el favor de Dios, la responsabilidad principal de provisión para las necesidades del hogar. Ese es un modelo que se observa desde el Antiguo Testamento hasta el Nuevo Testamento. El apóstol Pablo le enseñaba así a su discípulo Timoteo: «... porque si alguno no provee para los suyos, y mayormente para los de su casa, ha negado la fe, y es peor que un incrédulo» (1 Ti 5:8, RVR1960). En el lenguaje griego original de este pasaje notamos que está en masculino y se refiere al hombre. Pero también vemos a mujeres prósperas y trabajadoras como la mujer virtuosa (Pr 31), las mujeres que ayudaban a cubrir los gastos del ministerio de Jesús (Lc 8:1-3) o Lidia, una mamá soltera que sostenía a toda su familia con sus negocios de telas y tenía una casa tan grande que llegó a hospedar al apóstol Pablo y todo su equipo de misioneros (Hch 16). Sin embargo, el hombre lleva la responsabilidad de proveer, pero también la mujer puede trabajar y ser parte de la provisión si ella quiere y puede.

Ambos trabajan en los matrimonios de la gran mayoría de nuestros amigos. En algunos casos, la mujer gana más y en otros el hombre gana más, pero en cualquier caso el hombre nunca deja su responsabilidad de proveer y, en caso que sea necesario, estará listo para ser el único proveedor de su casa. Hay otros matrimonios donde solo el hombre trabaja y la mujer se dedica al hogar y a los hijos. Permítanme decir que esa labor en el hogar y con los hijos es también trabajo. Es igual o más trabajo que ir a la oficina, vender seguros o administrar una empresa. Siempre será trabajo ya sea que trabajen fuera de casa o en los quehaceres de la casa. Por lo tanto, se requiere hacer equipo para lograr construir una familia saludable y fuerte. Hemos tenido períodos de tiempo en los que Kelly ha necesitado dedicar más tiempo a los hijos porque eran pequeños y reducían sus horas de trabajo. También hemos tenido tiempos en los que yo he tenido que modificar mis horarios y compromisos laborales para apoyar a Kelly y a nuestros hijos.

Queremos ayudarles a tener un concepto saludable de la provisión del hogar. El responsable primario es el hombre y la mujer tiene el derecho de decidir si quiere o no trabajar fuera de casa. Es cierto que hay temporadas de escasez y durante esos tiempos se requiere el apoyo de los dos. Sin embargo, no creo que sea correcto que el hombre obligue a la mujer a trabajar solo porque quiere mayores ingresos. El tema del trabajo deben hablarlo juntos, llegar a acuerdos y definir responsabilidades. Para algunas mujeres es importante trabajar fuera de casa, tienen sueños profesionales y han reconocido un llamado y una vocación que quieren llevar a cabo fuera de casa. Eso es totalmente válido y así como el hombre no puede exigirle que trabaje, tampoco puede exigirle que no trabaje. Él debe reconocer ese deseo y vocación personal y apoyarla. Más bien, deberían de acordar en el presupuesto algunos gastos adicionales como guardería y otros aspectos similares que respaldan y facilitan la decisión de la esposa.

Yo no estuve de acuerdo cuando Kelly me dijo que estaba aburrida y quería trabajar. Tengo que admitir que tenía una idea algo machista del matrimonio y por eso tuve que soltar ciertas ideas y expectativas que yo tenía del matrimonio. Doy gracias a Kelly por su paciencia que permitió que podamos resolverlo y juntos trabajar para sacar adelante nuestra familia. Hacemos un gran equipo.

Responsables del manejo del dinero. Un día fuimos a un café con uno de mis mejores amigos y me contaba que las finanzas familiares estaban mucho mejor desde que su esposa las administraba. Ahora tenían más ahorros y menos problemas, también me confesó que él solo administraba el dinero del rubro de su dinero libre y todo lo demás lo administraba su esposa. Entre risas me decía que era mejor así porque era incapaz de respetar el presupuesto. Siempre terminaba gastándolo en algún antojo o en ayudar a alguien o hacía gastos que ni siquiera recordaba. Qué importante es asignar al responsable de administrar el dinero. Como dijimos antes, el mejor administrador es a veces la mujer y otras el hombre. Aunque juntos deciden sobre el uso del dinero y el presupuesto, es importante asignar al responsable de su ejecución. El hombre no pierde hombría si la mujer administra el dinero, como tampoco la mujer pierde valor si el hombre es el administrador. Solo se trata de una asignación de responsables en donde se escoge a la persona más capaz para la administración de las finanzas.

En nuestro caso, yo soy mejor para manejar el dinero, pero decidimos que yo sería el responsable de algunos rubros y en otros sería Kelly la responsable de manejar el dinero. Yo soy el responsable de los ahorros a largo plazo, hipoteca, gastos médicos, autos y pagos de escuela. Kelly es la responsable de los ahorros a corto plazo, Navidad, supermercado, ropa y otros más. Cuando se presenta algún gasto, proyecto u oportunidad fuera de lo presupuestado, lo conversamos para llegar a un acuerdo juntos. Así ha funcionado bien para nosotros. Cada pareja es distinta, pero el principio es el mismo: asignen responsabilidades.

Si les están cortando la electricidad a cada rato, quizá necesitan cambiar la persona responsable del pago. Muchos matrimonios sufren por un orgullo que les impide llevar una vida funcional. Siempre están atrasados con los pagos, la crisis es permanente y los problemas financieros nunca se resuelven. Es posible que esto se deba a que el orgullo les impide llegar a acuerdos y asignar la responsabilidad al que es más capaz para administrar el dinero. Demasiados hombres no quieren soltar el manejo del dinero a sus esposas, aunque ellas son mucho mejores que ellos para administrar. Solo por orgullo tienen a la familia endeudada, en crisis y en una tensión constante. El líder no hace todo, sino que sabe involucrar a todos para un mejor resultado.

El responsable de administrar el dinero debe comunicar las victorias y los desafíos. Coméntale a tu cónyuge si lograste la manera de ahorrar más un mes, no se lo ocultes. Decidan juntos si se queda como ahorro o si, por ejemplo, van a pasar una noche juntos en alguna ciudad cercana. Si el dinero está escaseando, comunícalo, oren juntos y busquen soluciones juntos. No trates de ser el héroe que soluciona todo solo, porque si más adelante surge un problema financiero, habrás traicionado la confianza que se te dio para administrar el dinero. Van a llegar mucho más lejos de lo que pueden imaginar si forman un equipo para el manejo de las finanzas.

Yo batallé mucho para administrar bien las áreas que tenía a mi cargo dentro de nuestro presupuesto. Realmente me esforzaba, pero la verdad es que no soy buena con los números. Tuve que ser honesta al respecto y pedirle ayuda a Andrés. Así que un día fue muy sabio y me compró diez sobres tamaño carta blancos. En cada sobre escribió con un marcador permanente el rubro y la cantidad de dinero que yo debía depositar en cada uno. Por ejemplo: medicamento, gasolina, despensa, domingo de los hijos, imprevistos, «dinero para Kelly» (obvio) y algunos más. Entonces juntábamos nuestro dinero cada quincena y él me ayudaba a acomodar la cantidad exacta en cada sobre. Al principio, me dio un poco de vergüenza necesitar ese tipo de ayuda, pero después de un tiempo aprendí a administrar bien mi lado del presupuesto. ¡Gloria a Dios! Y gracias a Andrés.

4. Mentalidad de abundancia

Mis papás siempre fueron generosos con todo: con sus palabras de ánimo para las personas, al invitar a muchos a la casa a comer, con los pobres, con sus abrazos, con su tiempo y mucho más. Siempre fueron generosos y siempre tuvimos lo necesario en casa. Además, mi papá es un gran hombre de fe que siempre ha sido pionero para proyectos de la iglesia y misiones. Sin embargo, también debo admitir que siempre vivíamos bajo tensión porque estábamos apretados con el dinero. Mientras crecía me fui dando cuenta de que teníamos algunas deudas y limitaciones. Mi conclusión siempre fue que a mis papás no les iba bien y por eso teníamos dificultades financieras.

De adulto pude conocer el manejo financiero de mis papás y entendí que, aunque no eran ricos, tampoco eran tan pobres como para que tuvieran dificultades financieras. Era más bien un asunto de la administración del presupuesto familiar. No los culpo, ni los juzgo, hicieron lo mejor que pudieron con lo que tenían y conocían, y estoy muy agradecido con ellos. No digo que ellos tuvieran una mentalidad de pobreza, pero yo sí asumí una mentalidad de pobreza debido a las limitaciones con las que vivimos. Además, aprendí la mentalidad de deuda, es decir, las deudas son necesarias para salir adelante. Ahora comprendo que la mentalidad de deuda es parte de la mentalidad de pobreza.

Hay diferentes descripciones de una mentalidad de pobreza. En mi caso yo identifico las siguientes características:

1. Crisis constantes de dinero.
2. Desorden en el manejo del dinero. No hay presupuesto. No hay planes.
3. Deudas innecesarias (la mayoría son innecesarias).
4. Envidia al que tiene más que tú.

5. Esperar a que el familiar o amigo rico te ayude, y te enojas cuando no te ayudan.
6. Estrés y ansiedad en torno a las finanzas.
7. Incapaz de ser generoso.
8. Creer que la riqueza viene por lo que tienes y no por lo que eres.
9. Creer que no tienes suficiente para prosperar.
10. Creer que no tienes la capacidad como otros para prosperar.
11. Creer que si tuvieras suficiente dinero lograrías tus sueños y serías feliz.

Todo eso y más es resultado de una mentalidad de pobreza. Cuando yo me di cuenta de que mi problema no era mi falta de dinero, sino mi falta de mentalidad de abundancia, tomé un tiempo para orar y pedirle a Dios su ayuda para cambiar mi mentalidad. Cuando estudié la Biblia al respecto me di cuenta de que es la decisión de cada uno tener una mentalidad de pobreza o de abundancia y que no tiene nada que ver la cantidad de dinero que uno tenga en el banco. He conocido a personas con mucho dinero, pero con una mentalidad de pobreza y también personas con poco dinero, pero con una mentalidad de abundancia. El arrepentimiento es el medio para obtener una mentalidad de abundancia porque arrepentirse es abandonar un pensamiento y conducta equivocada para abrazar un pensamiento y conducta correcta.

Mi suegro me contó que a los pocos años de casado había acumulado más de diez mil dólares americanos de deudas en tarjetas de crédito. Un día decidió cancelar sus tarjetas y ordenar su presupuesto. Salir de la deuda le tomó un par de años difíciles, pero lo logró. También me cuenta que siempre se hacía el loco a la hora de pagar la cuenta cuando salían a un restaurante con amigos que tenían más dinero que él. Esperaba que pagara su amigo más próspero. Pero un día Dios lo confrontó y decidió que aprendería a ser generoso y a pagar también la cuenta del restaurante. Eso es arrepentimiento, cuando uno cambia la mentalidad de pobreza.

Conocemos a una pareja que nos contó un testimonio impresionante. La mujer viene de una familia adinerada, pero uno de sus familiares cometió un fraude para dejarla fuera de la herencia familiar. En plena pandemia y con fuertes necesidades financieras decidieron creerle a Dios que les había dado todo lo necesario para prosperar. Ella se acordó de algunas recetas familiares para la elaboración de diferentes tipos de salsas. Las empezaron a producir y vender en pandemia y ahora tienen un negocio que está prosperando mucho. Ellos hubieran tenido una mentalidad de pobreza si hubieran creído que, como ya no tenían la herencia, estaban destinados a siempre vivir con carencias y deudas. Pero la mentalidad de abundancia les recordó que no tenían solo una herencia de dinero, sino una de trabajo, recetas, integridad y esfuerzo. Por lo tanto, sí tenían todo lo necesario para prosperar y sí tienen a un Dios bueno y proveedor.

Como les dije, me arrepentí de mi manera de pensar y de mi conducta cuando me di cuenta de mi mentalidad de pobreza. Lo principal que tuve que cambiar era la idea de que siempre iba a tener problemas de dinero. Así era la vida para mí, así éramos los Spyker y era lo normal para los que servían a Dios. Tener dificultades financieras era la voluntad de Dios y era el medio para mantenernos espirituales y humildes. Pero entendimos que hay ricos humildes y ricos orgullosos, como también hay pobres humildes y pobres orgullosos. La humildad no es el resultado de una posición económica, sino de una condición interna. Con Kelly tomamos varias decisiones a lo largo de los años para romper la mentalidad de pobreza y abrazar una mentalidad de abundancia. Te compartimos algunas de ellas.

- Damos a Dios el 10 % de nuestros ingresos.
- Damos otro 20 % a las misiones y a los pobres.
- Siempre que Dios nos habla de dar alguna cantidad por encima de lo que teníamos planeado, lo que hacemos es orar, conversarlo y confirmarlo. Tomamos la decisión de estirar nuestra fe y obedecer lo que creemos que Dios nos ha hablado.
- No gastamos más de lo que tenemos.
- No tenemos deudas de tarjetas de crédito. Las tarjetas solo las usamos como una herramienta de pagos que liquidamos al final de mes de acuerdo con los presupuestos creados. Mejor no las uses si no tienes disciplina financiera.
- La única deuda aceptable es una hipoteca.
- Tenemos un seguro de gastos médicos mayores. El seguro de gastos lo tenemos en el presupuesto desde antes de casarnos. Muchos quiebran financieramente por gastos médicos imprevistos y costosos.

- Nunca decimos «no tenemos suficiente para eso», sino «vamos a orar por provisión y vamos a ahorrar para lograrlo».
- Siempre buscamos ayudar al que nos pide ayuda. Puede ser un desconocido en la calle o un conocido cercano.
- No prestamos dinero. Si alguien pide, le damos lo que podemos dentro de nuestras posibilidades, pero nunca esperamos que nos pague de vuelta. Siempre lo donamos.
- Nunca vendemos ropa o artículos de la casa que no usamos. Siempre los regalamos a alguien que lo necesita.
- No criticamos al que tiene más que nosotros, sino aprendemos del que tiene más que nosotros.
- Invertimos en nuestra familia, vacaciones, casa, hijos.
- No nos sentimos menos por tener menos que otros y no nos sentimos más por tener más que alguien. Nuestra identidad viene de nuestra fe, no de nuestras posesiones.
- Nunca hemos pedido prestado a nuestros papás y nunca les hemos dicho cuando estamos apretados de dinero. Siempre hemos llevado nuestras necesidades directo a Dios en oración.

La lista es aún más larga, pero lo que quiero que sepas es que una vez que identificas la mentalidad de pobreza vas a darte cuenta de diferentes pensamientos, frases y actos que están mal. Cada vez que descubras algo que proviene de una mentalidad de pobreza, arrepiéntete y abraza la mentalidad de abundancia. Requiere de mucho trabajo y grandes sacrificios porque es más difícil vivir pensando en abundancia que en pobreza. Pero descubres una paz y un mundo de bendición una vez que lo aprendes. Es nuestro deseo y oración que juntos experimenten una provisión más allá de lo que se puedan imaginar y que puedan dejar a sus hijos y nietos un legado de abundancia y no de pobreza.

Oportunidades divinas. Muchos viven tristes por no haber aprovechado una oportunidad y viven amargados por no tener lo que sueñan. Los sueños se alcanzan cuando tomas una oportunidad a la vez. Kelly y yo rentamos un departamento por más de cinco años. Queríamos comprar una casa, pero las casas y la zona que nos gustaban eran demasiado caras para nuestras posibilidades. Moses Vegh, un amigo anciano de la familia lleno de sabiduría nos dijo que la primera casa nunca será la casa de tus sueños, que deberíamos estar dispuestos a empezar comprando algo más pequeño y fuera de nuestra zona preferida. A las pocas semanas supimos de unas casas en venta, que eran mucho más chicas y más lejos que nuestro departamento, pero dentro de nuestras posibilidades financieras. Al inicio dijimos que no lo haríamos, pero tuvimos paz y dimos un paso de fe después de conversar y orar los dos. Vendimos nuestro auto para la cuota inicial y compramos un auto mucho más viejo. Hicimos todos los trámites necesarios y logramos la hipoteca para nuestra primera casa.

Un año después, un amigo constructor me invitó a ver unos departamentos que había construido. Eran muy grandes, bonitos y en una zona muy buena de la ciudad. Después de ver los departamentos le dije a Kelly que sería increíble vivir en ese lugar. Pero yo me deprimí cuando me enteré del precio porque costaba el doble de lo que nos costó nuestra casa. Kelly me dijo que no perdíamos nada preguntando por el valor actual de nuestra casa. Le dije que solo había pasado un año y que no creía que había subido de valor. Sin embargo, pregunté. Para nuestra sorpresa, nuestra pequeña casa valía el doble de cuando la compramos en solo un año. No lo podíamos creer. La vendimos y pudimos comprar ese hermoso departamento bien ubicado en la ciudad. Así es como Dios nos ha prosperado. Te puedo contar muchas historias, desde oportunidades para dar conferencias, escribir un libro, conocer nuevas amistades y plantar una nueva iglesia.

Lo que hemos aprendido es que no todas las oportunidades son buenas y no todas las buenas oportunidades son fáciles. Se requiere discernimiento, diálogo, oración, consejo y fe para decidir cuáles oportunidades tomar o rechazar. Tu matrimonio se enfrentará a muchas oportunidades de distintos tipos: trabajos, puertas abiertas, compra de una propiedad, adoptar un hijo, cambio de ciudad, emprender un negocio, cumplir un sueño y muchas más. Nunca te dejes llevar por un sentido de urgencia, pero tampoco dejes pasar la oportunidad. Cada oportunidad tiene fecha de vencimiento y por eso para aprovechar una oportunidad divina necesitas: sabiduría, riesgo y perseverancia.

Sabiduría: Se obtiene al conversar con tu pareja, pedir consejo a personas que tienen más experiencia que tú, hacer los números y proyecciones necesarias y orar mucho y pedirle a Dios sabiduría.

Suelen haber oportunidades que parecen muy buenas, pero no sentimos paz después de orar juntos. La sabiduría consiste en evaluar los costos financieros, emocionales, familiares y todos los demás aspectos relevantes para lograr un objetivo. Después de hacer esta evaluación, es importante orar y buscar consejo. Si experimentan paz interior después de hacerlo, pueden continuar con su plan. De lo contrario, es mejor reconsiderar su decisión.

Riesgo: Es tomar un paso de fe. Después de hacer números y calcular con sabiduría, lo siguiente es asumir el riesgo. La verdad es que toda oportunidad requiere de un nivel de riesgo. Se trata de un porcentaje de dinero, de conexiones o habilidades que todavía no tienes, pero tendrás que ver milagros y esforzarte en fe para lograrlo. Asegúrate de tener un consejo sabio y hacer números para que sepas cuál es el riesgo antes de tomarlo. No es malo tomar riesgos, lo malo es tomar riesgos a ciegas.

Perseverancia: Siempre que tomen una oportunidad vendrá un momento en que dirán: Pero ¿qué hicimos? En toda oportunidad hay pruebas y situaciones inesperadas, pero verán el fruto de haber tomado ese riesgo si perseveran.

Dios muchas veces provee a través de oportunidades y no a través de dinero. Yo siempre decía: «Ojalá me pudiera ganar la lotería». Si ganara la lotería podría construir decenas de iglesias. Pero Dios nunca me ha dado el número ganador y tampoco compro boletos de lotería. Lo que sí me ha dado el Señor son oportunidades. Hoy disfrutamos de muchos sueños realizados, no porque teníamos el dinero, sino porque aprovechamos las oportunidades que Dios nos dio.

Te animo a finalizar este capítulo declarando estas verdades: «Dios es nuestro proveedor, juntos administraremos nuestro dinero, dejaremos un legado de fe para nuestros hijos, viviremos con una mentalidad de abundancia y aprovecharemos las oportunidades que Dios nos brinde para lograr los sueños que tenemos en nuestro corazón».

CAPÍTULO CATORCE

Cómo educar a nuestros hijos

Veníamos regresando de una comida en casa de mis papás. Jared tenía como dos años y todavía no nacían Lucas y Sofía. Jared y yo veníamos felices de haber visto a mis papás y abuelos, pero Kelly venía muy seria en el auto. Finalmente me dijo que estaba muy agradecida con mi papá y mi mamá por el amor que le mostraban a Jared, pero que ella sentía mucha presión de parte de mi mamá con respecto a la forma de educar a Jared. Me dijo: «Por supuesto que estamos aprendiendo y nos falta mucho, pero quiero hacer las cosas a mi manera, no a la manera de tu mamá o mi mamá». Yo comprendí que debía encontrar la manera de hablar con mis papás de este tema. La próxima vez que estuvimos juntos me di cuenta de la forma en que mi mamá, con las mejores intenciones del mundo, estaba tratando de decirle a Kelly cómo debía corregirlo, jugar y alimentar a Jared. Era evidente que mi mamá tenía las mejores intenciones, pero también necesitábamos tomar nuestras propias decisiones como padres. Pedí hablar con ellos y algunos días después fui a conversar con mis padres.

No me acuerdo muy bien de toda la conversación, pero primero les agradecí por ser los mejores abuelos y por amar tanto a mi hijo. Después les dije que apreciaba sus opiniones, pero Kelly y yo éramos los papás y nosotros tomaríamos las decisiones sobre cómo educarlo, alimentarlo, corregirlo y todo lo demás que hacen los padres. Les pedí por favor que solo disfrutaran a su nieto y que no estuvieran haciendo comentarios constantes sobre cómo hacer o no hacer las cosas. Si ellos creían ver algo equivocado en nosotros, que nos lo dijeran en privado, hablaríamos y los escucharíamos. Si Kelly o yo necesitábamos su consejo, nosotros les pediríamos ayuda. Fue una conversación un poco tensa, pero necesaria. La verdad es que tanto mis papás como mis suegros han sido muy respetuosos con la manera en que llevamos nuestro matrimonio y educamos a nuestros hijos, pero también hemos tenido algunas conversaciones difíciles para establecer límites sanos en la relación.

Lo primero que debemos entender como matrimonio es que somos los responsables de nuestra familia, nuestro matrimonio y nuestros hijos. Podemos recibir consejo, pero necesitamos establecer límites sanos en cuanto a la intervención de los abuelos o de otros miembros de la familia. Kelly y yo tenemos la convicción de **aprender y recibir consejo de nuestros padres y familiares, pero, al mismo tiempo, establecer límites sanos para que nosotros tengamos la libertad de educar a nuestros hijos conforme a nuestras convicciones personales.**

¿Cómo los vamos a criar y educar? Como lo hemos venido diciendo en muchas ocasiones, el principio más importante es el acuerdo. Debemos llegar a acuerdos, evaluarlos, modificarlos cuando no funcionen y reforzarlos si funcionan bien. Al momento de escribir este libro tenemos un hijo adulto ya casado, un hijo adolescente que entra en la universidad en un año y nuestra hija de once años que todavía no entra en la adolescencia. Podemos decir que hemos pasado y entendemos las dinámicas de las diferentes etapas por las que atraviesan los hijos. Nuestra recomendación es buscar libros específicos sobre la crianza y educación de los hijos para que puedan instruirse y entrenarse como papás. Kelly y yo hemos leído varios libros y ella aprendió mucho de su mamá y abuela materna.

Se dice que en los primeros cinco años de vida de una persona se forma su identidad y sus creencias más básicas. Por eso es muy importante empezar a instruir temprano a nuestros hijos. Si tus hijos ya son mayores a cinco años, no te deprimas, hay redención, nuevas oportunidades y Dios siempre nos da gracia para retomar el buen camino. Pero sí es importante empezar la instrucción lo más pronto posible.

¿Por qué hablar de educar a los hijos en un libro de relaciones? Porque es uno de los asuntos primarios más importantes en una relación matrimonial. Es posible que los problemas con el dinero, el sexo o los hijos estén entre los que más producen tensión y fracasos en los matrimonios. Muchas veces solemos pensar que el matrimonio está muy mal, cuando en realidad solo tenemos que ponernos de acuerdo en la educación de los hijos. Ellos son tan cercanos a nuestro corazón que, si hay problemas y desacuerdos en cómo los educamos, lo más probable es que generarán problemas en el matrimonio.

PRINCIPIOS FUNDAMENTALES EN LA EDUCACIÓN DE LOS HIJOS

1. Horarios

Una de las cosas que nos salvó la vida es aprender a establecer horarios. Kelly y yo valoramos mucho nuestro tiempo juntos y nos importa mucho el orden para las diferentes actividades, como el horario para comer, jugar, dormir y todas esas actividades cotidianas. Los bebés comen a cada rato y uno se levanta varias veces en la noche, pero tratamos de enseñarles lo más pronto posible a dormir toda la noche. Nuestros hijos ya dormían de 7 p. m. a 7 a. m. A los pocos meses de nacidos. Ese horario bien establecido nos daba oportunidad de tener el resto de la noche para estar juntos, conversar, descansar y así tener energía para el día siguiente. Nuestros hijos solo durmieron unos meses en su cuna en nuestro cuarto. Los pasamos a su propio cuarto en cuanto pudimos. Muchos matrimonios tienen a los hijos durmiendo durante meses y años en la cama de los papás. Eso no es bueno ni para los hijos ni para los padres porque, por un lado, se forma una dependencia perjudicial en los hijos. Por otro lado, los esposos ya no pueden tener intimidad y esa falta de privacidad de pareja causa muchos problemas. Con el paso del tiempo, termina causándoles mucha ansiedad a los hijos el ver a sus padres con tantas dificultades. Amar no es permitir que duerman por años en la cama de uno, sino enseñarles a crecer con orden, respetando el descanso de todos y que papá y mamá tengan tiempo para ellos mismos.

Establecimos horarios para las diferentes actividades cotidianas para nuestros hijos. No crean que fue muy fácil. Ellos siempre van a pelear los horarios porque es parte de la naturaleza humana el patear los límites. Tus hijos lo harán, pero es muy importante estar firmes y no quebrar o retroceder en el establecimiento de horarios. Veo a muchos padres que viven desvelados, estresados, cansados y frustrados. Después de conversar un rato, nos damos cuenta de que solo es cuestión de establecer horarios. Ellos se justifican diciendo que es muy difícil. Les respondo que sí es difícil, pero el precio que pagas por no esforzarte en conseguirlo es demasiado alto. Hay muchos libros y muchos materiales que pueden ayudar con esto. De seguro Kelly nos explicará más al respecto para poder entenderlo mejor.

Quisiera insistir en la importancia de acordar horarios para nuestros hijos. Cuando van creciendo el tiempo en que se van a dormir puede ir corriendo. Sin embargo, nosotros siempre hemos creído que deben dormir unas nueve horas. Cuando sean adultos independientes podrán decidir lo que quieran, pero nosotros tratamos de que duerman nueve horas, aunque algunos días quizá solo duerman ocho horas. Creemos que un buen descanso les provee una estabilidad emocional muy importante. También tuvimos que poner límites de horarios a la televisión, dispositivos electrónicos, juegos y computadoras para que pudieran mantener un horario estable de ir a dormir.

Dentro de los horarios también los padres de familia debemos asegurar que en nuestra agenda semanal hayamos apartado tiempo para jugar con nuestros hijos. Cuando Lucas y Jared eran pequeños, yo me aseguraba de jugar fútbol con ellos varias veces a la semana. También los llevábamos a sus partidos de fútbol de la liga escolar, teníamos un tiempo para leer un libro en la noche, leer juntos la Biblia para niños, jugar ajedrez, juegos de mesa y otras actividades que ellos disfrutaban. Jugar es el lenguaje de los niños y vas a criar hijos saludables si pueden jugar y reír contigo de manera rutinaria. Pero necesitas integrarlo a tu agenda semanal y convertirlo en una prioridad.

Mi abuela materna, Ethel, me dio dos de los mejores ejemplos con respecto a los hijos. Me dio esos consejos en uno de mis *baby shower*, unos pocos días antes de que naciera Jared, nuestro primer hijo. He implementado esos consejos en la educación de nuestros tres hijos.

Consejo # 1
«Nunca guardes silencio por tu hijo».

Consejo # 2
«Tu vida no debe girar alrededor de tu hijo;
tú debes integrar a tu hijo a lo que ya está sucediendo en tu vida».

Déjame explicarte el consejo número uno. Mi abuela me explicó que debería evitar pedirles a mis visitas que susurraran mientras el bebé estaba dormido. En su opinión, los niños desarrollan un sueño ligero porque así los educan sus padres. En otras palabras, si tus hijos solo pueden dormir cuando hay silencio absoluto, van a controlar tu vida porque, en la vida real ¡casi nunca existe el silencio absoluto! Más aun si vives en una ciudad grande y bulliciosa. Andrés y yo seguimos teniendo nuestras reuniones de amigos en la casa y escuchando nuestra música favorita a un buen volumen aun cuando Jared (luego Lucas y Sofía) estaba dormido. Todos mis hijos se adaptaron perfectamente. ¡Fue tan liberador!

Con respecto al segundo consejo. Es cierto que la vida cambia y debe cambiar cuando llegan los hijos. Eso es bueno, sano y hasta necesario. Por ejemplo, ya no puedes decidir ir simplemente al cine a la medianoche como cuando estaban recién casados. Es obvio que tampoco puedes gastar el dinero de los pañales en un par de zapatos nuevos. Pero sí hay actividades con las que podemos seguir en nuestra vida. Podemos llevarlos con nosotros al supermercado o al cine para ver una película apropiada para ellos, si es que ya no son bebés. Podemos incluirlos en las tareas cotidianas y en los paseos con amigos. También opino que *no es* necesario quitar todos tus adornos en la casa cuando llega un hijo. Es mejor educar a tus hijos sobre lo que puede o no tocar. Tampoco creo que tienes que deshacerte de todas tus mascotas cuando tienes hijos (al menos que el médico te lo indique). Mas bien, ponle límites al contacto de la mascota con el bebé y procura mantener los cuidados necesarios. En pocas palabras: Tu vida no termina cuando tienes un hijo, tu vida solo inicia un nuevo capítulo *maravilloso*. ¡La vida sigue siendo divertida!

2. Alimentación

Quizá no me van a creer, pero el tema de alimentación ha sido un asunto de conflicto en nuestra familia. ¿Pueden tomar Coca-Cola? ¿Deben comer todas sus verduras? ¿Pueden comer comida chatarra? ¿Deben aprender a comer todo tipo de comida o solo lo que les gusta? No les voy a decir cuál de los dos está de qué lado del argumento, solo les voy a dar nuestros acuerdos.

Nuestros hijos no toman refrescos con azúcar de manera cotidiana, solo lo permitimos en alguna celebración especial o durante las vacaciones. Ni las bebidas azucaradas ni la comida chatarra forman parte de su dieta cotidiana. Durante una noche de películas o de vez en cuando comen papitas y cosas así, pero no es parte de su dieta acostumbrada. También tomamos la decisión de que aprenderían a comerse todas las frutas y verduras y a comer todo tipo de comida. No es tan difícil enseñarles a comer de todo, solo se trata de insistir consistentemente hasta que lo logran. El paladar de nuestros hijos es nuestra responsabilidad, no es responsabilidad de ellos. Algo que nos da mucho gusto es poder disfrutar de todo tipo de comida con nuestros hijos en cualquier lugar del mundo. Les gustan las verduras ¡imagínense eso!

Hay muchos padres que solo les dan a sus hijos lo que a ellos les gusta. Eso es un error grave porque están limitando mucho su salud personal y su capacidad de disfrutar la vida. No quiero condenar a nadie y cada padre de familia tiene su propia convicción, pero sí es mi recomendación para todos los padres. Me acuerdo de que mi papá me llevaba a los pueblos para acompañarlo a predicar y siempre, al final de la reunión, alguien nos invitaba a comer a su casa. Mi papá siempre me enseñó que debía comer todo lo que me sirvieran. Comí algunas cosas raras. En una ocasión una pata de pollo, no era una pata de pollo frito, sino una pata, tal cual, con todo y las garras. Algunas frutas raras que nunca había conocido también las tuve que probar y comer. Mis papás siempre me enseñaron a expandir mi paladar. Es una herencia que me da mucho gusto pasarles a mis hijos.

Kelly y yo hemos tenido muchas conversaciones sobre la dieta de nuestros hijos. Llegamos a acuerdos que implementamos para luego evaluarlos y después modificarlos o fortalecerlos. Siempre estamos buscando lo mejor para la alimentación de nuestros hijos.

Creo que cuidar la alimentación de nuestros hijos fomenta la salud (obvio) y la diversión en el hogar. Entendemos que existe un vínculo entre la alimentación y la salud. Pero el vínculo entre la alimentación y la diversión se da cuando, por ejemplo, es noche de películas los viernes. La expectativa es grande ante la posibilidad de todos por tomar Coca-Cola y comer del «bufet» de comida chatarra que hemos reservado solo para esa noche. Es una noche sin límites y sin culpas. ¡Es maravilloso!

3. Rutinas y tradiciones familiares

Cada sábado en la mañana tenemos un *brunch* familiar que todos esperamos con ansias. Kelly prepara *hotcakes* suecos tomado de la receta de mi abuela Leola. Yo preparo los huevos y juntos freímos el tocino. Es verdad, no suena muy *light* o saludable, pero nos gusta disfrutar de esa comida una vez a la semana. Aunque estemos fuera de casa, siempre buscamos la manera de celebrar de ese *brunch* sabatino. Forma parte de nuestra rutina semanal y ahora es toda una tradición familiar. También cada viernes tenemos noche de películas. Cada uno hace sus palomitas, Kelly prepara algunos aperitivos y yo busco una película para la familia. Todos estamos en pijama y la pasamos ¡bomba! Ha sido un reto mantener esta rutina ahora que los hijos son más grandes, pero aún tratamos de celebrar la noche de películas. Todos los días comemos juntos. Son muy pocas las veces en que, por alguna razón, no estamos todos juntos para compartir al menos una comida al día. Yo siempre insisto mucho en que cada familia debe compartir al menos una comida al día para conectarse mutuamente.

Los domingos vamos a la iglesia y adoramos juntos a Dios y servimos en diferentes áreas de la iglesia. Tenemos muchas rutinas y tradiciones semanales, pero también hemos creado tradiciones anuales. Kelly y yo celebramos todos los cumpleaños y no faltamos a ningún cumpleaños de cualquier miembro de nuestra familia. El cumpleañero elige su menú, el tipo de pastel y los invitados. Kelly y yo hacemos todo el trabajo juntos para preparar la celebración del cumpleaños. Oramos antes de comer y bendecimos al cumpleañero en frente de todos. Cada año salimos a unas vacaciones familiares y todos los años celebramos el Día de Acción de Gracias, Navidad y Año Nuevo. Nos toca dividir las fechas para celebrar con los familiares de Kelly y con los míos cada año. Si celebramos Navidad con unos, entonces Año Nuevo será con los otros. También celebramos juntos el día de la Madre y del Padre, Domingo de Resurrección en la iglesia y algunas otras tradiciones familiares anuales.

Las tradiciones familiares crean recuerdos familiares. Una gran parte de la educación a nuestros hijos es a través de la práctica de las rutinas y tradiciones familiares.

Kelly

Creo que tradiciones familiares no solo crean recuerdos familiares, sino que también se asemejan a una herencia generacional. Recordamos cada sábado a Leola Spyker, la abuela de Andrés y la herencia de amor que nos dejó, cuando comemos los *hotcakes* suecos preparados con su receta. Recordamos a mi abuela, Ethel Summer, y la herencia de hacer que tu casa se sienta como un hogar, cada vez que comemos el pollo frito preparado con su receta que tanto le gustaba. Tenemos presente a mi mamá, Paty Evans, cuando preparamos puré de papa (su especialidad) y a mi suegra, Marla Spyker, cuando disfrutamos de una rica lasaña (de la que ella es la experta). Ellas ya nos están dejando una gran herencia de valentía y excelencia en lo que se emprende en la vida. Cuando celebramos tradiciones familiares, días festivos o especiales juntos, también estamos entregando una herencia generacional en vida de unidad, valor y aprecio a nuestros hijos. Son estas cosas que hacen que cada familia sea tan única y especial. Quizá en estos momentos tus hijos no lo valoran mucho, pero tengo la confianza de que algún día estarán muy agradecidos por tu sacrificio para conservar estas celebraciones que son parte de la belleza de su historia y su identidad como familia.

4. Corrección

Hay demasiadas teorías y enseñanzas en la actualidad con respecto a la corrección a los hijos. La verdad es que cada hijo es diferente y cada personalidad requiere de una atención específica. Recomendamos leer libros de autores que reflejan tu convicción en cuanto a la corrección de los hijos. Vamos a compartir algo de lo que hemos aprendido, pero lo más importante es que entendamos la responsabilidad que tenemos los padres de ponernos de acuerdo con respecto a la corrección de nuestros hijos. Nuestros hijos van con papá para algunas cosas y con mamá para otras, porque saben con quién podrán lograr los permisos para ver televisión y con quién los permisos para salir con un amigo. Saben cómo manipularnos y, a veces, incluso hasta ponernos en contra uno del otro. Así que lo primero que queremos insistirles, como lo hemos hecho hasta ahora en diferentes áreas, es que tengan una cultura de acuerdos. Quizá una conversación semanal o mensual donde acuerden las reglas y las maneras de aplicarlas en casa. Es una conversación en privado porque los acuerdos en privado evitan las peleas en público.

— Kelly

Toda la familia estaba un día paseando en un centro comercial. Nuestra hija Sofía era muy pequeña y la llevábamos en su carriola o coche de niño. Ella insistía en que yo le comprara un juguete y yo le dije que no. Ese día era para pasear y no para comprar juguetes. Andrés se había quedado unos pasos atrás y, para mi sorpresa, ella se paró en el coche, se volteó hacia él, levantó el juguete que había tomado y le gritó: «¡¡*Daddy!!* ¿Me lo compras?». No lo pude creer. Los niños son muy inteligentes y por eso es muy importante que nuestros hijos sepan que estamos de acuerdo.

Usen un lenguaje que manifieste la unidad entre ustedes una vez que han llegado a un acuerdo de reglas y las formas de aplicación. Por ejemplo:

«Tu madre y yo hemos decidido».
«Tu padre y yo establecimos la regla de que no pueden ver televisión hasta terminar toda la tarea».
«En esta familia nos comemos todas las verduras».

Estos acuerdos y el lenguaje que usamos para informarlos son muy importantes para la educación y corrección de nuestros hijos. Ellos deben vernos como un equipo y deben entender que, si faltaron el respeto a mamá, les faltaron el respeto a los dos. Mamá no va a cambiar lo que papá haya dicho o pedido porque ellos están bien unidos, son un equipo. Uno echa a huir a mil, dos a diez mil (el principio bíblico de la guerra). En esa unidad podemos guiar a nuestros hijos con mucha más confianza y efectividad.

5. Cultura de afirmación

«Corregimos la acción, afirmamos la identidad».

Ese es nuestro lema para la corrección en nuestro hogar. Nunca les decimos:

«eres un flojo»;
«no seas tan flojo»;
«¿por qué serás tan flojo»;
«quién te enseñó a ser flojo».

O frases similares a esas. Más bien les decimos:

«Tú eres una persona muy responsable, pero tu cuarto no refleja esa responsabilidad, necesitas arreglar tu cuarto con excelencia».
«Tú no eres rebelde ni amargado, ese no eres tú; tú eres muy amoroso y respetuoso, así que no levantes la voz de esa manera».

Se afirma la identidad y se corrige la acción. Se afirma la identidad todos los días y no solo cuando se corrige una acción. Cuando oro por ellos en la mañana antes de ir a la escuela les digo:

«Te bendigo, eres un hombre de Dios con sabiduría para tomar buenas decisiones, con alegría en tu corazón, todo lo que haces hoy te irá bien, te bendigo con buena salud y ánimo».

Debemos decirles con frecuencia que estamos orgullosos de él o ella y terminar la frase dándole a conocer por qué estás orgulloso. Procuremos ser bastante específicos con nuestras palabras. A Sofía le digo que es muy inteligente en su manera de hablar y conversar, tiene una memoria impresionante, una capacidad de divertirse y crear un momento alegre a cada rato, que ama a Dios con todo el corazón y muchas cosas más. Seamos específicos con nuestra afirmación.

Además, es muy bueno preguntarle a Dios: «¿Quién es este hijo(a)?». A mí Dios me ha dado palabras muy claras sobre el propósito particular de nuestros hijos. Incluso sus nombres están relacionados con ese propósito. Yo procuro hablarles con palabras que afirman ese propósito, pero sin nunca obligarlos ni forzarlos. Mi intención es solo afirmarlos con nuestras palabras.

Afirmar la identidad también es dar cuenta de su identidad como hombre o mujer. Nuestra fe nos enseña que Dios nos asigna nuestro género al nacer. Los hombres nacen con genitales masculinos y las mujeres nacen con genitales femeninos. Por eso les decimos desde pequeños a nuestros hijos: «Tú eres un hombre de Dios» y fortalecemos así su identidad como niño y hombre. Les enseñamos una masculinidad saludable, como servir a los demás, trabajar, liderar, cómo tratar a las mujeres y muchas cosas más que corresponden con su rol de hombres. A Sofía siempre le hemos dicho: «Tú eres una mujer de Dios». La fortalecemos en su identidad como niña y mujer. Les enseñamos una feminidad saludable, a descubrir sus dones y habilidades, a soñar en grande y lo maravilloso que es ser mujer.

Es muy importante que los niños y las niñas tengan una relación muy sana y cercana con sus padres. Pasar tiempo a solas con papá y mamá es fundamental para establecer su identidad. La mayoría de los problemas de identidad son producto de una relación rota con papá o mamá.

Un amigo dice que se necesita tres veces más afirmación que corrección. Lo que quiso decir es que necesitamos establecer un fundamento de afirmación. He visto en muchas familias que el exceso de corrección y falta de afirmación produce en los hijos amargura y autodestrucción. Por el contrario, en las familias donde hay mucha afirmación y también la corrección necesaria, los hijos desarrollan estabilidad emocional y alcanzan su máximo potencial como personas.

6. Reglas y consecuencias claras

Cuando tomé mi examen para obtener la licencia de manejo tuve que leer un manual donde se describen todas las reglas viales. El significado de una señal de alto, los colores de un semáforo, desde qué carril se puede dar vuelta a la derecha, cuándo usar las direccionales y muchas reglas más. También había una lista de multas y las cantidades que uno deberá pagar si viola alguna de esas reglas. Estudiar ese manual permite conocer las consecuencias claras por romper las reglas. Sin reglas y consecuencias claras sería imposible manejar con tantos autos en las calles. Habría un caos, similar al caos vial de Lima, Perú. Un abrazo a mis amigos peruanos. lo mismo sucede también en muchas casas. No hay reglas y consecuencias claras y, por lo tanto, abunda el caos. Un día se proclama una regla y al otro día ya no existe. Un día papá dice una cosa y mamá la cambia al día siguiente. Esos cambios sin sentido producen un caos relacional. Papá enojado con mamá, padres enojados con los hijos, hijos enojados con los padres y gritos por doquier.

«En esta casa no nos insultamos unos a otros».

Es una de las reglas de nuestro hogar. Establecimos esta regla cuando Jared y Lucas eran más pequeños, antes de tener a Sofía. No íbamos a permitir que en nuestra casa se escuchen las palabras insultantes como gordo, menso, tonto, inútil y palabras similares. Las consecuencias eran muy claras: dormirían más temprano ese día o tendrían diez minutos de silencio en la esquina. La clave está en *cumplir con la consecuencia* anunciada por romper la regla. Si no cumples la consecuencia, entonces no es una regla, solo es una sugerencia débil.

Cuántas veces hemos oído a un padre exasperado decir: «Si sigues así te voy a corregir»; «Lo haces una vez más y te voy a corregir». Pero lo hace de nuevo y no pasa nada. Esa no es una regla, es una sugerencia. Por ejemplo, si estás en un restaurante y uno de tus hijos empuja al otro, le podrías decir: «La próxima vez que hagas eso te voy a corregir». La clave está en que cumplas tu palabra cuando lo vuelva a hacer. Cuando cumples tu palabra, entonces tus hijos empezarán a obedecer tus reglas porque saben exactamente lo que les espera si desobedecen.

Una buena manera de crear reglas es observar las áreas de la casa donde hay caos. Podría ser la hora de comer, la hora de dormir, la relación entre hermanos o la forma en que hablan a sus padres. Empieza por descubrir las situaciones que producen caos o que crean estrés en la relación. Quisiéramos advertirte que será difícil establecer reglas cuando no existía ninguna. Los hijos las van a pelear. No te sorprendas si te lleva algunas semanas ver resultados positivos.

¿Tienes reglas para tu familia que ponen orden y sabiduría a la vida cotidiana y sus circunstancias?
¿Existen consecuencias claras si se rompen las reglas?
¿Esas consecuencias funcionan?

7. Recompensas claras

A veces la corrección solo busca cambiar lo negativo, pero descubrimos que es igual o más importante reforzar lo positivo. Celebra cada vez que tus hijos hacen algo de la manera correcta. Cuando nuestros hijos eran bebés y comían toda su comida, les decíamos en inglés: «Good job!» (¡Buen trabajo!). Cuando aprendieron a usar el inodoro, compartían sus juguetes con amigos, saludaban con amabilidad, tenían buena actitud en la comida o sacaban buenas calificaciones, en fin, siempre deben recibir una recompensa de validación y celebración cuando hacen algo positivo.

«Los derechos son permanentes, los privilegios son recompensas».

También entendimos que existe una diferencia entre derechos y privilegios. Los derechos son permanentes y los privilegios son recompensas. La escuela, la comida, la ropa, el amor incondicional son derechos. Los padres te los brindarán así te portes bien o mal porque es tu derecho. Pero la televisión, el Xbox, las redes sociales, permisos para salir con amigos y cosas por el estilo no son derechos, sino que son privilegios que podemos usar como recompensas por buena actitud y comportamiento. El Xbox fue durante varios años una recompensa para Jared y Lucas. Podrían jugar el sábado y domingo solamente si durante la semana hacían sus tareas a tiempo y realizaban sus quehaceres en casa, como ordenar su cuarto, atender a las mascotas, recoger la mesa después de comer, regar el jardín y otras actividades similares.

Enfocarse en las cosas buenas, celebrarlas e ignorar los pequeños detalles están entre las mejores maneras para entrenar en los deportes, ensayar en la música y cualquier otra habilidad que se quiera dominar. Solo se corrige cuando realmente se rompe a propósito una regla y no cuando se comete un error. Debo admitir que por años me enfoqué más en corregir un mal comportamiento que en celebrar un buen comportamiento.

¿Cuáles son tus recompensas?

¿Las recompensas son claras y evidentes?

¿Identificas los privilegios que han sido asumidos como derechos?

¿Qué puedes hacer para celebrar más el comportamiento positivo de tus hijos?

8. La fe y la educación

Uno de los primeros pensamientos de los papás de hoy es dónde van a estudiar sus hijos. Esa es una gran pregunta, pero quizá una más importante es cuál es la fe que les vamos a enseñar. Conozco algunas parejas que el papá es católico y la mamá cristiana evangélica. Ellos han acordado que un domingo van todos a misa, y el otro domingo van todos a la iglesia cristiana. Otras parejas han decidido que sus hijos podrán decidir por sí mismos sobre su fe y, por lo tanto, nunca hablan ese tema con ellos. El mejor resultado que he visto es cuando los padres se ponen de acuerdo en una fe que practicarán y enseñarán a sus hijos. Ese acuerdo les proveerá fundamentos espirituales y emocionales muy sólidos para su futuro.

Como cristianos nosotros tomamos varias decisiones basadas en nuestra fe. Los dedicamos a Dios con la iglesia y oramos en público para bendecirlos cuando eran bebés, siempre oramos por ellos, leemos la Biblia con ellos antes de dormir y vamos juntos a la iglesia los domingos. Les enseñamos la moralidad de Cristo cuando hacen preguntas sobre la vida o la moral. Les enseñamos a perdonar, a ser generosos, a amar y bendecir a todos, a respetar a las autoridades, a hablar con la verdad, a ser responsables y todo lo que la Biblia nos enseña en cuanto a una vida que agrada a Dios. Les enseñamos que Jesús es el único camino a Dios, que él perdona todos nuestros pecados, que esta vida solo es una parte de todo lo que viviremos en la eternidad y que es importante lo que hagamos con nuestra vida aquí en la tierra.

Una de las cosas más importantes que les enseñamos es que respetamos y bendecimos a personas de todas las religiones y creencias. Todas las personas tienen el mismo valor humano a nosotros y son igualmente amados por Dios. Aunque no creamos lo mismo, igual podemos amarnos y respetarnos. Kelly y yo también hemos decidido respetar la fe de nuestros hijos sin empujarlos ni obligarlos. Les decimos que papá y mamá creen en Jesús y creemos en vivir de cierta manera, pero que ellos tendrán que decidir por sí mismos qué es lo que van a creer y cómo van a vivir cuando sean adultos, pero que en nuestra casa se practica la fe cristiana, y mientras estén bajo nuestro cuidado y responsabilidad juntos vivimos esta misma fe.

Algunos no tienen opción en cuanto a la escuela. Envían a sus hijos a la escuela pública más cercana. Otros tienen más opciones y tomarán sus decisiones basadas en su presupuesto, calidad de la educación, valores que se enseñan o cercanía a la casa. Si tienes la posibilidad de elegir, no te vayas solo por el prestigio, sino también por los valores de la institución educativa. Observa a los alumnos y el ambiente. Sin embargo, más allá de tu elección, recuerda que el responsable de la educación de tus hijos es finalmente papá y mamá. Debemos establecer bases de fe y valores en nuestra casa para que puedan ser exitosos en cualquier escuela. La vida es así. No siempre elegimos nuestros ambientes, pero sí elegimos nuestros valores.

No puedo dejar de mencionar que también está la opción de la escuela en casa. Muchas familias optan en la actualidad por esta opción porque así los padres tendrán la libertad para enseñar a sus hijos lo que ellos creen en cuanto a familia, fe, sexualidad y moralidad. Al final se trata de una decisión de cada familia.

9. Habilidades y actividades

Kelly y yo decidimos que todos nuestros hijos deben tomar dos años de clases de piano desde los diez u once años. ¿Por qué? Porque queremos y creemos que aprender algo de música le hace bien a todo ser humano. También todos nuestros hijos deben aprender a nadar bien y, por lo tanto, tomar un buen número de clases de natación. Además, todos nuestros hijos deben leer un número de libros cada año, deben elegir algún deporte que les guste y deben elegir servir en algún área de la iglesia. La razón para esta exposición a diferentes experiencias y habilidades es porque creemos que todos tenemos dones y habilidades naturales que solo las descubriremos cuando nos exponemos a ellas.

Algunos padres de familia involucran a sus hijos en una sola actividad y los hacen expertos en esa habilidad única. Eso también me encanta y creo que es muy bueno y respetable. Por favor, no estoy tratando de decirte cómo hacer las cosas, solo estamos tratando de animarte a involucrar a tus hijos en actividades deportivas, musicales, sociales y de iglesia en donde pueden descubrir sus habilidades y dones. Algunos empresarios, deportistas, artistas, creadores de contenido, productores de televisión y otros expertos en sus áreas han descubierto sus talentos en alguna actividad social, musical, artística, eclesiástica o deportiva.

Durante la pandemia de la covid-19 mi hijo Lucas me dijo: «Papá quiero formar mis músculos». Bajé una aplicación de ejercicios y todos los días a las 7 a. m. teníamos nuestra rutina de ejercicio juntos. Se apasionó tanto que siguió aprendiendo y creciendo en el mundo de las rutinas de ejercicio, pesas y gimnasio que ahora es una parte fundamental de su disciplina personal y le ha ayudado mucho en su autoestima. A veces somos los padres los que sacrificamos más por las actividades de los hijos. Cuestan dinero, tiempo y esfuerzo, pero cuando nuestros hijos descubren algo que les va a ayudar a ser adultos productivos, entonces todo el esfuerzo ha valido la pena.

Kelly

Mis papás invirtieron mucho para que yo aprendiera música y me involucraron en clases de piano clásico, solfeo y clases de canto. La verdad es que algunas veces me obligaron a continuar, pero ahora estoy tan agradecida que lo hicieran porque este conocimiento y dones desarrollados me han abierto muchas puertas y oportunidades a lo largo de mi vida. La Biblia lo describe muy bien:

> «La dádiva del hombre le abre camino y lo lleva ante la presencia de los grandes». (Proverbios 18:16, NBLA)

Es nuestro deber y privilegio ser las personas que impulsan (y a veces obligan) a sus hijos a desarrollar los dones y los talentos que tiene cada uno de ellos. Sé que, si en este momento no aprecian la inversión, algún día lo harán al ver el valor de lo que aprendieron a desarrollar y de las oportunidades especiales que gozaron.

10. Televisión, Xbox y redes sociales

Lo mencionamos en la sección de corrección, pero vale la pena explicarlo más a fondo. Nosotros tenemos convicciones personales en cuanto al uso de los dispositivos electrónicos como teléfonos, tabletas, televisión, aplicativos de música y contenido, consolas de juegos, redes sociales y todo lo que se encuentra en ese universo digital. Estas convicciones pueden resumirse en tres principios:

Edad. Nuestros hijos no tienen teléfono antes de los doce años. Tampoco tienen *whatsapp* (o aplicaciones) ni redes sociales hasta los dieciséis años. Eso significa que hasta que cumplan dieciséis años, el teléfono solo es para llamarnos o escribirnos a nosotros o a contactos autorizados, cero redes sociales antes de eso. Además, no tienen acceso libre a internet hasta que estén en la universidad. Kelly y yo hemos conversado y hemos llegado a esas conclusiones y acuerdos. Nuevamente te reitero que cada familia es diferente y el punto que quisiera enfatizar no es decirte qué hacer, sino animarte a tener estas conversaciones y llegar a acuerdos. Por ejemplo: ¿A qué edad está bien que nuestro hijo o hija tenga cierto dispositivo?

Edúcate y aprende sobre los riesgos. ¿Sabías que el filtro de un ser humano que le permite distinguir realidad y ficción no termina de formarse hasta después de los dieciséis años? Entonces, no sabrá distinguir si lo que le dices es más o menos verdad de lo que dice un *influencer* en las redes sociales antes. Para tu hijo adolescente todo es igual, no tiene desarrollados los filtros mentales correctos.

Tipo de contenido. Creemos que existen contenidos que no son apropiado para ciertas edades y otros contenidos que nunca serán apropiados. Todos los dispositivos de mis hijos tienen «control parental» y puedo decidir qué aplicaciones y por cuánto tiempo pueden usarlas. Tengo la convicción de que se deben establecer esos límites porque les ayuda mucho al quitarles algo con lo que ya no tienen que lidiar y procesar. Llegará el tiempo en que lo aprenderán a procesar, pero no quiero que mi hija de diez años tenga que enfrentar el acoso en un juego o que le aparezca un *pop-up* en internet con contenido sexual. Simplemente no es apropiado para su edad, les roba espacio mental y emocional y, en ocasiones, puede destruir sus vidas. Reitero que todos los dispositivos de mis hijos tienen control parental.

Aunque yo decido el contenido que ellos pueden ver, también les enseño a elegir contenido. Les muestro que hay contenido negativo, positivo y neutral. El contenido negativo debemos evitarlo, el positivo consumirlo y el neutral solo de vez en cuando. Ellos deben clasificarlos de acuerdo con el lenguaje, mensajes y otros aspectos. Si tus hijos solo saben que tienes el control parental, pero no entienden el tema de contenido y su razón, entonces nunca aprenderán a filtrar y cuando sean grandes no sabrán cómo enfrentar todo lo que tienen a su alcance. Se trata de un balance entre ayudarles limitando el acceso y enseñarles a procesar la información.

Tiempo y prioridades. Nosotros ponemos límite de tiempo a estas actividades para enseñarle prioridades a nuestros hijos. Cuando no habíamos establecido límites de tiempo, nuestros hijos no salían a jugar fútbol, andar en bicicleta y mucho menos leer. Pero empezamos a limitar el tiempo y los días que podían ver televisión, jugar videojuegos o estar en sus dispositivos. Les empezamos a enseñar sobre las prioridades en la escuela, familia, salud, amistades, deporte y muchas otras cosas de la vida.

En la actualidad hay una crisis social porque las personas no tienen prioridades y no saben relacionarse debido al mal uso de los dispositivos electrónicos. Hay muchas cosas buenas que podemos hacer con ellos, pero necesitamos aprender prioridades. A veces el reto está en que uno, como padre, ponga el ejemplo: no usando el celular durante las comidas, en el día de descanso o durante las vacaciones.

11. Sexualidad:

Los que deben enseñar a los niños sobre la sexualidad no son las escuelas, ni el gobierno y menos los amigos, sino los padres de familia. Mi mamá y mi papá me enseñaron sobre la sexualidad. Me enseñaron que el sexo es un regalo de Dios para disfrutar en un matrimonio entre un hombre y una mujer, que la manera correcta de experimentar intimidad y placer es en el matrimonio y también la sexualidad es para tener hijos y multiplicarnos. Esa fue su enseñanza sin mayores detalles, pero fue suficiente.

Kelly y yo compramos unos libros escritos desde una perspectiva cristiana que ayudan a enseñarles a los hijos sobre la sexualidad considerando su edad. Te ayudan a enseñarles diferentes principios de la sexualidad de acuerdo con tu fe. Cada pareja tiene sus convicciones sobre la sexualidad y debemos asumir seriamente nuestra responsabilidad de enseñar a nuestros hijos. El esposo y la esposa deben hablar y asegurarse de estar de acuerdo en los valores de sexualidad que van a transmitir a sus hijos. No deben delegar esta responsabilidad a la cultura actual. Es por eso que la sociedad está en caos, ya que los padres han abandonado su responsabilidad de enseñar sobre la familia y la sexualidad a sus hijos.

Cuando mis hijos nos preguntan: «¿Por qué esa persona tuvo un hijo y no está casado?» o «¿Por qué se besaron esos dos hombres?». Nuestra respuesta es que no conocemos sus razones, pero son elecciones que han hecho personalmente, no nos entremetemos y los tratamos de igual manera que a cualquier otra persona. Nosotros creemos y es nuestra convicción que Dios diseñó el sexo para ser practicado dentro del matrimonio entre un hombre y una mujer, pero respetamos la decisión de los demás. Así les enseñamos siempre a nuestros hijos.

Creo que es incorrecto que la escuela quiera decirnos qué es una familia o que un grupo social quiera obligarnos a afirmar que todo tipo de sexo es aceptado por Dios. Debemos respetar las posturas y preferencias sexuales de todos, pero también todos deben respetar lo que los demás creen sobre el sexo según su fe y lo que creemos que Dios dice al respecto. Es válido disentir, lo que no se puede es obligar al otro a pensar como tú. Es correcto que afirmes lo que piensas que está bien o mal, pero no puedes obligar al otro a pensar igual que tú.

Muchos gobiernos y ciertos grupos sociales quieren quitarles a los padres el derecho de enseñarles a sus hijos sobre la sexualidad. Eso no solo es una injusticia, sino que es una aberración. Si ellos quieren enseñar a niños sobre la sexualidad, pues que tengan más hijos, pero los hijos son responsabilidad de los padres, no del gobierno, ni tampoco de un grupo social o ideológico.

12. Amigos y novios

Con Kelly, siempre nos hemos involucrado en la vida de nuestros hijos. Nos gusta conocer a sus amigos, invitarlos a casa y saber quiénes están cerca de ellos. A veces, hemos tenido que ayudarles a ver que cierto amigo no es una buena influencia. También les decimos que no pueden tener novia hasta los dieciocho años, cuando tengan más madurez emocional, para evitar dañar los sentimientos de la otra persona y porque a esa edad es una distracción tener novia.

Cada familia es diferente y probablemente tenga opiniones diferentes, pero el principio es el mismo: acordar la educación de los hijos y asumir la responsabilidad en todas las áreas de su desarrollo. Una de las cosas que más afectan el desarrollo de los hijos es cómo los tratan papá y mamá. Si papá o mamá les insulta, los critica, es demasiado duro o violento con ellos, eso puede marcarlos para siempre. A veces solo nos preocupamos por la influencia negativa que pueden tener algunos amigos o una novia, pero nos olvidamos de que nosotros somos la principal influencia. Y cómo les tratamos es lo más importante en su desarrollo.

He tenido que aprender a ser más paciente con nuestros hijos. Kelly me ha enseñado a no regañarles durante las comidas o decirles cómo comer o tomar el tenedor correctamente. Claro que les enseñamos, pero yo era muy exagerado en cada ocasión. Hemos acordado no criticarlos ni llamarlos con apodos hirientes. Hemos acordado pedirles perdón si nos equivocamos o les gritamos. Hemos acordado no ser violentos, ya sea física o verbalmente, con ellos. Hemos acordado dedicar tiempo a ellos a solas, invirtiendo en nuestra relación personal con cada uno de ellos. Hay mucho más que decir, pero queremos animarte a que tomes esto en cuenta. Tus hijos tienen un gran propósito y lo cumplirán. No importa si te has equivocado, puedes comenzar una nueva cultura familiar y Dios te sorprenderá trayendo cambio y sanidad a tus hijos. No pierdas la fe. Trabajen juntos y verán grandes cosas suceder.

CAPÍTULO QUINCE

Cómo resolver conflictos

«Si se enojan, no pequen. No permitan que el enojo les dure hasta la puesta del sol». (Efesios 4:26)

Trato de aguantarme la risa cuando conversamos con un matrimonio recién casado y nos dicen que no han tenido ninguna discusión en los primeros ocho meses de matrimonio, que se entienden muy bien y todo lo han resuelto fácil. No es que quiera burlarme de ellos, sino que simplemente no es una buena manera de evaluar tu matrimonio. Es ignorancia decir que tienes un buen matrimonio solo porque no tienes conflictos. Un buen matrimonio no es el resultado de la ausencia de conflicto, sino que es resultado de saber resolver conflictos de la mejor manera. Si no tienen conflictos es por una de dos razones. En primer lugar, porque tienen poco tiempo de casados y no han tenido un desacuerdo sobre un tema que realmente es importante para ambos o, en segundo lugar, porque uno de los dos prefiere callarse y no tener conflicto. Solo será cuestión de tiempo para que encuentren un tema de desacuerdo tan profundo que se producirá un conflicto. La segunda es muy peligrosa porque un conflicto no resuelto va creciendo hasta que explota y a veces se convierte en un conflicto imposible de resolver.

La carta a los Efesios nos enseña que es posible enojarse, pero no está permitido dejar que el enojo se vuelva pecado. El enojo se vuelve pecado cuando, producto de mi enojo, insulto a la otra persona o cuando el enojo me hace perder el control y se convierte en violencia. No debemos tolerar la violencia de ninguna forma en el matrimonio. Siempre me acuerdo de la historia que mi suegro nos contaba de un hombre que lo llamó por teléfono una noche. Estaba encerrado en su baño y llamó a mi suegro porque tenía mucho miedo de su esposa. Ella estaba gritando y tenía un cuchillo y una olla en la mano con los que lo amenazaba. Sé que a algunos les causará gracia la historia, pero la verdad no tiene nada de gracioso. La violencia de esposo a esposa o de esposa a esposo no se debe tolerar en un matrimonio y deben comprometerse a nunca permitir que haya violencia entre ellos.

Hoy en día es normal hablar con palabras ofensivas a la pareja. Incluso circulan algunos videos virales en redes sociales en donde se escucha a la esposa decirle una lista de palabras subidas de tono a su esposo y viceversa. Jesucristo enseñó que llamarle necio al prójimo es igual de grave que herir físicamente a una persona. En nuestro matrimonio hemos decidido no usar palabras como menso, tonto, gordo, feo, inútil o cualquier otra palabra ofensiva hacia nuestro cónyuge o hacia nuestros hijos. Lo primero que debemos comprometernos en la resolución de conflictos en nuestro matrimonio es no permitir que el enojo se convierta en insultos o violencia. Establezcan este principio como un acuerdo matrimonial, se van a evitar muchos problemas y van a aprender a ejercer dominio propio en el uso de las palabras del uno con el otro.

La segunda cosa que Efesios nos enseña en cuanto al conflicto es que no debemos permitir que el *sol se ponga sobre nuestro enojo*. Esto significa que debemos comprometernos a no ir a dormir enojados o sin resolver el conflicto. Antes Kelly y yo tomábamos tan en serio este principio que a veces estábamos hablando y discutiendo a las dos de la mañana para no dormirnos sin reconciliarnos. Realmente no fue nada sabio en muchas ocasiones. Hemos aprendido que no ir a dormir enojados también puede ser acordar hablarlo al día siguiente porque ya es demasiado tarde y es necesario dormir. Pedimos perdón, pausamos la conversación y nos comprometemos a hablar al día siguiente. No ir a dormir enojado significa que algunos conflictos no valen la pena discutirlos porque simplemente uno tiene que decidir perdonar y aceptar a la otra persona. Sin embargo, otros conflictos sí son necesarios y vitales para la sobrevivencia del matrimonio.

Queremos compartirte lo que hemos aprendido hasta ahora sobre la resolución de conflictos en el matrimonio. Uno de los libros que más nos ha ayudado en la resolución de conflictos es *Siete reglas de oro para vivir en pareja* de John Gottman y Nan Silver. En el libro encontrarás información detallada que te ayudará a empezar una conversación difícil, confrontar un asunto necesario, cuáles conflictos no valen la pena discutir y cómo resolver los que sí valen la pena enfrentar. Los conflictos son algo natural en el matrimonio y si desarrollan una cultura sana para enfrentarlos van a tener un matrimonio muy sólido y duradero.

ESCOGE TUS BATALLAS

Hay cosas por las que simplemente no vale la pena tener un conflicto. Aquí entran dos categorías:

La primera: Se trata de algo tan insignificante que ni siquiera es necesario decir algo al respecto.

La segunda: Cuando algo simplemente no tiene solución porque es algo que uno de los dos realmente no puede cambiar.

John Gottman dice que el 69 % de conflictos no tienen solución, solo el 31 % sí lo tiene. Piénsalo, la gran mayoría de conflictos no tiene solución. Debes aprender a aceptar a tu cónyuge tal y como es y disfrutarle con todo y sus diferencias.

Cosas insignificantes

Hace poco fuimos a un viaje de trabajo juntos. Era una reunión de líderes de muchas partes del mundo y yo tenía que compartir una enseñanza. Estábamos ya casi por salir de la habitación del hotel y Kelly me pregunta: «¿Cómo me veo?». Hemos estado casados por tantos años que ya debería saber que esa pregunta solo tiene una respuesta correcta posible, pero me gusta sufrir. Le dije: «Muy bien, excepto que ese peinado no es mi favorito, siento que no te va; te ves bien, pero no me encanta el peinado». Pues eso se convirtió en uno de los conflictos más grandes hasta ese momento del año. Era uno de los peinados que le gusta usar a Kelly y la verdad es que no se le veía nada mal, incluso varias veces me ha gustado como luce, pero por alguna razón ese día no me encantó y cometí el error de decirlo. Kelly sintió que ataqué su imagen y tenía razón. No quise criticarla, pero así lo recibió ella. Pudimos resolverlo después de mucho tiempo de conversación. La verdad es que era una cosa insignificante y no valía la pena un pleito de ese nivel. Además, no se peina así a diario y, aunque lo haga, a mí no me afecta o no me debería afectar.

Podemos ser honestos y reconocer que muchos de los pleitos son por cosas insignificantes. Temas como el estilo de ropa o peinado, la manera en que se comen los tacos, el orden de su closet, la forma de caminar y muchos más. ¿No te ha pasado que tienes una gran pelea y un tiempo después ni te acuerdas la razón para tanto pleito? ¡Insignificante! No te daremos una lista de cosas insignificantes porque esa lista cambia con cada matrimonio, pero sí queremos animarte a que aprendas a pausar antes de decir algo que puede causar un conflicto. Pausa, piensa y pregúntate:

¿Realmente vale la pena que lo mencione?
¿Es importante?
¿Valdrá la pena tener horas de discusión?
¿Será mejor ignorarlo?

Pausar, pensar y preguntarse a uno mismo puede evitar muchos conflictos innecesarios. Es importante elegir tus batallas porque si siempre tienes conflictos innecesarios, entonces nunca tendrás la energía para resolver los conflictos necesarios. Más aún, los dos sentirán que el matrimonio está muy mal porque siempre pelean y eso puede causar una carga emocional negativa que termina destruyendo una relación. Todo por conflictos innecesarios.

Aspectos que no cambian

Empecemos por lo sencillo y obvio, no se puede cambiar nuestra genética. Sería injusto que Kelly quiera crear un conflicto porque soy calvo. Es algo que no puedo cambiar. Tampoco sería justo que yo quisiera crear un conflicto porque ella no es alta. Es algo que no puede cambiar. Debes recordar que elegiste a tu pareja con una serie de cualidades y debilidades genéticas. No es justo iniciar conflictos sobre esos temas. También tenemos temores, sueños, personalidades, estilos y preferencias personales que están muy arraigados en la identidad personal y sería una pérdida de tiempo tener conflictos al respecto. Recuerda que 69 % son conflictos sin solución porque tienen que ver con aspectos que no se pueden cambiar.

Ya les he contado que uno de mis sueños es vivir junto al mar o en el campo y uno de los sueños de Kelly es vivir en una gran ciudad. Es evidente que son sueños opuestos. Antes yo quería convencer a Kelly para que se acomode a mi sueño y renuncie al suyo y por eso tuvimos muchas discusiones innecesarias. No la voy a cambiar y ella no me cambiará. Entonces nos toca aceptar a la otra persona. Quizá se pueda adoptar una decisión intermedia y podríamos pasar un tiempo en el campo y otra temporada en la ciudad. También podríamos encontrar un punto medio y así estar cerca del campo y la ciudad. Por el momento vivimos donde necesitamos vivir por trabajo. En un futuro decidiremos, pero, por lo pronto, no vale la pena tratar de discutir por algo que no se puede cambiar. Uno de nuestros conflictos más grandes se da al momento de decidir sobre las vacaciones. Yo quiero ir al mar, al campo o alguna actividad con aventura al aire libre. Kelly quiere ir a una ciudad con muchas opciones para comer y comprar. Lo hemos resuelto al ir aprendiendo a pasar vacaciones algunas veces a donde me gusta mí y algunas veces donde le gusta a ella. No vale la pena una discusión donde uno gane y el otro pierda. No podemos cambiar los sueños y preferencias de una persona.

Mis papás siempre hablaban de problemas de trabajo durante la comida. Por lo tanto, relaciono hablar de trabajo o problemas en la comida como algo muy negativo. Kelly quiere resolver asuntos pendientes durante la comida y yo no puedo hablar de esos temas en ese momento. Ella ha sido muy amable en entender que se trata de un asunto muy personal para mí y no hablamos de pendientes, trabajo, problemas o asuntos por resolver durante las comidas. ¿Por qué? Porque es un conflicto para mí que no tiene solución. ¿Por qué? Porque es algo que está conectado a una experiencia personal que me produce mucho dolor.

Kelly tiene la necesidad de salir a hacer algo todos los días. Le gusta salir de la casa a hacer algo que esté más allá de su trabajo o sus responsabilidades en la casa. Por ejemplo, le gusta salir a tomar un café, caminar en una plaza, oler algunas velas o probarse unos zapatos. Incluso no compra todo junto en el supermercado a propósito. Deja algunas cosas por comprar en la semana para tener una excusa para salir. Yo soy al revés. No me gusta salir a hacer mandados o dar vueltas por allí. Confieso que yo la molestaba y le cuestionaba sus salidas. Pero eran conflictos innecesarios que no tenían solución. Esa mujer va a salir a «hacer algo» todos los días de su vida y está bien. Ahora lo disfruto, la despido con la mejor sonrisa y le deseo buena cacería. También aprendí que si quiero alegrarle el día, entonces la invito a salir por un café, unos tacos o a caminar juntos por la plaza. Eso la alegra el día entero.

A mí me gusta hacer deporte, a Kelly no le gusta. Su definición máxima de deporte es caminar. Antes me molestaba muchísimo y a Kelly le molestaba mucho que me molestara. Siempre estaba buscando insistirle a Kelly que hiciera ejercicio. Tenemos más de dos décadas de casados y hasta la fecha no he logrado convencerla. Por fin entendí que ella es así y debo amarla y respetarla tal como es. Ella goza de buena salud, se cuida y camina mucho. Simplemente no le gusta hacer deporte como a mí me gusta. Me gusta ir al gimnasio, correr, andar en bicicleta, jugar básquetbol, aprender nuevos deportes como el golf o toda actividad que involucre movimiento. Realmente pensaba que una persona estaba mal si no le gustaba el deporte. Ya he entendido que simplemente cada uno tiene sus preferencias y personalidad particular. Nos hubiéramos ahorrado muchas lágrimas, pleitos y problemas si lo hubiera entendido antes. Es algo que no se puede cambiar y hemos resuelto dejar de perder el tiempo peleando por cosas así. Más bien, hemos decidido aceptarnos tal y como somos y disfrutar lo que realmente nos encanta el uno del otro. Lo increíble es que ahora que ya no le he dicho nada, ella ha empezado con una rutina de ejercicios por su propia iniciativa.

Asuntos que sí pueden y deben confrontarse

Sexo, dinero, educación de los hijos, conductas y hábitos destructivos son temas que deben confrontarse sin lugar a duda. Por eso dedicamos capítulos enteros al tema del sexo, dinero e hijos porque vale la pena tener esas discusiones y llegar a acuerdos sobre esos temas. También se necesita confrontar conductas y hábitos destructivos. Si uno de los dos tiene alguna adicción, eso es un hábito destructivo. Si no hay disposición para recibir ayuda profesional y cambiar, entonces necesitas preguntarte si puedes o debes seguir en el matrimonio.

No vamos a repetir todo lo que dijimos en los capítulos anteriores sobre llegar a acuerdos, pero puedes tomar los principios de crear acuerdos y aplicarlos a la resolución de conflictos. Por ahora queremos dejarte algunas lecciones que hemos aprendido en los últimos años.

CÓMO RESOLVER CONFLICTOS

Pedir perdón y perdonar. Pedir perdón no significa evitar una conversación y tan solo decir: «Olvídalo, ya perdóname». Listo y solucionado. ¡De ningún modo! Pedir perdón es aceptar que te equivocaste y escuchar a la otra persona para entender la razón de la ofensa. Una vez que entiendes el daño que causaste, pides perdón con una actitud de humildad. Eso es pedir perdón. Perdonar rápidamente significa que, aunque la otra persona no me haya pedido perdón, yo decido perdonar de inmediato. Cuando salgo a caminar y orar en las mañanas tengo el hábito de perdonar ofensas que otros me han causado. Casi nunca tengo que perdonar a Kelly, porque ella casi nunca me ofende, pero cuando estoy molesto con ella por algo, aun cuando no me ha pedido perdón, yo decido perdonarla. Es una práctica que ayuda mucho.

Empieza con «a veces yo siento». El lenguaje y el tono pueden causar más conflicto o ayudar a resolver el conflicto. Un tono de voz tranquilo también ayuda mucho y que empieces con la frase «a veces yo siento». El problema surge porque tendemos a empezar afirmando: «Tú siempre». Con esas palabras estamos acusando a la otra persona en lugar de crear un buen ambiente para una conversación. Decir «a veces yo siento» implica dos cosas: es algo que no siempre sucede y además estás aceptando que podría ser algo accidental o que solo estuvo en tu mente. Por ejemplo:

«A veces yo siento que últimamente no me quieres abrazar o no quieres estar cerca de mí; ¿está todo bien? ¿He hecho algo para molestarte? Quizá solo sea mi percepción».

Ese comienzo es muy diferente a decir:

«Tú nunca me quieres abrazar, parece que no te gusta estar conmigo; es obvio que tu trabajo es más importante para ti y por eso estoy al final de tu lista de prioridades».

Por supuesto que es importante hablar sobre los horarios, la cercanía del uno con el otro y expresar claramente que te sientes abandonado(a), pero puedes empezar la conversación con un tono y un lenguaje que ayuda a resolver, porque si la inicias atacando, entonces solo crearás más conflicto.

Elige el lugar y tiempo adecuado. Ya les hemos contado que Kelly y yo decidimos no pelear frente a los niños, en el automóvil o en público. Eso involucra ejercitar el dominio propio para poner en pausa la conversación, otorgar perdón aunque no se pida y luego reanudar la conversación cuando sea apropiado.

Necesitamos ayuda. Es de sabios reconocer los conflictos que requieren de la intervención de alguien afuera del matrimonio para que los ayude al decirles cómo resolverlo, les brinde un consejo, les ayude a ver si uno de los dos está siendo poco razonable o si tan solo es algo que deben aprender a aceptar y avanzar. Un externo te puede ayudar a saber cuándo necesitan estar de acuerdo con estar en desacuerdo en cierto tema y buscar un acuerdo que respete las dos posturas. Kelly y yo hemos necesitado ayuda varias veces. Tengan la humildad para pedir ayuda.

¿Cuánto tiempo va a tardar esta conversación? Antes de empezar un conflicto es mejor que pienses si vas a poder resolverlo pronto o si va a ser una discusión que amerite tiempo, sentarse con café y hablar y planear con calma. Así sabes cómo pedir la conversación. Por ejemplo, el tiempo para estas dos conversaciones son muy diferentes:

«¿Podemos hablar rápido de unos pendientes?».
«Creo que necesitamos sentarnos a hablar de nuestro presupuesto».

Dar espacio. Yo soy de los que quiere resolver todo rápido, «en caliente» es como decimos en Michoacán. Pero Kelly a veces prefiere no hablar de inmediato, sino pensar las cosas y conversar después. No le gusta hablar cuando estamos agitados. Eso a mí me molestaba mucho, porque yo quería que hablara y que dijera todo de inmediato. Ella quería pensar, procesar y luego conversar. Estamos aprendiendo a darnos espacio y preguntar primero:

«¿Quieres hablarlo?».

Pensar lo mejor del otro. Ayuda mucho pensar que tu cónyuge realmente te ama y quiere lo mejor para ti, que están pasando por un malentendido, pero que realmente tu esposo(a) no quiso lastimarte y que realmente tiene las mejores intenciones. Pensar así ayuda a bajar las armas y acercarse con confianza para conversar sobre el tema específico.

Por último, queremos que recuerden que los conflictos son naturales y parte de toda relación sana. Una buena relación no es resultado de la ausencia de conflicto, sino que es resultado de aprender a resolver conflictos. En ocasiones Kelly o yo hemos estado tan enojados que nos salimos de la casa a caminar o manejar el auto a solas y por un rato. Hemos tenido pleitos tan fuertes que hemos llegado a considerar el fin del matrimonio. Más adelante te contaré la razón que hizo que decidiéramos permanecer juntos aún cuando hayamos tenido conflictos tan fuertes. Aún las parejas más unidas y de mayor ejemplo pasan por dificultades muy fuertes. No te condenes y no descalifiques tu matrimonio solo porque tienen conflictos. Aprendan a resolverlos. Va a valer la pena.

Andrés y yo tuvimos un conflicto del que nunca me voy a olvidar hace más de quince años. Recuerdo *cuánto* nos enojamos durante ese conflicto, pero no recuerdo muy bien *la razón* para ese tremendo enojo. Eso pasa con muchas discusiones matrimoniales: se encienden los temperamentos, pasan días y siguen enojados, pero ya ni se acuerdan la razón del pleito. Cuando invertimos nuestra energía tratando de resolver algo que no tiene solución o es secundario, convertimos una pequeña tormenta en un gran huracán que termina causando mucho daño. Créeme, nosotros hemos cometido ese error muchas veces.

Te contaré de la explosión que ocurrió durante ese conflicto inolvidable. Una tarde Andrés y yo tuvimos una discusión muy fuerte. Yo decidí salir de la casa, tomé el auto y me fui a manejar un rato. Quería calmar los ánimos.

Teníamos una casa muy pequeña con una cochera para dos autos chicos. Para que se pudieran estacionar los dos autos al mismo tiempo, se tenía que poner uno enfrente del otro. Ese día, el carro que yo solía usar estaba estacionado atrás y estaba en frente el que Andrés usaba. Como yo estaba tan enojada, tomé las llaves del carro de Andrés y me lo llevé sin decirle nada.

Era temporada de lluvias en Morelia, Michoacán (México). Eso significaba que todas las calles estaban muy dañadas por el agua y llenas de hoyos. Nuestros autos eran pequeños y algunos hoyos eran muy grandes, profundos y anchos. Creo que algunos ya se imaginan hacia dónde va esta historia. Yo iba manejando sin mucho cuidado cuando, de repente, sentí que el carro cayó en unos de estos enormes pozos. ¡No lo podía creer! Puse la reversa para tratar de salir, pero el pequeño carrito estaba totalmente atorado. Imagina la escena. Era obvio que no llamaría a Andrés para pedir ayuda porque estábamos súper peleados. No me quedó más remedio que aceptar la ayuda de dos señores muy amables que iban pasando y vieron el accidente. Usaron sus brazos para levantar el auto. Lo tomaron del parachoques o defensa y lograron sacar el coche del hoyo, pero también dañaron por accidente toda la parte frontal del auto. Era una verdadera tragedia. No recuerdo mucho después de eso, solo que regresé a la casa, apenada y dispuesta a pedirle perdón a Andrés por *muchas, muchas* cosas. Obviamente, siendo el buen hombre que es, me perdonó y seguimos casados hasta el día de hoy.

CAPÍTULO DIECISÉIS

Pecados que limitan

Yo era todavía un niño y recuerdo con claridad las oportunidades en que salíamos de vacaciones y mi mamá solía decir: «Hubiéramos salido más temprano»; «Hubiéramos parado a comer en otro lado»; «Mejor no hubiéramos ido a ese restaurante»; «Hubiéramos visitado el otro museo en la ciudad». Todo era un continuo «hubiéramos». Me acuerdo pensar: *Nunca más quiero decir «hubiéramos»*. Pero ahora que soy padre me sorprendí a mí mismo diciendo «hubiéramos» constantemente. También pude notar las caras de mi esposa y mis hijos cada vez que lo decía. El «hubiéramos» trae un sentido de negatividad, queja, pérdida y desilusión y roba toda la diversión a la familia. El problema era que no podía dejar de decir «hubiéramos».

¿Te ha pasado que, aunque no quieres ser como tu papá o tu mamá, empiezas a tener sus mismas actitudes y conductas? Por más que prometes: «No voy a repetir los mismos errores», te encuentras haciendo exactamente lo mismo. Muchos le llaman a esta repetición indeseable como «pecados generacionales». Pero nosotros no creemos en pecados generacionales, sino que creemos en pecados retenidos. Hay una gran diferencia. Los pecados generacionales traen la idea de que los pecados de tus abuelos y tus padres se van a repetir en tu vida al menos que rompas todo vínculo espiritual con ellos y pidas perdón por sus pecados y declares libertad en el nombre de Jesús. Aunque respeto a quien piense así y también creo que se puede pedir perdón por los pecados de otros y declararnos libres de sus errores, la verdad es que la Biblia dice muchas veces que *los hijos no pagarán por el pecado de los padres.* El profeta Ezequiel dice: «…pero ningún hijo cargará con la culpa de su padre, ni ningún padre con la del hijo» (18:20). Esto significa que los pecados de tus ancestros no tienen por qué arruinarte la vida, no estás bajo una maldición o culpa generacional.

Entonces nos preguntamos: «¿Por qué los hijos cometen el mismo error de sus padres? ¿Por qué parece que experimentan los mismos problemas de violencia, desorden, pobreza y deudas?». La respuesta está en los «pecados retenidos». Un pecado retenido es un pecado que no he perdonado, que estoy reteniendo y cargando en mi persona. Por ejemplo, si no he perdonado a mi papá por ser violento, entonces estoy cargando su pecado de violencia en mi corazón. Por eso puedo tener la tendencia a ser violento, porque no he perdonado a mi papá por su violencia. Algunos batallan con el alcoholismo porque no han perdonado el alcoholismo de papá o mamá o un familiar cercano. Algunas personas batallan con explosiones de ira y palabras hirientes a sus hijos o a su cónyuge. Quieren cambiar, pero no pueden. Esto puede deberse a pecados retenidos. Ed Cole habla de esto en su libro *Hombría al máximo.* La contraposición es clara: perdonar es soltar, retener es guardar. Si te das cuenta de que estás repitiendo algún error de tu papá o mamá, podría ser que estás reteniendo uno de sus pecados y quizá te hace falta perdonarlos por completo.

Yo mismo he perdonado a mis padres por gritarme, ser muy estrictos, avergonzarme en público, presionarme a tener la misma fe que ellos, dejarme solo por mucho tiempo, ser desordenados en las finanzas y por muchas cosas más. Nadie tiene padres perfectos y la única manera que puedes ser un mejor padre o madre es perdonando los errores de tus padres. Perdonarlos también significa honrarlos porque eso no significa que ignoras sus errores. Más bien, significa que los amas y los tratas con amor, los sirves de acuerdo con tus posibilidades y los perdonas. No los estás deshonrando cuando reconoces los errores de tus padres. Los deshonrarías cuando los criticas y los expones.

HONRAR A TUS PADRES ES TAMBIÉN PERDONARLOS

Necesitas perdonar los pecados de tus padres y arrepentirte de tus propios pecados si quieres crear una familia más sana y un futuro más próspero para tus hijos. Necesitas dejar de culpar a todo el mundo y empezar a asumir tu propia responsabilidad personal. Quizá no fue tu culpa, pero es tu responsabilidad perdonar. Quizá no fue tu culpa que tus papás se mudaran diez veces cuando eras niño, pero es tu responsabilidad procesarlo y perdonarlos. No fue tu culpa que tus papás te enseñaran a vivir siempre con deudas financieras, pero es tu responsabilidad perdonarlos y cambiar tus hábitos. Es posible que no haya sido tu culpa que tus papás siempre se gritaran y pelearan constantemente, pero es tu responsabilidad perdonarlos y aprender una nueva manera de vivir sin repetir sus pecados.

No te ha pasado que sin querer dejas una fruta o comida en el auto y después de unos días comienza a oler mal. Bajas las ventanas, compras un desodorante para el auto, pero no se quita el mal olor. Hasta que recuerdas la fruta que dejaste abajo del asiento, la retiras y tu auto vuelve a oler bien al poco tiempo. Así es un pecado retenido. Es algo negativo que cargas en tu corazón y te está pudriendo la vida. Bien puede ser que Dios ya perdonó a tus padres, pero como tú sigues cargando esa ofensa en tu corazón, está contaminando tu personalidad y tu manera de llevar el matrimonio.

Algunos necesitan ser libres y entender que *no son víctimas de pecados de sus abuelos y sus padres*, no están bajo una maldición generacional. Sin embargo, sí podrías estar bajo la influencia de sus pecados cuando no los has perdonado. Si buscas identificar las áreas en las que parece que no puedes avanzar o cambiar, quizá encontrarás que no has perdonado realmente a tu mamá o papá por algo que te hicieron o algún mal ejemplo que te dieron. Cuando decidí perdonar a mi mamá por decir «hubiéramos», fui libre de la esclavitud de esa actitud. La verdad fue un proceso perdonar y soltar, pero hoy en día disfrutamos más nuestro tiempo juntos como familia porque dejé de decir «hubiéramos». Sigo en un proceso de aprendizaje, pero ya comencé a experimentar la libertad desde que perdoné. No tienes que repetir los errores de tus padres ni vivir en miseria y conflicto innecesario. Puedes perdonarlos. Te invito a que hagas esta corta oración:

«Padre Dios, hoy te pido perdón por retener los pecados de mis padres (o familiares). Decido perdonar a _____ por _____. Lo suelto totalmente. No me debe nada. Te pido, Padre, que tú también los perdones. Desde hoy ya no cargo ese pecado en mi corazón; lo entrego a Jesús, sobre la Cruz del Calvario donde hay redención. Gracias porque hoy me haces libre de repetir sus pecados. Los perdono a ellos y recibo tu perdón en mi vida. Amén».

Puedes hacer esta oración aun si ya no están vivos. Tienes que perdonarlos. Puedes hacer esta oración una y otra vez hasta que sientas que has experimentado el perdón total. También la puedes repetir cuando descubras otro patrón similar que te esté afectando y que tenga relación con tus padres, familiares cercanos y hasta con algún conocido en tu pasado.

PECADOS PROPIOS

Además de repetir los pecados de nuestros padres por no haberlos perdonado, también tenemos nuestros propios pecados recurrentes. A veces no es un problema de falta de acuerdos o de resolver un conflicto, sino que tienes que reconocer un pecado particular. Puede ser una actitud, hábito, adicción, palabras o acciones que están lastimando a la otra persona. Eso no se resuelve hablando, se resuelve con arrepentimiento. Puedes orar pidiendo a Dios que te muestre esos pecados recurrentes, tu «talón de Aquiles». Dicho sea de paso, puedes orar para que Dios también le muestre a tu cónyuge las áreas de su vida donde necesita experimentar arrepentimiento. Eso es mejor que pelear constantemente. Ambos necesitan este verdadero arrepentimiento. Todo pecado puede ser perdonado si uno se arrepiente. Pero cuando no reconoces tus pecados, esa actitud endurecida puede terminar destruyendo tu matrimonio, tu familia y tu propia vida.

Una de las cosas que Kelly me ha confrontado en los últimos años es por mi distracción. Siempre estoy con mis ojos en el celular cuando trata de hablar conmigo, estamos comiendo o hasta cuando estamos manejando. Ella me dice con mucha frecuencia:

«¡Por favor deja tu teléfono! Necesitas aprender a dejar a un lado el celular y enfocarte en escuchar a tu familia, estar presente con nosotros».

Mi primera reacción es pensar que exagera. Mi justificación es decirle que tengo mucho trabajo y que era necesario revisar mi teléfono justo en ese momento. La verdad es que hemos tenido muchos pleitos por eso, pero yo no cambiaba por más que discutíamos. Hasta que un día pude reconocer que yo estaba mal, que tenía un pecado de adicción a mi teléfono y a estar siempre ocupado. Me arrepentí, le pedí perdón a Dios y tomé los pasos para cambiar. A la hora de comer dejo mi teléfono en otra parte de la casa. Soy intencional en escuchar a mis hijos y mirarlos a los ojos cuando me hablan. Estoy estableciendo horarios para estar desconectado. En mi día de descanso trato de no usarlo, también me desconecto del teléfono durante las vacaciones. Tengo que reconocer que hay más paz en mi matrimonio y en la casa luego de tomar esas decisiones.

Lo que quiero dejar claro en este capítulo es que algunos problemas en tu matrimonio no son resultado de un mal matrimonio o falta de mejores acuerdos, sino que son resultado de pecados personales. Hasta que no los reconozcas y te arrepientas, tu matrimonio no podrá salir adelante. Hombres y mujeres por igual necesitan reconocer su pecado para restaurar su matrimonio.

Mi perfeccionismo fue y es una de las cosas que más nos ha causado problemas en nuestro matrimonio. Yo soy el tipo de persona que quiere tener sus camisas en orden de colores. Me gusta doblar mis pantalones y camisetas de una manera exacta. Sé planchar y lavar y me gustan las cosas de una manera específica. En los primeros años de nuestro matrimonio decidimos que Kelly se dedicaría a la casa y yo me enfocaría el trabajo pastoral. El problema era que siempre encontraba una camisa mal acomodada, un pantalón que se encogió en la secadora o una prenda que se quemó con la plancha. Yo prioricé mi perfeccionismo en lugar de priorizar mi relación con Kelly. Me da pena admitir que me quejaba constantemente de todo: el acomodo de las cosas en la cocina, mi ropa o su manera de vestirse. Siempre encontraba algo que no me gustaba y sentía la necesidad de expresarlo. Mi justificación era que solo estaba tratando de ayudarla.

Kelly tomaba esas palabras como ataques a su persona. Ella fue perdiendo su confianza, autoestima y empezó a apagarse emocionalmente conmigo. Esto no sucedió de inmediato, sino con el paso de los años. Yo era inconsciente de lo que hacía y ella estaba cansada. Empezamos a tener peleas constantes. Por fin un día me dijo: «Es que no importa lo que haga, nunca será suficiente para ti. Siempre te quejas, siempre me regañas y estoy harta». Fue algo tan difícil para ella que incluso me dijo que, si no cambiaba, ella no quería continuar con el matrimonio. Al inicio me justificaba y no podía aceptar que tenía un problema. Más que un problema era un pecado.

Mi perfeccionismo no solo afectaba a Kelly, sino también afectaba a mis hijos. Durante las comidas siempre regañaba a mis hijos por cómo usaban los utensilios, cómo masticaban o cualquier otra cosa. Otras veces los regañaba por estar vestidos de una manera que no me gustaba. Kelly me decía que era su estilo, que se veían bien y que los dejara ser. Yo no podía ver mi problema. Siempre me justificaba a mí mismo y seguía corrigiendo a todos una y otra vez.

La relación con Kelly y mis hijos empezó a deteriorarse y empecé a notar que no querían pasar tiempo conmigo. El perfeccionismo es un pecado porque esperas perfección de todos, incluyéndote a ti mismo. Lo cierto es que aparte de Dios, nadie es perfecto. No quisiera que confundamos perfeccionismo con excelencia. No hay problema con buscar la excelencia porque es hacer las cosas lo mejor posible. Por el contrario, el perfeccionismo es evaluar a todos a través de tu concepto de perfección y es una manera de manipulación y control. Es la incapacidad de disfrutar a las personas tal y como son. No es amor, es manipulación.

Yo no podía reconocer mi error. No me acuerdo bien cuando sucedió, pero hubo un momento en que pude ver claramente y por primera vez cómo mi perfeccionismo estaba arruinando la relación con mi familia. Es como si alguien encendiera la luz y ahora veía claramente mi error y los problemas que mi error estaba provocando en las personas que me rodeaban. Aunque parezca difícil de creer, me costó mucho trabajo renunciar a mi perfeccionismo y elegir la relación con mi familia. Realmente pensaba que estaba bien y que todos los demás estaban mal. Pero ese día desperté, vi la realidad de mi actitud y el error de mi conducta. Tuve que arrepentirme y pedir perdón a Kelly y a mis hijos. Gracias a Dios me perdonaron y me dieron una nueva oportunidad. Estoy en un proceso de cambio en el que estoy abandonando mi pecado de perfeccionismo y aprendiendo a disfrutar a las personas tal y como son. Estoy aprendiendo a ser excelente sin ser perfeccionista.

Hubiera podido seguir diciéndole a todos que simplemente así soy y ni modo. Pero, aunque nuestra personalidad tiene ciertas tendencias, tenemos que entender que es un pecado cuando nuestra conducta o actitud está lastimando o hiriendo a otras personas. No puedes culpar tu personalidad, tu pasado o tus preferencias. Si estás hiriendo a las personas a tu alrededor es algo que tienes que cambiar.

«Si estás hiriendo a las personas a tu alrededor es algo que tienes que cambiar».

Puede ser que estés lastimando a tu familia con el consumo excesivo de alcohol. Quizá lo veas como algo normal, pero ellos sienten que estás distante, distraído y que tomas demasiado. Por más que intentes justificarte, necesitas arrepentirte y cambiar si estás hiriendo a tu familia. Puede tratarse de una obsesión con el trabajo. Quizá siempre tienes una razón para tu obsesión, como un proyecto nuevo, un problema con un empleado o una gran oportunidad. Pero si estás hiriendo a tu familia por tu ausencia, necesitas dejar de autojustificarte, reconocer tu problema y cambiarlo. Es posible que tenga que ver con tu impaciencia y gritos constantes. Quizá tienes un hijo que te lleva al límite o siempre sucede algo en el día que te hace perder la calma y cordura. Pero necesitas dejar de justificarte y tomar pasos para cambiar si tu explosividad y gritos están causando problemas a tu matrimonio y tus hijos.

Todos tenemos pecados personales que están limitando nuestro matrimonio y familia. Nuestra tendencia es culpar a todo el mundo. Esta actitud no es ninguna sorpresa porque los primeros seres humanos hicieron lo mismo. Adán culpó a Eva y Eva culpó a la serpiente. ¡Así somos nosotros! Culpamos a nuestros padres, a alguien que nos ofendió, al gobierno, a una mala experiencia o a alguien más para evitar aceptar responsabilidad. Culpar a alguien más no produce cambio. Aceptar responsabilidad personal sí produce cambio. Lo primero que tienes que hacer es aceptar tu responsabilidad y dejar de culpar a otros. Yo culpaba a mis padres por su rigidez y exceso de corrección. Culpaba a mi personalidad y a mi familia porque no me entendían. La verdad es que yo tenía un problema y por fin lo pude aceptar.

Algunos pecados que limitan las relaciones en el matrimonio son: adicciones de todo tipo (drogas, sexo, pornografía, alcohol, comida, etc.), violencia, gritos, manipulación, perfeccionismo, mentiras, adulterio, enojo excesivo, insultos, secretos, y más. Todo lo que está dividiendo y limitando el matrimonio o la familia es una conducta inaceptable.

Si quieres puedes hacer esta oración en este momento:

«Padre Dios, reconozco que tengo pecados que están limitando mi potencial y el potencial de mi matrimonio y familia. Confieso mi pecado de _____. Te pido perdón y recibo tu perdón. Restaura un corazón limpio dentro de mí, limpia mi conciencia y dame un espíritu recto para caminar en tu voluntad con amor hacia mi esposo(a) y familia. Renueva mi mente y recibo tu gracia para vivir libre de ese pecado».

Puedes hacer esta oración las veces que lo necesites. Hazlo con fe. También puedes pedirle a Dios que te revele las cosas que no puedes ver. Todos tenemos puntos ciegos que están destruyendo la relación. Dios te puede ayudar a verlos y cambiarlos.

Por último, no te condenes ni tengas mentalidad de víctima. Cuando Kelly me ha confrontado o cuando he visto alguna cosa errónea en mi vida, mi tendencia ha sido sentirme el peor esposo y creer que nunca seré un buen padre, un buen hombre o un buen esposo. Cuando tengo esos sentimientos me dan ganas de tirar la toalla y rendirme. La condenación produce desesperanza y te roba las fuerzas para cambiar y seguir adelante. Es mejor aprender a responder con convicción. La convicción se fortalece cuando uno acepta su error, agradece a Dios por la oportunidad de arrepentirse, cambiar y vivir una mejor vida. La condenación te quiere destruir, pero la convicción te quiere restaurar. Sí puedes ser un buen hombre, una buena mujer, un buen esposo, una buena esposa, un buen padre y una buena madre. Deja a un lado las cosas que te limitan y descubre tu potencial.

Ya les he dicho que tengo un esposo que cree en mí más que nadie. Él me ha impulsado como nadie a hacer muchas cosas que jamás me hubiera atrevido a hacer porque no me creía capaz. Pero habiendo dicho esto, también debo de reconocer que una de las cosas que me han limitado en nuestro matrimonio es sentirme en una permanente competencia con él. ¿Por qué? Porque en mi opinión, Andrés es un hombre que puede lograrlo todo. Es decir, si se propone hacer algo o aprender algo nuevo, lo consigue. No solo lo logra, se vuelve experto rápidamente.

Cuando estás casada(o) con alguien así, claro que es una bendición porque rara vez tienes que buscar ayuda fuera del hogar, pero, al mismo tiempo, puede causarte un gran conflicto si empiezas a comparar tus dones y habilidades con las de esa persona. Especialmente si eres como yo, que tienes que esforzarte mucho y por mucho tiempo para aprender algo nuevo, mientras que él lo aprende sin esfuerzo en solo cinco minutos. Por ejemplo, yo necesito estudiar por días para poder predicar sin usar mis notas. Andrés tiene memoria fotográfica, es decir, puede leer todas sus notas una vez y sabérselas de memoria. Pienso que no es justo, pero, bueno, así son las cosas.

Otro ejemplo: yo he preparado los *hotcakes* suecos (de Leola Spyker) todos los sábados por años. Sin embargo, el otro día Andrés quiso ayudar y, a pesar de ser la primera vez que los preparaba, ¡le quedaron más ricos y más bonitos que a mí! Andrés hace dieta con poco esfuerzo y en solo tres días ya bajó los mismos kilos que yo bajo en tres semanas. Esos son solo unos pocos ejemplos de lo que es nuestra vida.

Yo sentía que siempre me ganaba en todo, todo lo hacía mejor y, por lo tanto, no me necesitaba porque no había nada que pudiera hacer que él no lo hiciera mejor. Hasta le dije muchas veces con enojo y resentimiento: «¡Tú estarías perfectamente bien sin mí!». Él siempre me decía que no era así y que me necesitaba y amaba con todo el corazón. Pero tengo que reconocer que mis palabras lastimaron mucho su corazón y nuestra relación. Me he arrepentido muchas veces y él me ha perdonado. Ahora entiendo que tenemos un enemigo espiritual que ha tratado de dividirnos, llenando mi corazón con un sentimiento de inferioridad y competencia. Yo soy responsable por lo que Dios me ha dado a mí, por lo que debo vivir agradecida y usarlo con excelencia y sin hacer comparaciones. Yo soy responsable de adoptar una actitud de gratitud y creer que yo sí complemento a Andrés. No tengo que estar en competencia con mi esposo. Dios me ama y me usa, y Andrés me ama y valora tal como soy.

CAPÍTULO DIECISIETE

¡No es la persona con quien me casé!

Cuando Kelly y yo estábamos comprometidos y faltaban solo unos meses para casarnos, acompañamos a Bob Sorge, autor y conferencista, a un lugar donde tenía que hablar cerca del instituto bíblico. Fue un viaje en carro de aproximadamente una hora. Aprovechamos el tiempo para hablar y hacerle preguntas. Una de las preguntas que le hice fue: «¿Cuánto tardaste en conocer realmente a tu esposa?». Él empezó a reírse y contestó: «Toda la vida». Luego nos dijo que todas las personas experimentamos cambios en la vida. Por ejemplo, cambios hormonales que pueden producir cambios de humor y cambios físicos, cambios de gustos de comida, colores, actividades y mucho más. También cambiamos en nuestra manera de pensar y actuar. Finalmente nos dijo que eso era muy bueno porque así uno no se aburría en el matrimonio. Siempre hay algo nuevo por descubrir porque siempre estamos cambiando y podemos aprender a enamorarnos y amarnos en cada etapa de la vida. Aunque se oye muy romántico y a la larga sí lo es, la verdad es que el proceso de enfrentamiento a un cambio en tu pareja puede ser realmente muy difícil.

Kelly y yo fuimos varias veces a Six Flags, un parque de diversiones con montañas rusas y juegos extremos, cuando estábamos comprometidos y también de recién casados sin hijos. Kelly se subía conmigo y reía de la emoción en los juegos más extremos. Yo era feliz porque me encantan las actividades extremas. Teníamos algo en común que nos divertía mucho a ambos. Un tiempo después de que tuvimos a Jared, llevamos a un grupo de jóvenes de la iglesia a Six Flags. Yo estaba feliz y emocionado de subirnos nuevamente a las montañas rusas. Cuando estábamos por hacer la fila para el primer juego extremo, Kelly me dijo: «Tengo miedo, no quiero subirme». Creo que la convencí de subirse y al final estaba prácticamente llorando del susto y me pidió que nunca insistiera. Esa fue la última vez que subimos juntos a una montaña rusa o a un juego extremo. Me acuerdo estar desilusionado y triste. Me dijo que la perdonara, pero que no sabía por qué estaba temerosa, solo que tenía miedo.

Luego descubrimos que es algo común en muchas mamás. Puede tratarse del instinto maternal de protección a los hijos que se despierta después de tener hijos o incluso, en algunos casos, el factor hormonal hace que cambien la manera en que perciben algunas actividades. Entonces Kelly ya no disfrutaba las actividades extremas y nos tocó adaptarnos a esa nueva realidad. Ahora nuestros hijos son más grandes y he regresado a las montañas rusas porque a ellos les encanta. Kelly no ha cambiado y nos espera afuera del parque paseando en la ciudad y haciendo lo que le gusta. Sé que parece algo menor o insignificante, pero ese tema nos generó un conflicto y reconozco que me costó perder esa actividad en común con Kelly.

Mi sentido del humor hacía que Kelly y yo nos riéramos muy seguido durante nuestro noviazgo y compromiso. Es una de las cosas que a ella le encantaba de mí. Un tiempo después de casarnos me dijo que ya no la hacía reír, que no sabía dónde había ido a parar mi sentido del humor y que extrañaba ese lado de mí. Al inicio lo negaba y le decía que no era cierto, que solo era su perspectiva. Sin embargo, tengo que admitir que el estrés de ser un papá joven y de sobrellevar a una temprana edad tanta responsabilidad familiar, laboral y espiritual afectó definitivamente mi sentido del humor. Kelly ha sido muy paciente e incluso se ha esforzado por ayudarme a distraerme de las ocupaciones y me ha ayudado a conectarme con mi sentido del humor. Pero la realidad es que, aunque estoy más relajado, no he podido ser el mismo. Quizá sea mejor que antes, pero no he vuelto a ser el mismo y eso ha sido un proceso difícil para Kelly. Ella es la que ahora hace mil bromas con la familia y nos mantiene a todos con buen humor.

Los dos creíamos que tomar vino era un pecado cuando nos casamos. Yo había tomado mucho de joven y creíamos sinceramente que tomar alcohol era un pecado. Encontramos una botella de vino de regalo en nuestra habitación de luna de miel y no lo tomamos, sino que vaciamos la botella en el baño y guardamos como recuerdo la botella. Después de doce años de casados, unos amigos cristianos me presentaron el vino de nuevo. Pero fue una experiencia muy diferente a cuando era joven. Ya no era un tema de relajo y de tomar demasiado, sino una bebida para disfrutarla con la comida y los amigos de forma moderada. Tuve que estudiar la Biblia bien al respecto y me di cuenta de que sí se permite tomar vino con moderación. Lo que no se permite es emborracharse o excederse en el consumo del alcohol. Eso es pecado. También la Biblia enseña que, para algunos, el vino y otras cosas pudieran hacerlos tropezar. Aunque no son malas en sí mismas, para ellos, por diferentes razones, sí lo son. Por ejemplo, hay personas que toman una sola copa y ya no pueden parar hasta embriagarse. Para esas personas es mejor evitar el alcohol por completo. Tengo un amigo pastor que fue alcohólico y ahora es parte de un grupo de Alcohólicos Anónimos. Aunque cree que tomar alcohol no es pecado, ha decidido que no va a tomarlo porque para él es una adicción que no puede controlar. También están las personas que sus conciencias no les permiten beber alcohol porque lo consideran pecado. Para otros el alcohol es parte de una dolorosa historia familiar y por eso prefieren no tomar alcohol. Todas estas posturas son respetables y admirables.

Dos pasajes de la Biblia que nos ayudarán a considerar esta tensión sobre el vino. El primero está en Eclesiastés y nos dice que es parte de disfrutar la vida y comer con alegría. El segundo está en Proverbios y nos enseña que si abusamos del alcohol no podemos ser sabios. Hay una tensión entre estas dos realidades y por eso puede haber convicciones diferentes en torno al consumo moderado del alcohol.

«Así que, ¡adelante! Come tus alimentos con alegría y bebe tu vino con un corazón contento, ¡porque Dios lo aprueba!» (Ec 9:7, NTV).

«El vino produce burlones; la bebida alcohólica lleva a la pelea. Los que se dejan llevar por la bebida no pueden ser sabios» (Pr 20:1, NTV).

Kelly y yo tuvimos muchas y muy largas discusiones sobre tomar o no vino. Fueron tiempos muy tensos. Incluso tuvimos que hablarlo con algunos consejeros, quienes nos dijeron que era nuestra decisión, y que estaba bien si uno quería tomar vino con moderación y otro prefería no hacerlo. Al final, los dos acordamos que es algo que podemos disfrutar juntos con moderación.

Quiero aclarar que no estoy condonando el alcoholismo y que, como lo hemos venido repitiendo como principio fundamental en el matrimonio, es necesario llegar a acuerdos. Esa es la razón por la que tuvimos que hablar con consejeros que nos guiaran a tomar el mejor acuerdo. Hay prácticas de consumo de alcohol que son destructivas y, si no hay un acuerdo en el matrimonio, puede dividir a la familia. No permitas que el alcohol o cualquier otra cosa divida tu familia.

El principio que queremos que descubras en este capítulo es que las personas cambian. Los matrimonios exitosos aprenden a sobrellevar los cambios de la otra persona, siempre y cuando no sean cambios destructivos. Hay algunos cambios que son muy fuertes y difíciles de sobrellevar, como algunas enfermedades y las crisis emocionales fuertes. Tanto Kelly como yo hemos atravesado por temporadas de crisis emocionales. Viví uno de los peores años de mi vida cuando cumplí treinta y siete años. Sufrí algunos ataques de pánico y ansiedad. Yo nunca antes había sufrido pánico o ansiedad. Siempre era el que salía adelante sin dificultad, pero ahora no tenía fuerzas para tomar decisiones y, a veces, ni para salir de la casa. Después de aceptar lo que me estaba pasando, tomé la decisión de hacer cambios en mis rutinas personales, dieta, ejercicio, horarios y también bajar mi ritmo de actividades. Tuvieron que pasar como seis a ocho meses antes de empezar a sentirme más normal. Gracias a Dios ya no he sufrido de ataques de pánico o ansiedad. Sin embargo, me quedó como secuela un gran problema: la indecisión. Me costaba mucho trabajo estar en juntas de trabajo, tomar decisiones sencillas sobre asuntos de la casa, los hijos o lo que fuera. No quería tomar ninguna decisión. Esto fue muy difícil para Kelly porque yo nunca había sido así. Ya hoy he recuperado mi capacidad de decisión, pero Kelly tuvo que ayudarme y casi forzarme a tomar decisiones por varios años.

Mi mamá tuvo una crisis nerviosa y mental a los treinta y cinco años. Ella fue diagnosticada médicamente como bipolar. Los tratamientos de aquel tiempo eran muy limitados y, en algunos casos, las personas empeoraban. Mi mamá es maravillosa y muy valiente, y es un gran ejemplo si consideramos todo lo que ha sufrido. Pero la realidad es que ella nunca fue la misma después del diagnóstico. Mi papá tuvo que ajustar todo en su vida para poder cuidar a mi mamá. Han pasado más de treinta años y los dos siguen cuidándose, amándose y aprendiendo a relacionarse con este cambio tan profundo.

Yo no roncaba al inicio del matrimonio, pero con el pasar de los años he empezado a roncar con mucha fuerza. Kelly me pidió anoche mismo que, por favor, volteara de lado en la cama para ver si se calmaban mis ronquidos. Kelly hasta ha tenido que comprar unos tapones para los oídos y así poder dormir junto a mí. Estoy considerando seriamente alguna intervención médica para poder resolver ese problema. Pero lo que quisiera decirles es que Kelly me ha amado en todos mis cambios. He perdido mi cabello y ahora tengo una «cabeza pelona». Nuestros cuerpos cambian, hasta nuestros ruidos cambian. Muchas cosas cambian. Tenemos que estar conscientes de que cuando nos casamos, lo hacemos con alguien en un estado particular en ese momento, pero también en todos los demás estados que vendrán de crecimiento y vejez. ¡Eso es amor!

LA MEDIANA EDAD

Poco antes y poco después de mis cuarenta años atravesé por lo que se conoce como la crisis de la mediana edad. Es la etapa de la vida en donde muchos hombres compran motos, se tiran en paracaídas, viven su segunda adolescencia y algunos hasta optan por dejar su matrimonio y familia. Es verdad que compré una moto y tuve momentos como adolescente, pero gracias a Dios seguí con mi matrimonio y familia. Experimenté un sentimiento de depresión y profundo fracaso. Los expertos afirman que después de haber pasado casi veinte años desde que dijiste: «Cuando sea grande voy a…» y ver que ahora, veinte años después, no has logrado la mayoría de lo que pensaste que lograrías, entonces experimentamos un sentimiento de desilusión personal. No tienes el cuerpo que pensaste tener y te ves y te sientes más viejo. Tu esposa ya se ve más grande (¡Kelly no!). Me sentía como un inútil y un fracasado al evaluar mi vida. Trataba de ocultar esas emociones llenándome de actividades: más trabajo, salidas con amigos y proyectos nuevos. Sin embargo, en el fondo me sentía fracasado. Fueron años muy difíciles para Kelly. Al final Dios fue bueno, tuvimos buenos consejeros, Kelly fue paciente y salimos adelante. Dejé crecer mi barba tan larga, que me llamaban Ragnarok, el vikingo. Aunque a Kelly no le gusta la barba larga, siempre me decía: «Te ves muy guapo y joven». Siempre me animó. Kelly me dio su mejor amor en mi peor momento. Doy gracias a Dios que Kelly me amó mientras atravesé mi crisis de mediana edad.

Lo más fácil sería huir cuando la otra persona experimenta un cambio. Pero no debemos olvidar los votos que hicimos, donde nos prometimos amarnos en salud o enfermedad, en abundancia o escasez. Eso habla de cambios. Amar a alguien a través de los cambios que sufren los cónyuges es uno de los actos más sublimes de entrega. Hoy en día disfrutamos de una relación más cercana, real y profunda porque nos hemos ayudado, cuidado, amado y enamorado intencionalmente a través de los cambios que hemos experimentado con el pasar de los años.

No puedo dejar de mencionar que también hay cambios que no afectan demasiado. Yo siempre usaba un perfume que a Kelly le encantaba, pero el mismo perfume le daba asco después del nacimiento de Lucas. ¿Qué le hacemos? Pues cambio de perfume y ¡listo! No afecta tanto. Hay cambios de ese tipo a los que simplemente uno se ajusta y seguimos adelante. Por supuesto, también hay cambios positivos que debemos celebrar y agradecer. Por ejemplo, para Kelly era una tortura invitar personas a la casa, pero ahora lo disfruta. Esto es maravilloso porque a mí me encanta estar con otras personas en casa.

CAMBIOS INTENCIONALES

Uno de los secretos para seguir enamorando a tu cónyuge es ser intencional al realizar cambios positivos. Una palabra que se usa a menudo para estos cambios es «reinventarse». Puedes usar la palabra que más te guste, pero es necesario mejorar nuestra persona para mantener el matrimonio fresco. No podemos simplemente pensar que el otro tiene que aguantar y resignarse a todos mis cambios físicos. Por un lado, uno tiene que estar dispuesto a amar al otro en sus cambios, pero uno también tiene que seguir ofreciendo la mejor versión de uno mismo al otro.

Cuando siento que estoy aumentando de peso y mi talla de pantalón ya no me cierra, hago modificaciones a mi dieta para regresar a mi talla normal. Preferí rasurarme la cabeza cuando me di cuenta de que había perdido demasiado cabello. Me gusta estar en forma y tener actividad física para poder jugar con mis hijos y estar fuerte para Kelly. Me gusta estar informado y leer para mantener mi mente activa. La verdad es que, aunque es también un compromiso personal, lo hago por Kelly y por mis hijos. Quiero que ellos tengan la mejor versión de mi persona. Una manera de amar a tu cónyuge es manteniendo tu imagen personal sana y actual. No creo que sea correcto que te eches al abandono y que luego exijas que tu cónyuge te ame. Sí, debemos amarnos tal cual, pero ese «tal cual» no debe ser el resultado de la pereza personal para mejorarnos a nosotros mismos.

A mí me encanta que en esta etapa de nuestras vidas Kelly está leyendo más libros que nunca. Ella quiere mantener su mente en crecimiento y desarrollo. Me encanta que se arregla las cejas para verse más joven, que cuida su talla y encuentra la ropa que mejor le va, que siempre arregla sus uñas y el cabello. Me siento amado cuando ella procura verse mejor. Me gusta mucho que ha dado pasos en los últimos años para crecer en su vocación de enseñanza. Cada semana enseña a mujeres y ya está dando conferencias en diferentes ciudades. Ella se ha esforzado por aprender cosas nuevas tanto en lo profesional, personal y familiar. Estoy muy orgulloso de ella.

Amor es cuidar al otro en su peor momento y al mismo tiempo ofrecer la mejor versión de uno mismo. Amor es perseverar cuando el otro cambia y, al mismo tiempo, cambiar para bien. Amor es renovar el compromiso de temporada en temporada, año con año, cambio con cambio. El amor nunca deja de ser.

A veces bromeamos y decimos que yo era una «niña» cuando me casé con Andrés. Veo las fotos de ese tiempo y todavía parece que tengo el cuerpo de una adolescente. Yo cumplí diecinueve años en junio y me casé con

Andrés en agosto. Le digo que prácticamente se casó con una mujer de dieciocho y no de diecinueve años. Lo cierto es que una va cambiando y eres muy diferente, en casi *todo,* en tu etapa de adolescente que en tus veinte, treinta y cuarenta años.

Tuve nuestro primer hijo a los veintiuno y el segundo a los veinticinco. Cambié mucho corporalmente en menos de dos años de casados. Tuve brotes horribles de acné y muchos problemas en mis dientes después de casarnos. A Andrés no solo le tocó sobrellevar mi aspecto físico durante esos años, sino también pagar todos mis tratamientos. ¡Gracias, amor, sé que te salí cara!

En más de una ocasión tensa, le expresé a Andrés que hubiera sido mejor que me conociera en mis treintas, porque así no hubiera sabido cómo era o me veía cuando era más joven. También hubiera podido «arreglar» algunas cosas antes de que estuviera en mi vida. Sin embargo, Andrés nunca me ha dejado de amar, aunque mi cuerpo, gustos y personalidad han cambiado mucho con el paso de los años. También he batallado con la ansiedad a un nivel que nunca, ninguno de los dos hubiéramos imaginado en estos últimos años. Pero Andrés ha caminado conmigo y veo cómo Dios me está sanando, incluso por medio de él.

Una de mis filosofías es que todos vamos a vivir cosas buenas y cosas malas a lo largo de nuestra vida, todos vamos a cambiar de una u otra manera; los años y la vida van a pasar, así estés solo(a) o acompañado(a). Yo prefiero vivir estos procesos y cambios con alguien a mi lado, quien me ama y a quien amo con todo el corazón.

CAPÍTULO DIECIOCHO

Las razones para seguir juntos

Hace varios años tuvimos una discusión muy fuerte con Kelly. Nunca hemos llegado a actuar con violencia o palabras altisonantes, pero no se necesita nada de eso para terminar lastimándonos. Nos dijimos cosas que hubiéramos preferido no decir y nos herimos mutuamente. Los dos estábamos al límite de nuestra paciencia. Hasta llegamos a mencionar la palabra divorcio. Yo había escuchado la historia en la que se le preguntó a Ruth Graham, esposa de Billy Graham (el más grande evangelista del siglo XX), si alguna vez había considerado divorcio. Ella respondió: «Divorcio no, pero asesinato sí». Es obvio que lo dijo con algo de humor. El punto es que aún las mejores parejas van a encontrar razones para terminar la relación.

Yo tenía varias razones para terminar con el matrimonio, pero Kelly seguramente tenía muchas más. Estábamos enojados, cansados y hartos. Ya no podíamos llegar a ningún acuerdo porque habíamos llegado al límite y no teníamos donde avanzar. Nos topamos con una pared y nos encontrábamos cerca de romper nuestra relación. Me acuerdo de que tuve un tiempo de oración en donde yo le presentaba a Dios todas las razones por las que ya no quería seguir. Hice una pausa y luego sentí en mi corazón como si Dios me preguntara: «¿Cuáles serían las razones para permanecer?». Tienes que encontrar razones más grandes para permanecer antes que razones para huir. Es fácil encontrar las últimas, pero es de grandes encontrar razones para permanecer, seguir trabajando y construyendo juntos un futuro mejor.

En este capítulo quiero contarte las razones que le presenté al Señor y la secuencia de la conversación que sostuvimos. Si puedes encontrar las razones correctas para seguir juntos, también puedes encontrar las fuerzas para continuar.

«Andrés, ¿cuáles son las razones para permanecer?».

1. POR MI REPUTACIÓN

Yo me dedico a enseñar la Biblia y un divorcio me haría perder mi credibilidad y, por lo tanto, mi reputación. Ya no tendré la oportunidad de seguir trabajando en lo que tanto me gusta si pierdo mi reputación. Llegué a pensar que hubiera sido mejor no ser pastor cristiano para no tener que defender ninguna reputación. A nadie le importa si el vendedor de autos es divorciado. Simplemente le irá bien si vende autos. Pero se podría decir que es el fin de su carrera si un maestro de la Biblia se divorcia.

Luego pensé que, aunque se tratase de un arquitecto, empresario, empleado, médico o lo que fuera, todos tenemos una reputación. Aunque no me afecta tanto en términos profesionales, puede ser que pierda la reputación y la credibilidad con ciertas personas clave en mi vida. Puede ser que yo mismo me esté cerrando puertas si me divorcio. Sin embargo, considerar la pérdida de mi reputación no era suficiente para seguir juntos. Lo más seguro es que podría dedicarme a cualquier otra actividad laboral. Seguramente encontraría algún trabajo para seguir adelante. Pero después escuché de nuevo la pregunta:

«¿Habrá otra razón para permanecer?».

2. POR EL EJEMPLO A LOS AMIGOS Y LA SOCIEDAD

Esta razón me sacudió un poco más. Una cosa era perder mi reputación y trabajo, pero otra era dar mal ejemplo a nuestros amigos y a la sociedad. He hablado tantas veces de la importancia de perseverar, amar y perdonar. Ahora era como si nos estuviésemos burlando de nuestras propias palabras. ¿Qué les comunicaría a mis amigos y a la sociedad que nos conoce? Estaríamos dando un ejemplo negativo y, potencialmente, dañaríamos a muchas familias. Quizá muchos matrimonios decidirían terminar si ven que nosotros terminamos.

La verdad es que el matrimonio no solo tiene que ver con dos personas en forma privada. También se trata de la comunidad a la que el matrimonio pertenece. Un matrimonio que va muy bien inspira a continuar y a ser mejor. Por eso la comunidad necesita matrimonios fuertes. Si fracasa un matrimonio considerado fuerte, entonces uno se puede llenar de temor y desesperanza. Una sociedad es tan fuerte como lo son sus familias. La fortaleza de una sociedad se encuentra en la salud de los matrimonios y hay matrimonios que lideran con su testimonio a otros que vienen detrás de ellos. Hemos comprado esta idea de que todo se trata de nuestra felicidad, pero la felicidad también tiene que ver con el avance de toda la sociedad. Las sociedades antiguas entendían que tus decisiones no eran solo tuyas, sino que afectaban a tu familia y a toda la comunidad. Es como los malos manejos financieros o empresariales de un miembro de la sociedad afectarán a toda su comunidad. Así importan en la comunidad aun tus decisiones matrimoniales. Esta razón sí me sacudió mucho, pero igual volví a escuchar:

«¿Habrá otra razón por la cual seguir juntos?».

3. POR LO QUE HEMOS LOGRADO Y PODEMOS LOGRAR JUNTOS

En el libro de Deuteronomio del Antiguo Testamento leemos que uno hace huir a mil y dos a diez mil cuando Dios los ayuda (32:30). La idea es que dos personas pueden lograr diez veces más que lo que lograría uno solo. Uno pensaría que dos conseguirían el doble, pero en realidad es exponencial, diez veces más. También dice esto en Eclesiastés:

«Más valen dos que uno, porque obtienen más fruto de su esfuerzo. Si caen, el uno levanta al otro. ¡Ay del que cae y no tiene quien lo levante! Si dos se acuestan juntos, entrarán en calor; uno solo ¿cómo va a calentarse? Uno solo puede ser vencido, pero dos pueden resistir. ¡La cuerda de tres hilos no se rompe fácilmente!». (Eclesiastés 4:9)

Los teólogos entienden que el tercer hilo de la cuerda es la suegra: Hombre, mujer, suegra. Bueno, fuera de bromas, se entiende que una cuerda de tres hilos es una representación de hombre, mujer y Dios fortaleciéndoles. Los beneficios que enumera Eclesiastés son:

- Un matrimonio obtiene más fruto de su esfuerzo.
- Si caen, uno levanta al otro.
- Acostados se calientan mutuamente.
- Pueden vencer juntos cualquier reto.

Es el mismo principio que vimos en Deuteronomio. Cuando Dios ayuda a uno, hace huir a mil, y hacen huir a diez mil cuando Dios ayuda a dos.

Hice una evaluación de lo que Dios nos había ayudado a lograr juntos a Kelly y a mí. En poco tiempo habíamos logrado mucho más de lo que jamás hubiéramos imaginado. Teníamos tres hijos, un hogar maravilloso, una iglesia exitosa e influencia en muchos lugares. La lista seguía sin parar. Tuve que reconocer que no podría haber logrado nada de eso sin Kelly y la ayuda de Dios. También pensé en todo lo que nos faltaba por alcanzar juntos. Los sueños que habíamos compartido y los propósitos que Dios nos había hablado. No quería perder la oportunidad de construir esos sueños juntos. Perder a Kelly sería perder mucho de lo que habíamos construido y perder la posibilidad de construir sobre ese fundamento mucho más. Esta razón también me confrontó muchísimo. Una vez más volví a escuchar la pregunta:

«¿Habrá otra razón para seguir juntos?».

4. POR EL BIENESTAR DE MIS HIJOS

No podía soportar la idea de que mis hijos vieran a sus papás separados o que tuvieran que pasar unos días con Kelly y otros conmigo. Es facil darse cuenta del dolor que sufrirían al ver a sus papás separados. Mi abuelo abandonó a mi abuela cuando mi papá tenía trece años. Aunque mi papá y mis tíos lo perdonaron, esa decisión los ha hecho sufrir mucho a lo largo de sus vidas. La separación de mis abuelos ha afectado también hasta algunos de mis primos. Seguro hay hijos que no les afecta tanto, pero uno nunca sabe qué traumas podrían crearse en nuestros hijos. Sé que algunos se están preguntando: «¿Qué de los traumas producidos por vivir en una casa con constantes pleitos? ¿No sería mejor un divorcio en ese caso?». Al final del capítulo tocaré brevemente las razones correctas para un divorcio, pero, en la mayoría de los casos, lo mejor no es la separación definitiva y legal. Lo mejor es que los dos se humillen, se arrepientan, cambien y juntos muestren a sus hijos el poder de la redención.

No soportaba solo pensar en el dolor que les causaría a mis hijos y hasta a mis nietos. Pensaba en todo lo que les he enseñado en cuanto al perdón, el amor y la perseverancia. Terminarán rechazando todo lo que les he enseñado. Es bien sabido que el género, masculino o femenino, lo determina biológicamente el padre. Lo define el esperma del papá. Los psicólogos también han demostrado que la identidad de una persona se define, en gran parte, por la figura paterna. También se ha comprobado que las comunidades en donde los papás abandonan en mayor proporción a sus familias son aquellas que tienen un mayor nivel de crímenes, drogadicción, depresión y desesperanza por la falta de la presencia de un papá amoroso.

No quería ser responsable de que uno de mis hijos tomara decisiones destructivas. Sé que algunos dirán que eso también sucede en hogares con matrimonios estables. Es cierto, pero en la gran mayoría de los casos, aunque seguían juntos, pudo existir un abandono paterno en lo emocional y paternal. Viven bajo el mismo techo, pero no hay una relación sana. Lo que quiero enfatizar es que sabía que mis hijos serían gravemente afectados y no podía tolerarlo. Me causaba un profundo llanto el solo pensar en su dolor.

Además del dolor que podía causarles a mis hijos, lo que más me sacudió es pensar que me perdería momentos importantes en sus vidas. No solo hablo de graduaciones y otros logros sociales o deportivos, sino de las conversaciones en la mesa, las buenas noches, las risas, las vacaciones todos juntos, andar en bici, hacer pizzas en el horno y tantas cosas rutinarias más. Además, no podía pensar en tener nietos y no poder disfrutarlos junto con Kelly como abuelos. Aun en medio de todo mi pesar, volví a escuchar la pregunta:

«¿Habrá otra razón para seguir juntos?».

5. POR SER FIEL A MI PROMESA

Un hombre vale por su palabra. He escuchado esa frase tantas veces a lo largo de mi vida. Si no podía cumplir la promesa más importante de mi vida, entonces ¿cuánto vale mi palabra? Yo soy de los que añora las épocas cuando los hombres y las mujeres hacían tratos para comprar, vender o cualquier otra cosa con un apretón de manos, la palabra empeñada y no un documento firmado. Qué nivel de compromiso y de integridad. Uno firma un documento cuando uno se casa, pero uno empeña su palabra antes de firmar el documento legal. Pensé mucho en qué clase de hombre soy si no puedo ser fiel a la promesa basada en mi palabra.

Un empresario de muy alto nivel me confesó en una conversación que él solo hace tratos con personas que tienen matrimonios unidos. Me dijo que esa es una señal para él de que puede confiar en ellos porque tienen palabra. Quizá algunos lectores han pasado por un divorcio y se podrían sentir atacados o menospreciados. De ninguna manera escribo esto para condenarte, sino para poner en un nivel más alto el valor de nuestra palabra. No sé qué clase de errores has cometido y no tengo dudas de que Dios tiene la manera para redimir tus errores. Mi deseo es que no te condenes por tus errores, sino que insisto que mi deseo es llamarte a un nivel más alto de vida, integridad y palabra. Olvida lo que está en tu pasado, piensa en las decisiones presentes y en tu futuro. De aquí en adelante piensa en cuánto vale tu palabra. En el valor de tus promesas.

¿Será que alguien puede hacer un trato contigo, estrechar tu mano y estar seguro de que vas a cumplir?

A veces he aceptado compromisos y luego me he dado cuenta de que fue una mala decisión. Me va a costar muchas horas de trabajo, desvelo o sacrifico personal cumplir con ese compromiso. Aun así, no lo cancelo. Las únicas veces que he cancelado un compromiso es porque me ha sido imposible cumplirlo por una enfermedad fuerte o una situación de fuerza mayor, como, por ejemplo, un asalto. Pero primero pido permiso para hacer la cancelación. Creo en el valor de mi palabra. Aquí era donde más tenía que considerar mi palabra prometida a Kelly. Yo quería poder mirar a los ojos a Kelly, a mis hijos, a mis padres, a mis amigos y a mi comunidad sabiendo que fui fiel a mi palabra prometida. Todo era muy fuerte, pero volví a escuchar la pregunta:

«¿Habrá otra razón para seguir juntos?».

6. POR AMOR A KELLY

Recordé que me casé por amor y no por obligación. Fue mi decisión y lo hice porque la amaba. Empecé a ver fotos de los dos cuando éramos más jóvenes y de nuestra boda. Empecé a recordar nuestro noviazgo, nuestra luna de miel, las risas, el nacimiento de nuestros hijos y nuestra primera casa. Tantas cosas que vivimos juntos. Pude recordar claramente por qué amaba a Kelly. Recordé que la amaba porque ella ama mucho a Dios y que nadie me ama tan genuinamente como Kelly. Recordé que la amo por sus ojos, por su pureza de corazón, por su actitud de servicio, porque es muy bonita, porque siempre ha creído en mí, porque es una gran persona, porque no hay nadie tan genuina como ella y porque simplemente la amo.

Detrás de todo ese enojo y de todas las cosas que no podrían gustarme de ella, había muchísimas más cosas que amo y admiro de ella. Cuán importante es recordar la razón por la que te enamoraste de tu pareja. En un período de conflicto es fácil solo pensar en todos sus errores y debilidades, pero también es justo el momento en donde debes obligarte a recordar las cosas buenas. Qué triste es saber que después del divorcio, muchos empiezan a recordar la buena vida que tenían y se lamentan de haber dejado a su esposa. Mejor acuérdate de las cosas buenas a tiempo. Responde para ti mismo esta pregunta: «¿Por qué me enamoré?».

La verdad es que recordar por qué y cuánto amo a Kelly me ayudó a sentir otra vez un amor genuino por ella. Algunas personas dicen que el amor se acaba, pero el amor no se acaba. Lo que se acaba es la voluntad de seguir amando. El amor es realmente una emoción, pero es más que una emoción, es una decisión. Yo decidí recordar por qué la amaba y decidí enfocarme en las cosas que amo de ella. Ella también ha decidido enfocarse muchas veces en las cosas que ama de mí, aunque hay muchas que no le gustan para nada. Sí, amo a Kelly; sí, la quiero seguir amando. Pensaba que había llegado al final, pero volví a escuchar la pregunta:

«¿Habrá otra razón para seguir juntos?».

7. POR TEMOR A DIOS

«¿No te hizo uno el Señor con tu esposa? En cuerpo y espíritu ustedes son de él. ¿Y qué es lo que él quiere? De esa unión quiere hijos que vivan para Dios. Por eso, guarda tu corazón y permanece fiel a la esposa de tu juventud. "¡Pues yo odio el divorcio!" —dice el Señor, Dios de Israel—. "Divorciarte de tu esposa es abrumarla de crueldad" —dice el Señor de los Ejércitos Celestiales. Por eso guarda tu corazón; y no le seas infiel a tu esposa». (Malaquías 2:15-16, NTV)

Este fue el pasaje que me cambió el corazón. Dice que Dios nos unió y que le pertenecemos. Su propósito es levantar una generación que viva para él. Por eso necesitamos guardar nuestro corazón y ser fieles a nuestra esposa. También dice que Dios odia el divorcio. No dice que odia al divorciado, sino que odia el hecho del divorcio y lo que representa. El Señor dice que el divorcio es crueldad hacia la otra persona. Una vez más repite guarda tu corazón y no seas infiel a tu esposa.

En una ocasión se le preguntó a Jesús la razón por la que Moisés, el primer líder nacional de Israel, permitió extender cartas de divorcio. Jesús les contestó: «Por la dureza de su corazón» (Mt 19:7-8, NBLA). En otras palabras, el divorcio no era la voluntad de Dios, pero se dio por la dureza del corazón humano. Algo me sacudió cuando entendí que el matrimonio era idea de Dios y que odiaba el divorcio. Era algo que siempre he sabido, lo he enseñado múltiples veces, pero suele pasar que sabes algo, pero no has recibido el entendimiento para saber qué significa en realidad. Esta vez tuve una revelación personal de su significado. Casi podía escuchar a Dios, fue como escucharlo dentro de mi corazón:

«No te equivocaste al casarte con Kelly, no fue idea de tus papás ni de tus suegros, no decidiste casarte porque así fuiste educado desde la infancia. Nada de eso. Fue mi idea y Kelly es la mujer que te entregué. Yo odio el divorcio porque va en contra de la imagen de mi amor en la tierra. Cada matrimonio es un cuadro de mi amor y el divorcio destruye esa representación. Yo odio el divorcio porque es crueldad hacia tu esposa y tus hijos. Yo odio el divorcio porque te amo a ti y a Kelly».

Entendí que mi decisión no solo afectaba a mi reputación, la sociedad, mis hijos, nietos o a Kelly, sino que también afectaba a Dios. Él odia el divorcio. En ese momento experimenté lo que significa el temor de Dios. No es miedo a una represalia de Dios, sino el temor a vivir la vida sin la influencia divina. Es temor por rechazar a Dios y su voluntad, la cual es perfecta para ti y para mí. Es amarlo más que a todas las personas. Porque lo amas no quieres ofenderlo, sino obedecerlo. Me acuerdo decirle que, si no tenía ninguna otra buena razón para seguir con mi esposa, él era la razón suficiente para seguir con Kelly. En ese momento decidí humillarme y arrepentirme. Le pedí a Dios que quitara la dureza de mi corazón y que me enseñara a ser tierno con Kelly una vez más. Le supliqué que me ayudara a guardar mi corazón.

Al final, lo que me convenció de ser fiel a Kelly fue que Jesucristo era digno. Si él me había unido a Kelly y si él quiere que siga con ella, entonces él es digno. Elegí la lealtad a Dios más que la lealtad a mis emociones. Quizá no eres cristiano y respeto tu postura de fe, pero también quiero preguntarte si hay algo más grande que tus emociones, que tu reputación, que tus hijos, como para que digas: «Eso es digno de mi fidelidad a mi cónyuge».

Permíteme decirte que la razón por la que es posible que ya no quieras seguir con tu matrimonio es principalmente por la dureza de tu corazón.

Puede ser que hayas endurecido tu corazón hacia Dios y hacia tu cónyuge. En lugar de sentir amor por tu esposa(o) y temor hacia Dios, lo que sientes es enojo, frustración, cansancio, rechazo y ganas de huir. Pero si le pides a Dios que cambie tu corazón duro por un corazón tierno, que te ayude a recordar las razones para seguir juntos, que te ayude a recuperar el temor del Señor, él te escuchará y te ayudará. Si tu corazón endurecido vuelve a amar, tu matrimonio tendrá esperanza y tendrá un gran futuro.

Kelly

Hemos pasado momentos muy difíciles en nuestro matrimonio y han habido momentos de mucha desesperación, en donde hemos llegado a mencionar una separación y hasta el divorcio. Una vez en particular, después de una gran pelea la noche anterior, me levanté temprano y preparé silenciosamente una pequeña maleta mientras Andrés seguía dormido. Salí de la casa con mucho cuidado para que no me escuchara, me subí al carro y me fui. Eso no fue correcto y no debí hacerlo. Me da pena admitir que lo hice, pero creo que necesitan saber que, sí hemos estado a punto de terminar todo, pero todavía seguimos juntos. ¡Hay esperanza!

En esa oportunidad no estaba decidida de dejar a Andrés o irme para siempre, pero sí lo estaba considerando. Quería irme por un par de días para calmarme y pensar bien sobre el futuro de nuestro matrimonio. Estaba manejando hacia la salida de la ciudad y recuerdo que iba llorando y pensando en mil cosas mientras conducía. En especial, pensaba en todas las razones para permanecer juntos y que Andrés mencionó tan maravillosamente en este capítulo. Pero la verdad es que estaba yéndome muy dolida, decidida, enojada y endurecida de corazón. A veces ignoras todas tus preguntas y buenos razonamientos cuando endureces el corazón. Aun así, todavía sentía gran amor por Andrés y un gran temor y convicción en mi corazón. Sin embargo, decidí ignorarlo y seguir con mi plan. Justo entró una llamada de Andrés cuando estaba a punto de tomar la última vuelta para agarrar la salida a la autopista. Dejé que sonara muchas veces porque por nada del mundo quería contestar la llamada, pero finalmente le contesté. Me preguntó dónde estaba y le conté mi plan. Se sorprendió mucho y me suplicó que volviera para que conversemos. La verdad es que no lo pensé mucho porque lo escuché muy quebrantado y eso me causó mucho dolor porque lo amo y odio lastimarlo. En ese mismo momento busqué un retorno en la carretera y volví a casa.

En cuanto llegué tuvimos una larga conversación con muchas lágrimas y honestidad. Después de bastante tiempo pudimos llegar a muchos acuerdos nuevos, nos perdonamos y nos comprometimos, una vez más, a seguir luchando por nuestro matrimonio. Cuando miro hacia atrás y recuerdo momentos como el que pasamos, me lleno de gratitud por *no haber* seguido nuestros impulsos negativos. No me imagino la vida sin Andrés y sin mis hijos, y estoy más determinada que nunca de que, con la ayuda de Dios, vamos a seguir siendo fieles y felices hasta que la muerte nos separe.

Si estás en un momento complicado en tu relación matrimonial, te suplico con todo mi corazón que te detengas y te hagas todas esas preguntas con cada tema que Andrés ha sugerido, aunque realmente no quieras hacerlo. Estamos orando por ustedes y creemos que su matrimonio fue y es idea de Dios, que aún hay esperanza y que el futuro de su vida juntos sigue siendo brillante.

RAZONES PARA NO SEGUIR JUNTOS

Es cierto que existen razones para un divorcio. Este libro no habla de divorcio, sino del matrimonio. Sin embargo, creo que puede haber algunas personas que realmente estén viviendo en una situación en la que es preferible salir que seguir. Podría ser que para ti permanecer puede ser una tortura y no una bendición. Permanecer y trabajar en el matrimonio será una bendición para una gran mayoría, pero para algunos podría ser una tortura miserable. Tener una esperanza falsa es de las peores cosas que pueden sucederle a alguien. Una esperanza falsa es tener esperanza en algo que nunca sucederá y, por lo tanto, termino haciéndome más daño que bien. No quiero eso para los que puedan estar en esa lamentable situación y por eso vamos a dar esta breve explicación.

Quizá tú estés o no de acuerdo con este criterio. Yo voy a usar el criterio bíblico, ya que es mi punto de partida. Según la Biblia solo hay dos razones para el divorcio. En primer lugar, el adulterio (Mt 5:32; 19:9); y, en segundo lugar, cuando tu cónyuge se separó primero de ti (1 Co 7:15). ¿Qué significan estos dos puntos?

Adulterio es cuando uno de los dos viola el pacto matrimonial y tiene relaciones sexuales con otra persona. Hoy también se habla de adulterio emocional y con pornografía. Cuando se habla del adulterio en la Biblia como razón para divorcio, solo se está refiriendo al adulterio que ha consistido en tener relaciones sexuales con otra persona, es decir, el sexo tradicional, oral y físico. Es también trágico y devastador cuando ocurre el adulterio emocional y de pornografía. Se pierde la confianza y se requerirá de un largo camino para la restauración. Pero no es, en nuestra opinión, un criterio bíblico para un divorcio. Es posible que algunos así lo crean y respetamos al que piense distinto a nosotros, pero así lo creemos en base a lo que conocemos y hemos recibido de personas educadas en este tema.

Cuando uno de los dos comete adulterio, la parte afectada tiene la libertad para decidir si se divorcia. Incluso es una decisión que Dios puede avalar. No estás incurriendo en ninguna falta moral o bíblica. Estás en todo tu derecho y tienes la libertad para decidir si sigues en el matrimonio. No podemos dejar de decir que hemos sido testigos de casos de adulterio en los que ha sido posible la restauración del matrimonio. Incluso pueden llegar a tener un mejor matrimonio que antes. La verdad es que el adulterio solo es una parte visible de un problema amplio e invisible. Es como un iceberg. Solo ves la pequeña parte de arriba, pero lo más grande está por debajo de la superficie. La restauración requiere de un trabajo de los dos. El que cometió adulterio debe comprometerse a un proceso de restauración personal y matrimonial, a ganarse la confianza de su cónyuge y a trabajar las áreas de su vida que causaron el problema.

Hay mucha esperanza si es que tiene una verdadera actitud de humildad y de arrepentimiento. Pero si el que cometió adulterio se justifica, echa la culpa al otro, dice que no fue para tanto y cosas por el estilo, lo más seguro es que no va a cambiar y va a volver a cometer adulterio una y otra vez. Creer que alguien así va a cambiar es tener una esperanza falsa. Al final de cuentas, es tu decisión. Te recomendamos no tomar la decisión solo, ni tampoco de forma apresurada. Deja que pase algo de tiempo para procesar tu decisión y aclarar tu corazón. En algunos casos llegan a pedir un tiempo para vivir separados mientras procesan lo sucedido y deciden lo que harán.

Nosotros siempre recomendamos el acompañamiento de un profesional, consejero o guía espiritual que nos presente una perspectiva madura.

Los dos deben de someterse a un proceso de restauración cuando hubo adulterio. Es importante reconocer que hay raíces que llevaron a que eso sucediera. Raíces personales y matrimoniales. Si no se comprometen a la restauración, lo más seguro es que se seguirán haciendo más daño. Al mismo tiempo, un proceso de restauración es necesario por toda la pérdida que las parejas experimentan en un adulterio: pérdida de confianza, pérdida de sueños, pérdida de comunión y mil cosas más. Creemos que, con la ayuda de Dios y de consejeros, pueden estar mejor que antes. Al mismo tiempo, creemos que un adulterio es una razón válida para ya no seguir en el matrimonio. Cualquiera de las dos decisiones van a incluir fuertes sacrificios y largos procesos. Nuestra oración es que Dios te brinde sabiduría y perseverancia para llegar a una restauración total, ya sea de manera individual o matrimonial.

La segunda razón para el divorcio la enseña el apóstol Pablo y es cuando el otro decide romper con el matrimonio. Es cuando tú no iniciaste la separación o pediste el divorcio, sino que tu cónyuge decidió separarse de ti. Hemos aprendido que separarse de tu cónyuge tiene muchas manifestaciones distintas. La más obvia es dejando la casa y expresando con claridad el deseo de separarse y divorciarse. Cuando la otra parte toma esta decisión, entonces eres libre de dar paso al divorcio. Te sugerimos que no vayas a rogarle que se quede. Pasaron muchas cosas para llegar a esa decisión y ya la puso en práctica. Lo mejor es soltarlo y dejar que se vaya. Hemos visto algunos casos en los que Dios hace un milagro y vuelven a casarse después de años de divorciados. Pero en estos casos lo mejor es estar en libertad.

El asunto es que existen, en nuestra opinión y experiencia pastoral, otras maneras en las que un cónyuge se separa del otro, dando lugar a un motivo bíblico para el divorcio. Separarse del cónyuge no solo es un abandono físico del hogar, sino que también incluyen otras acciones en las que claramente se está violando el pacto matrimonial. Es decir, hay personas que no abandonan el hogar, pero con sus acciones ya se han separado de su cónyuge. En esos casos, la otra parte está en libertad de elegir un divorcio de acuerdo con el consejo del apóstol Pablo (1 Co 7:15). Les presentamos una lista (no exhaustiva) de acciones que consideramos que violan el acuerdo matrimonial:

- **Violencia.** Un cónyuge viola el pacto matrimonial cuando te golpea y es violento físicamente. Si prometió cuidarte y te está golpeando, entonces es una clara violación del pacto matrimonial. Aunque no se haya ido de la casa, con sus maltratos se está separando de ti. Está comprobado que un(a) golpeador(a) lo seguirá haciendo toda su vida. Al menos que un profesional en el tema o un consejero lo trate, le otorgue el alta y diga que realmente cambió, debes hacerte de la idea de que nunca cambiará. Amarte a ti mismo(a) y a tus hijos significa que es mejor dejar el matrimonio. No estarás violando ningún principio bíblico si lo haces.

- **Adicciones destructivas.** Hay adicciones inofensivas y hay adicciones destructivas. Una inofensiva es por ejemplo ver demasiada televisión, practicar mucho un deporte y cosas por el estilo. Hay que confrontarlas, hay que llegar a acuerdos de límites, pero no está destruyéndose a sí mismo o acabando con su familia. Pero sí existen adicciones destructivas, como a las drogas, el alcohol, la pornografía, las apuestas/juegos de azar y otras prácticas que destruyen su cuerpo, la vida, las finanzas, la armonía familiar y te están destruyendo a ti y a tus hijos. Él prometió serte fiel y cuando es confrontado y elige su adicción por encima de elegirte a ti, está siendo fiel a su adicción y no a su cónyuge. Creemos que se debería de dar una oportunidad real de rehabilitación y restauración antes de hablar de divorcio. Pero si después de haber trabajado un período de rehabilitación y restauración y todavía sigue volviendo a esas adicciones destructivas, entonces tendrás que decidir si quieres seguir en una relación codependiente y destructiva o si quieres el divorcio. Igualmente eres libre de divorciarte dentro del criterio bíblico.

- **Abandono financiero.** Esto aplica específicamente a los hombres. Ya establecimos que el hombre tiene la responsabilidad de proveer para su casa. Un hombre que rehúsa proveer para las necesidades básicas de su esposa y sus hijos está violando su pacto matrimonial de cuidar a su familia. Por lo tanto, el esposo ha decidido vivir separado de su esposa y su familia. En este caso, la esposa tiene en sus manos la decisión de seguir juntos y hacerse cargo de la provisión, entendiendo el sacrificio que eso conlleva, pero también tiene la libertad de pedir el divorcio. En nuestra opinión, la mujer no está violando el criterio bíblico para el divorcio.

- **Abuso verbal y emocional.** No estamos hablando de que cometió un error en una oportunidad y dijo cosas fuera de lugar. Estamos hablando de un estilo de vida de abuso verbal y emocional, donde los insultos y las palabras son denigrantes, hirientes y constantes. El abuso emocional está relacionado con la manipulación, con obligar a alguien a hacer algo, con destruir su imagen personal constantemente y actitudes similares. Si quieres saber si tu cónyuge está abusando de ti verbal y emocionalmente, consulta a un consejero o terapeuta profesional. A veces resulta que no se trata realmente de abuso, sino de un tema de sensibilidad personal. Pero también ocurre lo opuesto. A veces resulta que uno no piensa que no es gran cosa, pero sí es abuso verbal y emocional. También ese cónyuge ha decidido separarse del matrimonio cuando estos tipos de abuso se confirman. Ha violado su pacto matrimonial de amar, respetar y cuidar. Estás en libertad de decidir permanecer y soportar ese trato o pedir el divorcio. Yo recomendaría no seguir en ese matrimonio.

- **Actos ilegales.** Si uno de los dos participa de manera sostenida en actos ilegales está violando su pacto matrimonial. Una vez más, no estamos diciendo que cometió un error o que tuvo una mala decisión. Estamos hablando de un estilo de vida delictivo que se sostiene de actos ilícitos que van en contra de la ley. La razón por la cual está violando su pacto matrimonial es porque no te está cuidando y su provisión no es legítima. Él o ella ha decidido separarse del matrimonio al mantener una práctica continua de actos ilegales. No estás obligado a permanecer en ese matrimonio. Eres libre de decidir.

Quiero enfatizar que aún después del adulterio y de los casos de separación descritos, hemos visto matrimonios llegar a una verdadera reconciliación. El Señor realiza un milagro, se vuelven a casar y tienen matrimonios excelentes aún después de haber estado divorciados por varios años. En Dios todo es posible. Sin embargo, solo será posible si los dos buscan al Señor.

Conceder el perdón es decisión de uno. La reconciliación es una decisión de dos. Siempre tenemos la responsabilidad de perdonar, pero no estamos obligados a una reconciliación. Si no existe la voluntad de las dos partes para reconciliarse, entonces no será posible. Por ejemplo, en un adulterio, la parte afectada tiene la responsabilidad de perdonar debido a que el perdón es necesario para la libertad personal y la base de toda sanidad emocional. Pero no tiene la obligación de reconciliarse con el ofensor. La reconciliación requiere de un profundo trabajo de las dos partes. El que cometió adulterio debe trabajar su propio proceso de restauración y reconstrucción personal. Debe mostrar frutos de un cambio profundo y un deseo total de recuperar la relación. La parte afectada también va a tener que pasar por un proceso de restauración y los dos tendrán que caminar un largo peregrinaje de reconciliación, donde evalúen su matrimonio y encuentren en donde han fallado los dos para poder sanar el matrimonio.

En demasiadas ocasiones veo con mucha tristeza a matrimonios con gran potencial, pero uno de los dos no está dispuesto a cambiar. No quiere recibir ayuda para vencer su adicción, su manera violenta, su infidelidad, su abuso o simplemente su pereza. Por más que la otra persona esté dispuesta a perdonar, si el otro no está dispuesto a cambiar, no habrá esperanza para ese matrimonio. Tampoco habrá posibilidades de reconciliación para el que se ha acostumbrado a prometer cambio, pero nunca cambia. Esas promesas de cambio infructuosas también son producidas por el cónyuge crédulo y hay un punto en donde será responsable de creer una mentira y sufrir en vano. Si promete y no cambia, lo más seguro es que nunca va a cambiar. Debes de analizar bien la situación y decidir si realmente hay esperanza para tu matrimonio o si estás viviendo una falsa esperanza.

Qué Dios les ayude a ambos. Nunca es bueno ver un divorcio. Siempre es una experiencia amarga para todos los involucrados, pero en algunos casos puede que sea lo mejor. Te quisiéramos sugerir que no tomes una decisión de esta magnitud de manera independiente. Busca ayuda de personas maduras y de consejeros que puedan darte una opinión externa y neutral para que tomes la mejor decisión.

Si has experimentado el divorcio por cualquier razón, aceptable o no, queremos animarte a perdonarte a ti mismo(a) y a tu excónyuge también. Dios no te condena por una decisión en el pasado. Al contrario, Dios quiere lo mejor para tu futuro. Si le entregas esa decisión, ese divorcio, él puede reconstruir tu vida de una manera maravillosa. También queremos animarte a que decidas que, de aquí en adelante, vas a ver tu matrimonio con otra perspectiva. No puedes cambiar el pasado, pero sí puedes construir un mejor futuro.

Espero se entienda que no estamos promoviendo el divorcio como una opción. El divorcio no es una opción, se convierte en una necesidad dolorosa cuando no hay otra solución. Nosotros decidimos remover de nuestro vocabulario la palabra divorcio como una «opción viable» o como una manera de resolver nuestros problemas matrimoniales. Esto nos ha ayudado a enfocarnos en madurar, restaurar y mejorar. El divorcio solo debe ocurrir cuando de verdad no existe otra solución.

Que Dios conceda gracia a los que necesitan restaurar su matrimonio presente, gracia a los que necesitan tomar una decisión difícil, y gracia a los que necesitan restaurar su corazón después de un divorcio.

CAPÍTULO DIECINUEVE

El secreto de estar casado y ser feliz

A veces nos gusta observar a personas en un restaurante o en la calle. Puedes observar a una pareja, joven o mayor, comiendo juntos, pero lucen infelices. No se hablan ni tienen tema de conversación, no se sonríen, el hombre voltea a ver a cada mujer que pasa, la mujer no deja el celular y pasan literalmente todo el tiempo de la comida sin dirigirse la palabra. Están casados, pero no son felices.

A veces escuchamos a amigos decirnos como solo siguen juntos por los hijos. Lo cierto es que ya no son felices. Otros siguen juntos porque no tienen la capacidad económica para estar solos. También están los que guardan las apariencias y permanecen juntos para no perder sus relaciones. Están casados, pero no son felices. Queremos que sepas que sí es posible estar casado y ser feliz. Aunque en este preciso momento eres infeliz en tu matrimonio, es posible recuperar la felicidad en tu relación.

Ya les he contado que Kelly y yo hemos pasado por temporadas donde hemos sido infelices en nuestro matrimonio. Descubrimos hace mucho que la pareja no puede darnos la felicidad porque esta es resultado de elegir el gozo y esa elección es una decisión personal. Yo no puedo elegir el gozo para ti y no puedo darte el gozo, solo puedo elegir el gozo para mí mismo. Por lo tanto, solo yo puedo decidir ser o no ser feliz.

No vas a ser feliz si te compras ese carro de último modelo. Tengo amigos que tienen el auto más nuevo y no son felices. Tampoco vas a ser feliz si tu esposa tiene el cuerpo perfecto. Conozco a algunos cuyas esposas tienen el cuerpo perfecto y no la soportan, con todo y cuerpo perfecto. No serás feliz si tu esposa hace todo lo que quieres. No fuiste creado para relacionarte con un robot. El día que tu esposa se comporte como un robot la vas a rechazar y le perderás todo el respeto. ¿En qué has puesto tu esperanza de felicidad? Se ha convertido en un ídolo para ti todo aquello que crees que puede hacerte feliz, y todo ídolo es destructible. Por lo tanto, terminas destruyendo al ídolo cuando te das cuenta de que no puede hacerte feliz.

Si crees que tu pareja te puede hacer feliz y no lo hace, terminas destruyendo a tu pareja o a tu matrimonio. Te lo explico. Si Kelly cree que yo puedo hacerla feliz y no cumplo sus expectativas, ella se resentirá conmigo. Ese resentimiento la llevará a tratarme mal, y ese maltrato provocará que yo no quiera estar con ella. La relación se destruirá si algo no cambia. Como fui un ídolo que no hizo feliz a Kelly, me terminará destruyendo porque un ídolo no hace feliz a nadie. El problema es que seguiremos buscando un ídolo si no cambiamos esa mentalidad. Pasaremos toda la vida poniendo nuestra esperanza de felicidad en un ídolo que nos desilusionará, lo destruiremos y buscaremos el siguiente. Qué deprimente vivir así. Lo bueno es que sí existe un camino a la felicidad verdadera.

Elegir el gozo en el matrimonio tiene varios significados para nosotros. En primer lugar, significa reconocer que mi pareja no me puede hacer feliz, solo Dios me puede hacer feliz. Elegir el gozo es priorizar mi relación con Dios y desarrollar una verdadera amistad con él a través de la fe, la adoración y la oración, creciendo en una comunidad de fe, leyendo la Biblia y siguiéndolo todos los días de mi vida. Si no crees en Dios, mi pregunta para ti es, ¿cuál es la fuente de gozo para ti? Una fuente de gozo no cambia con circunstancias y siempre tiene la capacidad de darte más gozo. La práctica más importante en mi vida es mi caminata de oración diaria. Lo primero que hago en las mañanas es leer unos capítulos de la Biblia de mi programa de lectura. Me levanto después de subrayar lo que me llamó la atención de mi lectura, me pongo los pantalones cortos y zapatos deportivos, les coloco las correas a mis perros, Pancho y Tiny, y salimos a caminar.

Me pongo audífonos y comienzo a escuchar algunas canciones de adoración. Procuro cantar con un volumen que me permita escucharme sin despertar a los vecinos. Después de pasar un tiempo adorando empiezo a orar conforme al modelo del «Padre Nuestro» que se encuentra en Mateo 6. Cada línea es un tema de conversación. Después de caminar unas tres millas (5 km) con Pancho y Tiny, regreso a casa y estoy listo para comenzar el día. Elegí el gozo al escoger hablar con Dios. Tomé la decisión de que mi relación con Dios sea lo más importante de mi vida. Que lo que él piensa de mí sea la opinión más importante sobre mi identidad y que el Espíritu Santo sea la presencia más importante en mi día. He elegido que su voluntad sea la más importante al momento de tomar mis decisiones. Elijo a Dios. Elijo el gozo.

Le exigía a Andrés de forma inconsciente que fuera la fuente de mi gozo durante los primeros meses de casados. Quería que estuviera siempre conmigo, pero él trabajaba y se iba temprano a cumplir con sus responsabilidades y yo me quedaba en casa. Regresaba diariamente entre las dos y las cuatro de la tarde para comer juntos, pero enseguida debía irse otra vez a la oficina hasta la noche. Yo estaba aburrida todo el día, excepto por esas dos horas en que nos veíamos por la tarde. Me sentía enojada y resentida con él, aunque no era su culpa. Un día discutimos al respecto y le hice saber que no era feliz porque estaba sola; lo recriminé porque, según yo, él sí tenía una vida «divertida» y Kelly no la tenía. No le dije esto solo una vez o un día, sino que fueron semanas en que le decía lo mismo y con molestia.

Hasta que un día Andrés me dijo: «Kelly ¡yo no puedo ser la fuente de tu gozo! Tú necesitas orar a Dios y aprender a ser productiva y divertirte durante las horas en que estás sola». Confieso que me enojé, lloré y le argumenté mucho, pero él tenía toda la razón. Me di cuenta de que al demandarle que satisficiera mis necesidades emocionales, había estado ahogando nuestra relación. Entendí que Andrés no puede llenar el vacío que solo Dios puede llenar en mí. Aunque Andrés me hacía muy feliz, solo

Dios podía ser la verdadera fuente de mi felicidad. También me di cuenta de que necesitaba aprender a aprovechar mejor el tiempo. Así que me determiné a descubrir habilidades nuevas, leer más libros, salir a caminar, aprender a cocinar mejor, visitar más seguido a mi mamá, tomar tiempo para invertirlo en las vidas de mis amigas y personas de la iglesia que me necesitaban. En pocas palabras, crecí como persona y en la relación con mi esposo cuando elegí la fuente de felicidad correcta, una que no cambia con las circunstancias.

En segundo lugar, elegir el gozo para nosotros es invertir en nuestra salud y bienestar personal. Para Kelly es tomar tiempo para hacer cosas que le gustan, como preparar y tomar café en las mañanas, leer la Biblia y algún libro, ver una serie de televisión, arreglarse las uñas, darse la vuelta por una tienda, saludar a una amiga, descubrir una nueva receta de comida o encender una vela con olor bonito. A mí me gusta ir al cerro, hacer ejercicio, practicar diferentes deportes como el ping pong, el básquetbol o el golf. Me gusta también andar en motocicleta, comer con amigos, leer, conversar sobre teología y poner carne en la parrilla. Son actividades que nos llenan de energía. Son cargadores de energía personal.

Es injusto poner tanta presión sobre nuestra pareja como para que él o ella nos llene de la energía emocional, física y espiritual que necesitamos. Elegir el gozo es decidir cuidar tus niveles de energía y satisfacción personal. Cuando estamos juntos no es para exigir que el otro nos haga feliz, sino que estamos juntos en una relación libre, donde damos ambos lo mejor de nosotros porque hemos aprendido a cuidar nuestra salud física, emocional y espiritual. Con razón muchos viven amargados. Es más fácil culpar a mi pareja por mi infelicidad que elegir el gozo y hacerme responsable por mi salud emocional.

La persona de alto mantenimiento que siempre necesita que su pareja la haga feliz va a descubrir que eso los destruye a ambos. El que trata de hacer feliz a su pareja va a amargarse después de un tiempo porque se sentirá usado(a) e incapaz de hacer feliz a su pareja. Todo terminará en frustración y amargura. La única salida es que los dos se hagan responsables por cuidar su salud y niveles de energía personales. ¿Cuáles son tus prácticas y hábitos diarios, semanales o mensuales para mantener tu salud emocional? ¿Identificas las cosas que te llenan y las cosas que te vacían de energía? ¿Qué pasos puedes dar para dejar de culpar a tu pareja y empezar a vivir en salud emocional?

En tercer lugar, elegir el gozo significa que hemos dejado de tratar de cambiar a la otra persona. Hace unos días saludamos a unos amigos que viven en Sevilla, España. Rafa es mexicano y Elena es española. Ellos se acaban de comprometer para casarse. Le dije a Rafa que Elena es exactamente lo que necesita, un regalo de Dios. Luego les pregunté: «¿Son muy diferentes ¿verdad?». Los dos se voltearon a ver con ojos y sonrisas grandes. «Sí, muy diferentes», exclamaron casi al unísono. Son tan diferentes porque las debilidades de uno necesitan las fortalezas del otro y viceversa. Son como dos piezas de un rompecabezas que encajan porque uno tiene los bordes hacia afuera y el otro hacia adentro. Eso permite que se entrelacen el uno con el otro. Dios también conoce nuestras debilidades y casi siempre estamos casados con alguien muy diferente a nosotros porque lo necesitamos.

Durante mucho tiempo resentí que Kelly fuera tan diferente a mí, pero hoy estoy feliz de que sea tan diferente. Yo creí que necesitaba que Kelly debatiera teología conmigo, pero necesitaba a alguien que hiciera el amor conmigo. Pensaba que necesitaba que Kelly fuera extrovertida como yo, pero, en realidad, necesitaba que Kelly protegiera nuestra privacidad familiar. Creí que necesitaba que Kelly fuera extrema como yo, pero necesitaba que Kelly fuera precavida para balancearme. No necesitaba que Kelly fuera intensa como yo, sino que creara un ambiente de paz en nuestro hogar. Creí que necesitaba que a Kelly le gustara cambiar todo a cada rato como a mí me gusta, pero más que cambios, necesitaba que ella fuera mi estabilidad.

Lágrimas caen por mis mejillas mientras escribo, pero son lágrimas de gratitud y felicidad porque estuve a punto de echar a perder la relación con la persona que más necesito en mi vida. Precisamente por ser tan diferente a mí es tan necesaria. Elegir el gozo es dejar de tratar de cambiar a tu pareja y empezar a valorar y aprender de las diferencias. Ignorar las pequeñeces que te molestan y admirar las diferencias que te complementan. Solo te vas a enojar y amargar si sigues tratando de cambiar a tu pareja. Acéptala con todo y sus diferencias, con todo y sus defectos porque la necesitas.

Por años viví engañada pensando que, si Andrés tan solo fuera diferente o yo fuera diferente, o más similares el uno al otro, seríamos mucho más felices. Pensaba que quizás viviríamos más en paz y seríamos más compatibles. Pero he entendido la verdad con el paso de los años juntos. La verdad es que Andrés es perfecto para mí y yo soy perfecta para él. Siento como si mi corazón se desbordará de gratitud hacia Dios mientras escribo estas palabras porque Andrés y yo hemos podido perseverar en amarnos y hemos aprendido el gran valor de nuestras muchas diferencias. Tengo la confianza de que así será para siempre.

Elegir el gozo es valorar la amistad por encima de lo que la sociedad denomina «sexy». Cuando ves en Instagram o alguna red social a personas con cuerpos perfectos, disfrutando las vacaciones perfectas, descansando en sus casas perfectas, con trabajos perfectos y parejas perfectas, tiendes a creer que la felicidad es tener precisamente esa clase de vida. Creemos que eso es sexy, es decir, deseable. Déjame decirte lo que es realmente sexy en un matrimonio:

LA AMISTAD EN LO COTIDIANO DE LA VIDA

- Abrazarse en la mañana y decir buenos días cuando tienes el pelo pegado a la cara y los ojos hinchados.
- Prepararle café a tu pareja sin que te lo pida.
- Poder sentarse juntos en cualquier lugar y disfrutar la compañía del otro.
- Reírse de la manera en que uno de tus hijos está aprendiendo a hablar.
- Recoger la cocina juntos después de haber comido.
- Poder hablar de política, de familia, del futuro, de la comida, de lo triste y alegre en el día y escucharnos y participar de la conversación de cada uno.

- Una amistad real y genuina.
- Hacer el amor con tu mejor amiga(o) y experimentar la unión física, emocional y espiritual que solo pueden experimentar verdaderos amigos.
- Limpiar la casa y sacar la basura juntos.
- Traer medicamento y cuidar al otro cuando está enfermo.
- Conocer sus gustos y sus disgustos y saber con una mirada lo que está diciendo. La verdadera amistad.

Deja de perseguir lo que este mundo te dice que es *cool* y ya no pongas esa expectativa sobre tu pareja.

Elegir el gozo es elegir ser mejores amigos y disfrutar las cosas cotidianas tanto como las cosas espectaculares. Si no puedes disfrutar caminar juntos a la tienda de la esquina y tomados de las manos, no vas a disfrutar viajar juntos a Italia en un viaje romántico. La amistad genuina hace que tu casa se sienta como un palacio, los tacos como un banquete y el café como la bebida de reyes.

Por último, elegir el gozo significa mantener tu individualidad y perder tu individualismo. El primero es tu identidad como hombre o mujer, es quién eres, tus dones, habilidades, gustos, preferencias, maneras de hacer las cosas, perspectiva, opiniones, historia personal, sueños para el futuro. Simplemente eres quién eres. Tu individualidad la debes guardar y cultivar. El individualismo es una actitud de independencia, donde tu felicidad es la meta máxima. Mientras alguien te dé lo que te gusta y contribuya a tu felicidad es valioso, pero cualquier persona o cosa que amenace tu felicidad debe tirarse a la basura. El individualismo mata relaciones, pero una individualidad sana las fortalece.

UNA SANA INDIVIDUALIDAD

Mantener tu individualidad es entender que, aunque estés casado sigues siendo una persona única, con gustos, pasiones, sueños y necesitas cultivar esos intereses personales. Kelly y yo tenemos gustos diferentes en la ropa, el arte y la música. Hubo un tiempo en donde uno de los dos se sentía mal por no tener los mismos gustos o el otro quería abandonar sus gustos para aceptar los de la pareja. Pero eso solo destruye tu felicidad. Es bueno saber y reconocer las cosas que te apasionan y te gustan. Una pareja que te ame va a respetar tu individualidad. Un consejero le dijo una vez a Kelly: «Qué importa si a Andrés no le gusta tu conjunto ese día, si a ti te gusta eso es lo que importa, tú eres una persona».

Para mantener tu individualidad es importante que entiendas que hay diferentes maneras de hacer las cosas. Mi perfeccionismo me hace desear que todo el mundo haga las cosas como yo. Por mucho tiempo le insistía a Kelly que hiciera las cosas como yo, pero ella ha desarrollado su frase favorita con la que me recuerda su individualidad: «Andrés, hay diferentes maneras de hacer las cosas y esta es la mía». Me gusta que Kelly defienda su individualidad porque Dios no quiere que los dos seamos iguales, sino que quiere que los dos seamos uno. Uno en propósito y visión, pero no iguales. Cuando alguien sacrifica su individualidad para hacer feliz a su pareja, el resultado es amargura e infelicidad. Todo lo opuesto al gozo. Los que rindieron su individualidad porque creyeron que así serían felices en el matrimonio, perdieron precisamente el gozo. Me encanta ver que Kelly y yo estamos seguros de lo que nos gusta, aunque somos muy diferentes. Estamos honrando el diseño de Dios y los dones y personalidades que nos dio.

UN INDIVIDUALISMO EGOÍSTA

El individualismo es una filosofía social occidental reciente. Por siglos y milenios las sociedades han puesto más valor en el bien común que en la felicidad personal. El buscar el bien común es precisamente lo que produce mayor felicidad personal. Por el contrario, priorizar mi felicidad personal por encima del bien común es lo que más produce depresión. Es muy revelador que en la sociedad más individualista de la historia tengamos el mayor porcentaje de depresión, suicidios y adicciones de la historia.

El núcleo social más básico que existe es el matrimonio y no funciona con la filosofía del individualismo. Kelly y yo siempre les enseñamos a las parejas jóvenes que no tienen que perder sus sueños o propósitos individuales, sino que más bien tienen que integrar los sueños de los dos en un nuevo sueño común; los propósitos de los dos en un nuevo propósito común. Quizá no se va a ver exactamente como lo pensaban, pero ahora los dos estarán trabajando por una sola visión, un solo sueño y un solo propósito. No el de uno, sino el de los dos.

Kelly siempre tuvo el sueño de cantar profesionalmente y grabar álbumes musicales. Hicimos ese sueño parte de nuestro sueño. Yo siempre tuve el sueño de construir nuestra propia casa y lo hicimos parte de nuestro sueño. Elegir el gozo significa que los dos trabajamos para nuestro sueño y propósito unido. Hay temporadas en donde nos enfocamos más en cosas que Kelly sueña y hay períodos donde nos enfocamos más en cosas que yo he soñado. Escribir este libro, por ejemplo, es un sueño de los dos que ha requerido de mucho trabajo de ambos para lograrlo. Soñamos con brindar conferencias, cursos, talleres y pódcasts para matrimonios. Es nuestro sueño.

Uno de los primeros sueños que logramos juntos fue grabar el primer álbum de Kelly. Se tituló «Te doy gloria». Algunas de las canciones las compuso Kelly, otras mi cuñado Jonathan y también yo compuse algunas. No teníamos el dinero para la producción y decidimos vender mi camioneta para realizar las grabaciones. Tuve que usar transporte público por un tiempo. Hasta ahora es mi álbum favorito. Requirió de mucha coordinación, esfuerzo, ayuda de amigos, sembramos dinero, muchos nos apoyaron y no hemos ganado un solo peso de ese álbum. Solo se usó para imprimir más copias y grabar otros álbumes. Sin embargo, fue un sueño cumplido, no solo de Kelly o solo mío, fue nuestro sueño.

Lograr mantener tu individualidad perdiendo tu individualismo es elegir el gozo, porque es una fuente de alegría en el matrimonio.

Poema de Kelly a Andrés (18 de mayo de 1998):

> *Te amo porque eres la respuesta a mi oración.*
> *Te amo porque eres el regalo más precioso y valioso que Dios me ha dado después de su Hijo.*
> *Te amo porque me inspiras en mi caminar con Jesús y me animas a no dejar que el temor ni cualquier otra cosa me detenga de ser todo lo que puedo ser en Dios.*

Te amo porque crees en mí y, al hacer esto, me haces creer más que puedo lograr lo que pensaba que no podía.

Te amo porque eres mi mejor amigo.

Te amo porque eres un hombre maravilloso; y no eres cualquier hombre, sino un hombre de Dios.

Te amo porque puedo confiar en ti para todo y sé que tu amor por mí nunca va a cambiar.

Te amo porque Dios te está usando para hacer cosas preciosas en mi vida y gracias a ti, sé que nunca seré igual...

Te amo porque eres honesto, sincero y transparente.

Te amo porque eres fuerte y muy guapo.

Amor, te amo por quién eres... por todo lo que me gusta de ti y todo lo que no.

Te amo porque me haces reír, pero también me abrazas cuando lloro y me escuchas cuando estoy dolida.

Finalmente, amor, te amo porque Dios te ha traído a mi vida y has abierto tu corazón a mí. Y al hacer esto, me has dado el privilegio de CONOCERTE, CUIDARTE Y AMARTE, ASÍ COMO EL HONOR DE SER LA ÚNICA MUJER QUIEN PUEDE AMARTE DE LA FORMA QUE LO HAGO Y AL MISMO TIEMPO SER EL OBJETO DE TU AMOR.

Por estas y muchas, muchas razones más te amo y siempre te amaré.

Sé que apenas he comenzado a descubrir todas las razones por las que te amo ...pues son infinitas, mi amor.

Te amo no por lo que me das o por lo que vas a lograr en la vida.

Te amo no por quien serás, sino por quien ya eres hoy...

Te amo simplemente por ser tú.

Aunque te he dado muchas razones por las que te amo, creo que no necesito una razón para amarte porque te amo simplemente porque sí.

Cuánto le doy gracias a Dios por permitirme amarte y ser la mujer que apartó para ti...

Te digo hoy, verdaderamente y con toda sinceridad de corazón, que me has hecho la mujer más feliz del mundo.

Gracias Andrés
Kelly Evans

«FIEL Y FELIZ HASTA EL FINAL»

No puedo pensar en un mejor mensaje para terminar este libro que llamarte a elegir el gozo. Un día Kelly me dijo: «Creo que tengo un lema para mi vida, una frase que va a definir cómo voy a vivir: "Fiel y feliz hasta el final"». Incluso mandó hacer un cuadro para colgar en su oficina que tiene esa misma frase. No solo fiel, no solo feliz, sino fiel y feliz. Fieles el uno al otro, a Dios, a nuestros hijos, a nuestro propósito, fieles al llamado sobre nuestras vidas. Felices en toda circunstancia, con poco o con mucho, en la montaña y en los valles, pero siempre felices.

Elige el gozo. No esperes a que tu pareja cambie para tener gozo. No esperes a que tengan la mejor relación para ser feliz. Ahora mismo, en este día y a esta hora elige el gozo. Toma la decisión de que eres responsable por el nivel de gozo en tu vida y nadie más. Una persona con gozo tiene las fuerzas suficientes para enfrentar cualquier reto, abrazar cualquier cambio y superar cualquier prueba.

¡ELIGE EL GOZO!

Padre Dios, Kelly y yo oramos por nuestros amigos que han leído este libro. Te pedimos que les des espíritu de sabiduría y revelación para que te conozcan mejor y conozcan todo lo que quieres para ellos. Te pedimos que obres en sus vidas y sus matrimonios mucho más allá de lo que pueden pedir, entender o imaginar conforme a tu glorioso poder. Te pedimos que les des la capacidad de crear acuerdos, de rechazar el individualismo y de elegir el gozo. Recuérdales que el alma gemela es la que elegimos que sea nuestra alma gemela. Dales más razones para estar juntos que para no estarlo. Protégelos. Protege la imagen de tu amor aquí en la tierra.

Que el amor del Padre, la gracia de Jesucristo y la comunión del Espíritu Santo esté con ellos y tus ángeles guarden su entrada y su salida. Sonríe sobre ellos, muéstrales tu favor y concédeles tu gracia. Que lleguen al final de sus días fieles y felices.

En el nombre de tu hijo Jesucristo, Amén.

Extractos de cartas de Andrés a Kelly (de novios):

Noviembre 1998.

Querida Kelly:

Estar con alguien no significa que tu cuerpo tiene que estar al lado de esa persona, significa un pensamiento, una oración, un recuerdo, un «suspiro», una sonrisa, un saber que tu corazón está en constante unidad con el corazón de la otra persona. En pocas palabras, no se trata de con quién estás, sino de quién está en tus pensamientos, corazón y oraciones. Amor, tú estás en mis pensamientos, mi corazón y mis oraciones. Te cargo dentro de mí. Después de Dios, la persona más cercana a mí eres tú. Estás a miles de kilómetros de distancia, pero estás tan cerca como un pensamiento. No tengo que tratar de pensar en ti; estás aquí, en mí, todo el tiempo.

Ha sido muy difícil para mí estar físicamente separado de ti, de tus abrazos y besos, de tus ojos [...], pero en todo mi tiempo lejos, te he encontrado en todos lados, en todo momento. Siempre estás aquí para mí. He podido sentir tu amor y apoyo. He sentido la fortaleza de tus oraciones y estoy tan feliz de que cada día estamos cada vez más cerca. Hay tanto que nos espera en el futuro, pero debemos disfrutar el momento presente, aunque no estamos juntos físicamente.

De todas las flores en este mundo, Dios escogió la flor más hermosa para mí, ¡guau! Sé que no merezco semejante bendición, pero estoy por siempre agradecido.

Siempre amándote,
Andrés S.

5 de diciembre de 1998.

... ¿sabes que hice con el fondo de mi pantalla de computadora? Tenía la bandera de México con mi nombre escrito a la mitad, pero un amigo compró una cámara de video para computadora y la información se graba en el disquete, también saca fotos. Lo que hice es que escogí algunas fotos tuyas (conmigo) y una de ti sola y otra de mis papás y yo

y otra en donde estamos todos en Pátzcuaro y les saqué fotos a las fotos. Las guardé en mi disquete, las traje a mi computadora y las puse en PAINT rodeadas de colores y lo puse como fondo de mi pantalla. Está muy padre, estás tú exactamente ¡¡¡en medio de mi pantalla!!! Luego te lo enseño; creo que te va a gustar mucho.

Al rato amor mío,
Andrés S.

Extractos de cartas de Kelly a Andrés:

13 de julio de 1998 (de novios).

… P. D. Me acabo de acordar mientras te escribía, que el domingo (pasado) se cumplió un año desde que las cosas con Loki terminaron y ¿qué crees? ¡Ni siquiera me acordé! Tú verdaderamente has sido usado para sanar mi corazón; has sido el «hilo» que ha «cosido» y vuelto a unir las piezas de mi corazón. Estoy más feliz de lo que jamás he estado y nunca te dejaría por nadie más, porque eres el mejor y siempre serás el único hombre para mí.

Te amo,
Kelly E.

21 de agosto de 1999 (el día de nuestra boda).

Querido Andrés:
Gracias por casarte conmigo hoy. Sé que en este momento no existe mujer en el mundo más feliz que yo. Te amaré con todo mi corazón por el resto de mi vida y siempre le daré gracias a Dios por darte a mí y por este día en que me convertí en tu esposa.

Kel - te amo

Acerca de los autores

Andrés Spyker es el pastor de la iglesia Más Vida, una iglesia cristiana multigeneracional con un fuerte enfoque en la enseñanza práctica de la Biblia y un crecimiento dinámico que le ha llevado a plantar sedes en distintas ciudades de México y otros países. Andrés cuenta con una gran audiencia en su programa de TV y pódcasts semanales. Su pasión es ayudar a las personas en su relación con Dios y desarrollar líderes en cada ámbito de la vida.

Kelly Spyker es una oradora de influencia internacional. Es la copastora principal de la iglesia Más Vida que actualmente tiene sedes on todo México, Estados Unidos y en Venezuela. Además de ser oradora, también es conocida por dirigir la adoración, escribir libros, liderar el movimiento de mujeres UNIDAS… ¡y amar a su familia!